中国司法改革实证研究丛书

致力于中国司法制度、刑事诉讼制度和纠纷解决的
实证研究作品

四川大学"双一流"建设项目"中国司法实证研究学派"支持
四川省哲学社会科学重点研究基地纠纷解决与司法改革研究中心支持
四川省哲学社会科学重点实验室实证法学与智慧法治重点实验室支持

中国司法改革实证研究丛书
左卫民/丛书主编

迈向在线正义：
中国民事电子诉讼实证研究

TOWARD ONLINE JUSTICE:
AN EMPIRICAL STUDY ON
CIVIL E-LITIGATION IN CHINA

彭昕 / 著

"中国司法改革实证研究丛书"序

2014年10月20日至23日召开的中共十八届四中全会,无疑将在当代中国法治建设的进程史上留下划时代的一笔。继党的十八届三中全会提出进一步深化司法体制改革的措施后,党的十八届四中全会通过的中共中央《关于全面推进依法治国若干重大问题的决定》又提出了关于司法改革的重大举措,这对中国司法建设与改革而言显然具有积极意义。

长期以来,笔者及笔者带领的学术团队包括所指导的博士研究生,一直致力于司法制度、刑事诉讼制度和纠纷解决的实证研究,力图真切地把握中国司法与诉讼制度的运行现状,深度剖析其利弊得失,抓住切实存在的重要问题,探究其成因,并在此基础上提出有针对性和可操作性的改革建言。通过不断地开展实证研究,我们取得了关于司法与诉讼制度若干方面的一些研究成果。考虑到当前司法改革的重要性,也考虑到实证研究的重要性,笔者将我们团队近期有关司法制度的研究成果收辑成册,以中国司法改革实证研究为主题,由北京大学出版社出版。笔者的看法是,中国司法研究固然早成显学,但司法改革的正确推进尤其是长期有效推行,仍然有待于科学、细致及深入的实证研究。有鉴于此,笔者将自己及所带领团队关于司法改革的实证研究成果奉献给大家,希望抛砖引玉,引起更多学界同仁关注并开展司法实证研究,同时也为当下和未来的司法改革提供些许参考。

  需要指出的是,对于法学研究者而言,实证研究乃是一种新兴的研究方法,无论是笔者抑或笔者所带领的团队成员,都有一个学习与掌握的过程。本系列作品中,有些实证研究方法运用得比较多,有些则比较少;有些运用得比较好,有些则有所欠缺,但鉴于这些作品大都或多或少地运用实证研究方法,比如使用数据展开分析等,因此笔者仍然以实证研究为主题收辑在一起。其中不当之处,敬请读者诸君批评。

左卫民
2014 年 12 月 3 日于四川大学研究生院

目 录

导 论 ·· 001
 第一节 研究的缘起与意义 ··································· 001
  一、研究的缘起 ··· 002
  二、研究意义 ·· 007
 第二节 国内外研究现状 ·· 010
 第三节 研究对象、研究方法与研究材料 ················ 024
  一、研究对象 ·· 024
  二、研究方法 ·· 025
  三、研究材料 ·· 030
 第四节 研究框架与相关说明 ································· 031
  一、研究思路与框架 ·· 031
  二、相关说明 ·· 036

第一章 民事电子诉讼兴起的时代背景 ··················· 039
 第一节 在线时代催生电子诉讼的兴起 ··················· 042
 第二节 法院信息化建设推动电子诉讼的探索 ········ 043
 第三节 新冠肺炎疫情加速电子诉讼的发展 ··········· 045

第二章 民事电子诉讼的适用概况 ·························· 047
 第一节 A市法院概况 ·· 049
  一、A市两级法院概况 ··· 049

二、五个典型区域基层法院概况 …………………… 056
第二节　民事电子诉讼各环节适用数量 ………………… 064
　　一、A市两级法院民事电子诉讼各环节适用数量 …… 064
　　二、五个典型基层法院民事电子诉讼各环节适用数量
　　　　………………………………………………… 085
第三节　在线庭审环节的案件类型与适用程序 ………… 091
　　一、在线庭审的案件类型 ………………………… 092
　　二、在线庭审的适用程序 ………………………… 099
第四节　民事电子诉讼的适用特征 ……………………… 102
　　一、诉讼各环节适用的地区差异较大 …………… 103
　　二、适用环节以非庭审环节为主 ………………… 106
　　三、在线庭审以单方当事人在线为主 …………… 110

第三章　民事电子诉讼的运行机制 ………………… 115
第一节　在线立案 ………………………………………… 116
　　一、在线立案的平台 ……………………………… 116
　　二、在线立案的流程与方法 ……………………… 118
　　三、在线立案的模式与效力 ……………………… 120
第二节　在线庭审的启动 ………………………………… 123
　　一、在线庭审程序启动的制度性规定 …………… 124
　　二、在线庭审程序启动的实际操作 ……………… 126
　　三、在线庭审程序启动的影响因素 ……………… 127
第三节　在线庭审的庭前准备 …………………………… 131
　　一、庭前准备的概况 ……………………………… 131
　　二、庭前准备的流程与内容 ……………………… 134
第四节　在线庭审 ………………………………………… 140
　　一、在线庭审的外观：从对席审判到对屏审判 …… 141

二、在线庭审的流程与内容 …………………………………… 145
　　三、在线庭审如何查明案件事实
　　　　——基于个案的观察分析 ………………………………… 149
　　四、小结:初具雏形的在线庭审方案 …………………………… 169
　第五节　电子送达裁判文书 ………………………………………… 172
　　一、电子送达裁判文书的试点规范 ……………………………… 172
　　二、电子送达裁判文书的流程与方式 …………………………… 173

第四章　民事电子诉讼的效果评价 ……………………………… 175
　第一节　民事电子诉讼的运行成效 ………………………………… 177
　　一、各环节适用率显著提升 ……………………………………… 177
　　二、当事人解纷主动性得以激发 ………………………………… 184
　　三、庭审结构得以优化 …………………………………………… 186
　第二节　民事电子诉讼的运行限度 ………………………………… 189
　　一、诉讼效率提升有限 …………………………………………… 190
　　二、诉讼成本降低有限 …………………………………………… 193
　　三、诉讼体验的两极化 …………………………………………… 197
　第三节　反思:民事电子诉讼的定位 ……………………………… 201
　　一、与传统诉讼方式相互嵌入 …………………………………… 203
　　二、在线庭审不宜作为第三种庭审形态 ………………………… 207
　　三、小结 …………………………………………………………… 211

第五章　民事电子诉讼的困境与破解 …………………………… 215
　第一节　民事电子诉讼面临的困境 ………………………………… 216
　　一、运行机制之困:各行其是与重复运行 ……………………… 216
　　二、法理之困:对传统诉讼理论的挑战 ………………………… 224
　　三、技术之困:平台建设面临的多重困境 ……………………… 229

第二节 民事电子诉讼实践困境的成因 …………… 235
 一、试点改革模式的内在局限 ………………… 236
 二、民事电子诉讼尚处于发展阶段 …………… 242
 三、技术伦理风险与司法固有属性的张力 ……… 248
第三节 民事电子诉讼发展前瞻 …………………… 252
 一、转换视角:民事电子诉讼的再定位 ………… 253
 二、健全规则:民事电子诉讼规则制定的基本方案 …… 255
 三、技术跟进:完善平台建设规范技术使用 …… 259
第四节 小结:民事电子诉讼的未来 ……………… 261

结　语　迈向在线正义的中国故事 …………………… 263

参考文献 …………………………………………………… 269

附　录 ……………………………………………………… 281

后　记 ……………………………………………………… 293

导　论

第一节　研究的缘起与意义

美国汉学家保罗·柯文在他的著作《在中国发现历史》中曾这样写道:"选择什么事实,赋予这些事实什么意义,在很大程度上取决于我们提出的是什么问题和我们进行研究的前提假设是什么,而这些假设与问题则又反映了在某一特定时期我们心中最关切的事物是什么。随着时代的演变人们关切的事物不同,反映这些关切的问题和前提假设也逐渐发生变化。"[①]这在某种程度上提醒我们,在社会发展与学术研究进程中,研究主题与研究者所处的时代和社会背景是相互塑造的。一方面,时代发展与社会进步不断催生鲜活的问题,亟待研究者去发现、去解决;另一方面,研究者对置身时代所特有问题的研究,亦是推动时代发展与社会进步的不竭动力。本书所研究的主题电子诉讼及其研究意义,便是上述逻辑的自然展开。

[①] 〔美〕柯文:《在中国发现历史——中国中心观在美国的兴起》,林同奇译,社会科学文献出版社2017年版,第96页。

一、研究的缘起

第一,是缘于互联网时代的到来。我们处在一个变革越来越迅猛且深刻的时代,互联网技术的发展已深刻改变了我们的社会生活,并不断与各个行业深度融合。如果说在21世纪初,"互联网+"还是一个新兴的产业,那么以今天的眼光来看,互联网已经成为绝大多数行业不可或缺的一部分了。坚实的电信业基础设施建设推动了信息社会的崛起。① 数据显示,截至2020年12月,我国网民规模达9.89亿,互联网普及率达70.4%。其中,我国手机网民规模达9.86亿,网民使用手机上网的比例达99.7%。② 毫不夸张地说,"晚近十年,一个在线时代正在开启,人类社会特别是中国社会正在进入一个在线社会"③。

在时代变革的巨幕下,司法尤其是与我们日常生活密切相关的民事司法领域又发生了什么变化? 或许没有一个简单的语句可以恰如其分地准确描述这个变动不居的时代民事司法的特征,但其中一个最重要的趋势也许是民事司法与现代科技尤其是互联网等通信技术愈发紧密地结合。

从域外国家的实践来看,其实早在20世纪,一些国家就开始探索现代科技与民事审判的结合。20世纪70年代,美国联邦民事诉讼规则采纳了电子发现程序④;1993年,美国威廉与玛丽法学院启动了利用信息网络技术来建构虚拟法院的研究项目;2000年,密歇根州大约70%的法院和律师事务所能够在电子或虚拟环境中处理事务;2001年

---

① 参见郑永年:《技术赋权:中国的互联网、国家与社会》,东方出版社2014年版,第43页。
② 参见中国互联网络中心:《中国互联网络发展状况统计报告(2021)》。
③ 左卫民:《中国在线诉讼:实证研究与发展展望》,载《比较法研究》2020年第4期。
④ 参见王福华:《电子法院:由内部到外部的构建》,载《当代法学》2016年第5期。

美国密歇根州议会通过《电子法院法》,次年正式成立并运作密歇根电子法院①;近年来,随着通信科技的飞速发展,在线法院成为业内的热议话题。以英格兰和威尔士为例,英国政府近年批准了对法院系统现代化及数字化的7亿英镑财政拨款,其中大部分拨款用于在线法院的建设。② 此外,美国、加拿大、澳大利亚、德国、新加坡等域外国家均进行了大量有关在线诉讼的探索与实践。③

第二,缘于中国法院的信息化建设。与世界范围内法院系统数字化建设的趋势相一致,中国法院数字化建设的相关探索也未曾停止。1999年,最高人民法院颁布的"一五纲要"第一次把加快计算机信息网络和通信建设作为司法改革的重要内容。此后,中国法院逐渐加快了信息化建设的进程。2007年,《最高人民法院关于全面加强人民法院信息化工作的决定》发布,紧接着《人民法院审判法庭信息化建设规范(试行)》发布。2009年,最高人民法院在"三五纲要"中提出,"尽快完成覆盖全国各级人民法院的审判业务信息网络建设","探索推行远程立案、网上立案查询、巡回审判、速裁法庭、远程审理等便民利民措施"。接下来在总结实践经验的基础上,最高人民法院于2011年下发《人民法院审判法庭信息化基本要求》,并于2013年颁布《最高人民法院关于推进司法公开三大平台建设的若干意见》。2015年,最高人民法院在"四五纲要"中明确提出要"加强科技法庭建设","加快'天平工程'建设,着力整合现有资源,推动以服务法院工作和公众需求的各类信息化应用",并明确了要在"四五改革"期间实现"最高人民法院和高级人民法院主要业务信息化覆盖率达到100%,中级人民法院

---

① 参见李贤华、郭金生:《域外电子法院的诞生与发展》,载《人民法院报》2017年3月17日,第8版。
② 参见〔美〕伊森·凯什、〔以色列〕奥娜·拉比诺维奇·艾尼:《数字正义:当纠纷解决遇见互联网科技》,赵蕾、赵精武、曹建峰译,法律出版社2019年版,序言,第2页。
③ 有关域外国家线上法院、电子诉讼的介绍详见:Richard Susskind, *Online Courts and the Future of Justice*, Oxford University Press, 2019, pp. 166-176.

和基层人民法院分别达到95%和85%以上"的目标。

2016年,最高人民法院发布《人民法院信息化建设五年发展规划(2016—2020)》和《最高人民法院信息化建设五年发展规划(2016—2020)》,标志着我国法院的信息化建设进入新的发展阶段。2016年,天平司法大数据有限公司宣告成立,"法信—中国法律应用数字网络服务平台"正式上线。① 同年,最高人民法院在工作报告中首次提出要推进"智慧法院建设"。2019年,最高人民法院在"五五纲要"中更是将"建设现代化智慧法院应用体系"列为一项主要任务,并明确了"有序扩大电子诉讼覆盖范围","打造世界领先的移动诉讼服务体系"的目标。此后不久,《全国人民代表大会常务委员会关于授权最高人民法院在部分地区开展民事诉讼程序繁简分流改革试点工作的决定》于2019年12月28日通过,其中一个授权改革的内容就是健全电子诉讼规则。毫无疑问,电子诉讼作为利用现代科技所进行的审判方式革新,已成为国家层面的战略计划,在我国加速推进。

第三,新冠肺炎疫情的暴发无疑将电子诉讼推向了风口浪尖。2020年初新冠肺炎疫情暴发,电子诉讼这种"不见面"的工作方式成为兼顾疫情防控与审判工作的最有效途径,各地人民法院加大了电子诉讼的探索与适用力度,为相关改革的推进按下了加速键。对研究者来说,这一突如其来的"变故"无疑为相关研究带来了绝佳的机会。一方面,疫情成为检验法院前期信息化建设成果的试练场,在疫情防控的同时亦能从中总结前期建设的成效与不足。另一方面,疫情迫使电子诉讼的探索加速进行,这也为我们观察、了解电子诉讼在实践中的运行提供了难得的契机。从法院信息化建设的成果来看,目前法院信息化建设已升级至3.0版,实现了审判管理、诉讼服务乃至法庭审判全方位的电子化。② 借

---

① 参见季卫东:《人工智能时代的司法权之变》,载《东方法学》2018年第1期。
② 参见王茜:《最高人民法院:2017年底建成人民法院信息化3.0版》,载中国政府网(http://www.gov.cn/xinwen/2015-07/03/content_2889237.htm),访问日期:2020年2月16日。

助通信技术的东风,法院成功地将司法活动转移出特定物理空间,实现了对司法产品生成场域的拉伸:通过网络诉讼服务平台,当事人可以在线完成预约立案、案件进度查询、证据交换等诉讼环节,利用远程通信和实时通信软件远程作证、远程提讯甚至远程庭审都已经不再是技术难题。疫情期间全国法院系统对电子诉讼的全面探索,标志着传统审判方式正经历着一次革命性重构。

毋庸置疑,上文所描述的有关法院信息化建设的历程与发展趋势,以及实践中正在践行的诉讼方式改革图景,都大大拓展了我们对传统诉讼的理解与想象,使我们看到了诉讼在新的时代背景下可能具有的不同样貌。但与此同时,这也为传统理论以及实践的发展带来了一系列的挑战。

首先,在经典理论中,诉讼一般被定义为"由当事人提交到法院的纠纷"[1],从动态的视角来看,诉讼更多时候是指受诉法院处理纠纷的运作过程。[2] 对于这一处理纠纷的运作过程,通常认为,"在现代民主和法治社会的条件下,民事诉讼应当采取直接、言词、公开、对席的方式"[3]。也即,传统民事诉讼的运作过程受到相当程度的限制,具体而言,诉讼的形式、诉讼应遵循的原则以及诉讼进行的场地等,都基本由各国的法律进行明确规定。然而,电子诉讼的兴起为实践中民事诉讼的外观带来了一定的变化,这些变化在何种程度上改变与突破了传统诉讼的外观,这些变化是否引起了传统诉讼规则的调适与修正,以及如何应对这些变化,都是当前理论界亟待回应的问题。

其次,随着诉讼形式以及相关原则的修正甚至改变,值得我们更

---

[1] 〔法〕洛伊克·卡迪耶:《法国民事司法法》,杨艺宁译,中国政法大学出版社2010年版,第5页。
[2] 参见〔德〕罗森贝克、施瓦布、戈特瓦尔德:《德国民事诉讼法》,李大雪译,中国法制出版社2007年版,第1页。
[3] 肖建华主编:《诉讼证明过程分析:民事诉讼真实与事实发现》,北京大学出版社2018年版,第82页。

进一步思考的是,诉讼的功能及其机理是否发生了一定的变化。亦即,对"诉讼"这一法律概念是否需要重新定义。从现代民事诉讼的机理入手,理论界曾用"对抗—判定"来概括法治先进国家的典型民事诉讼结构①,在这一结构中,诉讼制度被基本假定为诉讼两造的平等对抗,在这种司法竞技主义的理念下,整个庭审过程笼罩在严格的法庭规则以及证据规则之下,当事人在法庭上的对抗是发现真实与实现正义的唯一途径。此外,民事诉讼程序的体系化建构亦是以当事人之间的对抗为起点而展开的。从这一结构性要素出发,对抗的理念将民事诉讼的价值、目标与规则等要素紧密串联起来,成为现代民事诉讼的制度底蕴。然而,对抗制也因其固有的缺陷而遭遇一定的正当性危机,因而也将诉讼中以纠纷解决为导向的诉讼合作主义带入了我们的视野。② 从通过对抗发现真实到通过合意解决纠纷,现代民事诉讼制度无疑经历着一场深刻的转型,其中伴随着诉讼结构的调整以及诉讼原则与价值的流变,民事诉讼的功能与机理也悄然改变。就当下而言,民事电子诉讼的实践与发展将会对民事诉讼的结构、机理带来怎样的变化,更进一步而言,其结构与机理的变化又将把民事诉讼重新塑造成怎样的模样,这些问题都需要通过细致的实践考察来加以解答。

最后,从历史的视角来看,诉讼方式与人类文明的发展程度是相辅相成的,我们今天所面对的诉讼形态正是长久以来法律和社会变迁的产物。法院作为一个保守的组织,选择什么样的纠纷解决方式与形态除了取决于历史传承与路径依赖,对所处时代特征的顺应也是不可逆的趋势。因此,在当下的语境中,将电子诉讼置于诉讼方式的变迁

---

① 参见王亚新:《对抗与判定:日本民事诉讼的基本结构》,清华大学出版社 2002 年版,第 57—77 页。
② 参见肖建华主编:《诉讼证明过程分析:民事诉讼真实与事实发现》,北京大学出版社 2018 年版,第 176—189 页。

以及时代的宏大背景中加以考察,讨论在信息化时代背景下,面对信息技术与司法愈发紧密的结合,我们应如何利用信息技术实现对审判方式的革新?又应如何理解与评价当下正在践行的电子诉讼实践?

基于上述背景,本书立足于我国电子诉讼的实践样态,以正在进行的民事电子诉讼试点改革为切入点,力图在总结与分析民事电子诉讼的实践效果与潜在功能的基础上,揭示电子诉讼与传统诉讼之间的关系,从诉讼制度的本质与发展逻辑出发,对电子诉讼在实践运行中暴露出的问题和面临的困境进行必要的理解与反思,试图超越技术的"效率理性论"来思考当下技术与司法融合的可能与限度,为推动中国的电子诉讼改革以及诉讼方式的创新作出力所能及的贡献。

二、研究意义

第一,以民事诉讼为切入点对我国电子诉讼进行实证分析,有助于细致把握我国民事电子诉讼的实践样态及其存在的问题。如前文所述,电子诉讼作为一种新兴的诉讼方式是伴随着法院信息化建设的步伐探索、建立并逐步完善起来的。对于一个新兴事物,了解其"是什么"无疑是研究者应当迈出的第一步。但既有关于民事电子诉讼及其相关研究更多地侧重于宏观价值的分析与中观规则的建构,少有立足于电子诉讼实践运作的微观描写,以至于通过既有研究成果,我们无法真正了解与把握电子诉讼的具体运作情况,因而更无法理解相关实践背后的深层动因。除此之外,由于缺乏真实的、源源不断的经验事实作为基础,既有研究提出的关于电子诉讼未来的发展建议在某种程度上仍是"纸上谈兵",对相关改革的推进贡献也较为有限。也正是注意到这一问题,并有意识地加以克服,本研究立足于我国电子诉讼的实践样态,以民事诉讼领域的电子诉讼实践为切入口,从其日常运作程序入手,试图描绘出当前民事电子诉讼的全貌。在此基础上,结合诉讼程序的结构与内在价值对当前电子诉讼的实践效果与问题进行客观把握。是故,本研究不仅有助于从微观层面细致把握我国电子诉讼的具体运作,解决其"是什么"的问题,还能通过电子诉讼的日常运作程序找出理论分析无法发现的现实问题。

第二,将民事电子诉讼置于诉讼方式的变迁过程以及时代发展的宏大背景中加以考察,有利于理解诉讼方式以及法院现代化进程与社会背景、时代变革的关系。当今世界两大法系下的现代法院制度均可回溯至大约 1000 年前,自 19 世纪以来,法院系统从庭审程序到审判场所几乎未曾有过变化。① 但人类文明的进程并不因个别行业的保守而停滞不前,相反,时代的变迁在不同行业都留下了或深或浅的痕迹。就诉讼方式而言,我们今天的诉讼形态正是长久以来法律和社会变迁的产物。意识到这一点,并主动将民事电子诉讼置于时代变迁的宏大背景中加以考察,能更加深刻地理解其兴起的缘由与运行的现实基础。也只有充分理解其兴起的缘由与运行的现实基础,才能更好地把握民事电子诉讼未来的发展趋势。更进一步而言,如果将民事电子诉讼视为一个切面,通过其发展轨迹,我们其实不难窥见整个诉讼方式以及法院现代化进程与时代变革的深刻互动。部分原因在于,在一个纷繁复杂的社会,诉讼(司法)常常被视为社会公正的坚固基石,但公正的实质从来不是直截了当和清楚明白的,只要社会生活充满张力,纷繁复杂,那么民事司法领域有关公正的界定及其实现形式也就同样复杂多变。然而,我们并不能因此就放弃对诉讼方式变迁与时代发展这两者间相互关系的探索。在纷繁复杂的现实中找到相对明确的发展主线,不仅是深化相关研究需要作出的努力,更是时代赋予研究者的历史使命。也正是在这个意义上,本研究的意义也就超越了研

---

① 参见〔美〕伊森·凯什、〔以色列〕奥娜·拉比诺维奇·艾尼:《数字正义:当纠纷解决遇见互联网科技》,赵蕾、赵精武、曹建峰译,法律出版社 2019 年版,序言,第 1 页。

究对象本身,而达至一个更加深远的境地。

第三,通过挖掘民事电子诉讼的功能及其机理,本研究有助于深化对民事诉讼领域案件处理方式及其转型的理解。作为一种新兴的诉讼方式,电子诉讼对传统诉讼将会产生怎样的影响,这是学界一直以来较为关注的问题。然而,受到研究思路单一等因素的影响,既有研究所涵盖的内容和研究思路还局限在民事电子诉讼的效率价值以及对传统诉讼产生的冲击层面,民事电子诉讼似乎也只是被视为通信科技与诉讼的简单嫁接。将其宽泛地称为电子诉讼抑或"互联网+司法",并没有触及诉讼的原理性问题,仍然只是对现象的描述。民事电子诉讼中的当事人结构、动力机制及其在运作过程中的功能与机理,都需要得到进一步的解释,其中仍有很多问题值得深入分析,这是我们在把握民事电子诉讼时必须意识到的。

此外,民事电子诉讼兴起的影响并不仅仅局限于诉讼方式的创新,还有其他并不显明的积极意涵。例如,受到信息通信技术的加持,表面上民事电子诉讼只是将传统诉讼程序转移到线上进行,但实际上诉讼方式的转变还对法院的功能以及解纷模式产生了影响。由于在民事电子诉讼中,法院为当事人提供了一个全程自主参与并能平等沟通的平台,通过这一平台,当事人双方除能提交诉讼材料、提出诉讼请求外,亦能通过平台了解到一定的法律规定,在法官的引导下进行沟通,从而孕育调解的可能。在这一过程中,法院的定位也就从传统的裁判逐步转向了司法服务,当事人之间以及当事人与法院之间的关系也发生了微妙的变化,整个民事诉讼模式融入了合作的因素。换言之,一种融合服务与裁断、对抗与合作的新型诉讼模式正在形成。因此,理解电子诉讼对民事司法实践的影响,便不能仅仅停留在显见的现象层面,还应立足于民事司法的原理挖掘出更多积极的内涵。

第四,本研究将有助于民事电子诉讼改革在未来更好地发挥作用。"一项具体研究是否有价值,除是否具有知识增量的贡献之外,还取决于能否解决现实问题。"①就本项研究的缘起而言,一如前文所述,民事电子诉讼的实践运行与进一步推广都离不开国家层面授权的试点改革。当下,试点改革已成为一种时髦话语,并推动着我国相关法律制度的发展与完善,本书所关注的民事电子诉讼改革无疑也是通过改革推动立法变革路径的延续。对于试点改革所具有的优势与局限,学者曾进行过较为深入的研究②,相关研究也时刻提醒我们试点改革是一个充满艰辛、曲折的过程,并常常伴随着失败的可能,因此我们应高度关注试点过程中可能导致改革失灵甚至失败的因素③。正是意识到改革所面临的复杂环境与未知前景,本研究通过对试点改革的过程进行实证研究,能较为客观地把握此项改革在当前民事司法实践中的效果,全面分析试点改革中的既存优势与不足,并针对实践中出现的问题及时提出具有可行性的应对之策,以促进民事电子诉讼试点改革在未来的改革实践中更好地发挥效用。

第二节 国内外研究现状

从表面上看,在既有的文献中,直接讨论电子诉讼的论著并不多。从题目上看,与本书研究主题最贴近的专著是郑世保的《电子民事诉讼行为研究》。但从内容来看,该书主要分析论证了民事电子诉讼行为的价值、分类,阐述了民事电子诉讼行为和传统民事诉讼行为的差异,阐明了民事电子诉讼行为的困境,提出了完善我国民事电子诉讼

---

① 郭松:《试点改革与刑事诉讼制度发展》,法律出版社2018年版,第9页。
② 参见马长山:《新一轮司法改革的可能与限度》,载《政法论坛》2015年第5期;郭松:《刑事诉讼地方性试点改革成功的必要条件》,载《政法论坛》2016年第1期;等等。
③ 有关司法改革失败原因的分析,详见〔美〕格雷格·伯曼、〔美〕奥布里·福克斯:《失败启示录——刑事司法改革的美国故事》,何挺译,北京大学出版社2017年版,第16—38页。

行为的宏观思路。① 总体而言,该研究所讨论的内容较为分散,形成的研究成果亦较为初步,故对本研究提供的启发较为有限。

如果仅从关于电子诉讼的文献来看,相关研究成果无疑显得不够深入,涉及面也不够广泛。但我们并不能因为研究尚处于起步阶段就忽视前人在思考这一问题时所作出的努力。相反,如果从问题的实质出发就不难发现,在许多看似并不直接相关的论著中,这一问题的讨论已经存在了。

本书的核心主题是民事电子诉讼,对于这一问题,最初引发笔者思考的是左卫民的《中国在线诉讼:实证研究与发展展望》一文,该文以民事诉讼繁简分流改革试点和新冠肺炎疫情为背景,从实证研究的角度考察了当下在线诉讼的实践状况与存在的问题,为推进在线诉讼改革提供了初步思路。② 尽管该文的实证考察主要针对的是在线庭审,但文章的研究视野与思路为笔者思考本书的研究主题奠定了一定的基础。

苏力在《法律与科技问题的法理学重构》一文中提及的法律与科技的相互关系及其所触及的现代性问题,为本书研究主题的深入打开了思路。文中提到:"许多实体法与程序法的规定,都是特定物质技术条件下追求相对公正的产物,而不是绝对、抽象的正义命令。"③因此,在苏力看来,科技于司法而言不是一成不变的,而是对特定时代状态的一种反映。从这个意义上来看,源于现代社会的科学技术对法院而言无疑是一件"紧身衣",随着社会的发展与成长,其提供的价值与意义也在发生转变。这一洞见也启发笔者从时代变迁的大背景着眼,去思考电子诉讼这一新型诉讼方式在信息时代存在的必要性、可行性以及特征,也为理解电子诉讼的既有状态与未来发展趋势提供了

---

① 参见郑世保:《电子民事诉讼行为研究》,法律出版社2016年版。
② 参见左卫民:《中国在线诉讼:实证研究与发展展望》,载《比较法研究》2020年第4期。
③ 苏力:《法律与科技问题的法理学重构》,载《中国社会科学》1999年第5期。

理论基点。

此外,郑永年的《技术赋权:中国的互联网、国家与社会》一书也深化了笔者对本研究主题的思考。在该书中,作者围绕互联网对中国国家与社会的影响进行了研究,提出了"技术赋权"的概念。其认为信息技术尤其是互联网技术,不仅增强了国家的治理能力,而且对社会而言也是一种权利的赋予,此外,通过互联网,国家和社会亦在互联网公共领域内进行了密切互动。通过对上述观点的论证,作者认为,国家和社会在互联网上的互动,最终重塑了国家和社会。① 该书中提出的"互动"这一研究思路,提醒笔者在关注"互联网+"这类时髦的学术概念与主题时,不能仅仅将视野局限于互联网与传统行业的叠加,还应从动态的视角对互联网的功能及影响进行全面分析。具体到民事电子诉讼的研究,互联网除了能改变传统诉讼的外观,对法院以及诉讼当事人又会产生怎样的影响?如果将电子诉讼看作特定技术条件下的一种"赋权",那么,技术赋予了我们哪些权利?权利的获取是否需要一定的条件?这些权利又被哪些主体所分享?进一步而言,诉讼方式的革新又是否会对法院的功能以及法院与诉讼各方当事人的关系带来改变?这些问题都是值得深入研究的。

就互联网对司法的影响而言,国外学者也有所论述。作为法律科技的领军学者之一,理查德·萨斯坎德撰写的《线上法院与未来司法》这部专著就系统关注了"互联网+司法"这一前沿领域。该书认为,在线法院的历史变革已经启动,且在线法院注定成为世界各地法律体系不可或缺的一部分。该书对在线法院的利弊进行了严格评估,展示了互联网技术将如何影响诉讼和解纷解决,并就人工智能、机器学习和虚拟现实对法院服务的影响进行了预测。② 伊森·凯什与奥娜·拉比

---

① 参见郑永年:《技术赋权:中国的互联网、国家与社会》,东方出版社2014年版。
② See Richard Susskind, *Online Courts and the Future of Justice*, Oxford University Press, 2019.

诺维奇·艾尼合著的《数字正义:当纠纷解决遇见互联网科技》一书,主要从互联网时代的纠纷解决方式入手,深入剖析了电子技术对司法的影响。并提出了"数字正义"实现的路径,即在线纠纷解决机制及预防措施,其可以通过线上、线下双向拓展的形式促进正义的实现。① 多伦(Doron)与梅纳什(Menashe)分析了在线庭审的优势与局限,提出了在线庭审利大于弊的观点,并认为在经过一定试点运行之后可以在更广泛的司法领域进行推广,此外,还进一步提出构建网络法律制度,以促进法院对互联网时代的适应。② 贝努瓦·A.奥伯特(Benoit A. Aubert)等学者通过研究加拿大进行的技术支持下的民事司法制度,认为技术支持的民事司法模型,能快速识别利益相关者及其诉求并在更大范围内发挥纠纷解决的作用和价值,在此基础上,其还探讨了如何利用建模更好地理解网络正义背景下技术的作用。③

在一些更具体的领域,部分学者对电子诉讼的相关问题也进行了较为细致的研究。

其一,电子诉讼的内涵与外延。通常就一项研究而言,研究对象与范围的确定往往是研究的第一步。这标志着研究者对研究的主题与对象形成了一个边界大致明确的"问题域",各种问题意识的交流与碰撞只有落到一定的"问题域"内才有意义。鉴于实践中各法院的探索有异,电子诉讼在既有研究中也可被称为网上诉讼、电子法院、网上法庭或微法院等,故对上述问题的探讨都可纳入电子诉讼的研究范围。关于电子诉讼的概念,学界尚未有清晰的界定。有学者认为,电子诉讼是指通过电子交互方式进行的,各类文件和档案均由传统的纸

---

① 参见〔美〕伊森·凯什、〔以色列〕奥娜·拉比诺维奇·艾尼:《数字正义:当纠纷解决遇见互联网科技》,赵蕾、赵精武、曹建峰译,法律出版社2019年版。

② See Menashe, Doron, "A Critical Analysis of the Online Court," *University of Pennsylvania Journal of International Law*, 2018, 39(4).

③ See Benoit A. Aubert, Gilbert Babin and Hamza Aqallal, "Providing an Architecture Framework for Cyberjustice," *Laws*, 2014, Vol. 3 (4).

质媒介转换为电子媒介的诉讼形态。① 也有学者认为,电子诉讼是指依托信息技术,实现起诉与受理、审前准备、开庭审理、执行等诉讼程序网上进行的诉讼形态,是诉讼法律关系主体之间法律交往方式的线上再造。② 此外,还有学者专门定义了民事电子诉讼——指在民事诉讼领域充分利用先进信息化系统,在起诉与受理、审前准备、开庭审理、执行等环节实现诉讼行为电子化应用的诉讼形态。③

如果说界定电子诉讼的概念在于对"电子诉讼是什么"下一个定义,那么厘清"电子诉讼不是什么"也有助于更加全面地把握电子诉讼的内涵与外延。对此,研究者之间存在两种不同的倾向。一种倾向可称为"区分说",认为电子诉讼是以诉讼为本质,运用信息技术,对诉讼法律关系主体之间法律交往方式的线上再造,它与智慧法院或者互联网法院是不同层面的概念④,并指出当前理论界和实务界在互联网法院、智慧法院以及以远程审判为代表的电子诉讼的定位上普遍存在着误读,此种误读和模糊性认识不利于发现不同概念及其背后所指事物的真正价值,也遮蔽了相关实践应有的重大制度性创新和方向性突破⑤;另一种倾向为"融合说",即将电子诉讼与智慧法院、互联网法院等内容杂糅在一起研究,突出其借力信息技术的共性⑥。亦有学者将电子诉讼置于智慧法院建设的范畴下,将其视为智慧法院

---

① 参见周翠:《中国民事电子诉讼年度观察报告(2016)》,载《当代法学》2017年第4期。
② 参见张兴美:《电子诉讼制度建设的观念基础与适用路径》,载《政法论坛》2019年第5期。
③ 参见张兴美:《中国民事电子诉讼年度观察报告(2017)》,载《当代法学》2018年第6期。
④ 参见张兴美:《电子诉讼制度建设的观念基础与适用路径》,载《政法论坛》2019年第5期。
⑤ 参见于志刚、李怀胜:《杭州互联网法院的历史意义、司法责任与时代使命》,载《比较法研究》2018年第3期。
⑥ 参见左卫民:《关于法律人工智能在中国运用前景的若干思考》,载《清华法学》2018年第2期;冯姣、胡铭:《智慧司法:实现司法公正的新路径及其局限》,载《浙江社会科学》2018年第6期;程金华:《人工、智能与法院大转型》,载《上海交通大学学报(哲学社会科学版)》2019年第6期;等等。

工程输出的制度化产物①,并认为电子诉讼是中国智慧法院建设的重点领域②。

除此之外,电子诉讼作为一种新型诉讼模式,分析其与传统诉讼的联系与区别亦是帮助我们全面认识其本质与特征的重要视角。一方面,有学者认为在电子诉讼中,从法院与当事人的交往方式到案卷形式以及法官工作的方式、诉讼形态无一不发生重大变化。③ 此外,电子诉讼还前所未有地改变着诉讼结构、方式和习惯,互联网技术不仅带来诉讼方式的工具变革,更推动现代诉讼在互联网环境中的规则重塑与流程再造。④ 还有学者从当事人辩论权和到场权的行使方式、庭审形式、具体的程序内容等层面,指出电子技术改变着这些权利的性质与行使方式,这些改变导致电子诉讼实践自身的合法性难题。⑤ 另一方面,除上述改变外,学者普遍认识到电子诉讼的本质依然是诉讼,其并未从实质上改变诉讼结构与基本原则⑥,电子诉讼只是利用信息技术对诉讼的实现方式进行了扩充,使法院和当事人的诉讼行为不局限于线下,而是可以根据需要,以在线的方式实现。⑦

其二,电子诉讼模式对传统诉讼模式的挑战。在具体的制度层面,学术界的研究主要集中于涉网案件或互联网法院在线诉讼实践中面临的管辖问题、电子证据以及送达问题对传统诉讼制度的挑战,提出了建立适应于互联网法院特性的多元连结点管辖规则,以及面向电

---

① 参见安晨曦:《电子诉讼形塑的中国策略》,载《湖北社会科学》2017年第8期。
② 参见高翔:《民事电子诉讼规则构建论》,载《比较法研究》2020年第3期。
③ 参见周翠:《中国民事电子诉讼年度观察报告(2016)》,载《当代法学》2017年第4期;陈锦波:《论信息技术对传统诉讼的结构性重塑——从电子诉讼的理念、价值和原则切入》,载《法制与社会发展》2018年第3期;等等。
④ 参见高翔:《民事电子诉讼规则构建论》,载《比较法研究》2020年第3期。
⑤ 参见侯学宾:《我国电子诉讼的实践发展与立法应对》,载《当代法学》2016年第5期。
⑥ 参见周翠:《中国民事电子诉讼年度观察报告(2016)》,载《当代法学》2017年第4期。
⑦ 参见张兴美:《电子诉讼制度建设的观念基础与适用路径》,载《政法论坛》2019年第5期。

子督促程序、电子准备程序和电子速裁程序等方面改革的建议。① 在价值与理念层面,有学者分析了远程审判与传统诉讼法理在程序效率与程序公正、技术风险与法律运作正当性之间的张力,并重新诠释了当前在线诉讼的程序法理。②

其三,电子诉讼的适用原则。作为一项新兴诉讼模式,对其适用原则的探讨不仅是学术研究的初步可能性路径,也有利于指导未来电子诉讼具体规则的构建。对此,学术界的观点主要集中在如下几个方面:有学者以功能论为视角,倡导以当事人为中心,构建适用不同诉讼阶段程序保障需要的民事电子诉讼制度③;有学者提出应当将以人为本、尊重规律、深度应用、开放融合和沉着应对作为实施原则,突破民事电子诉讼的制度瓶颈④;还有学者指出以诉讼效益为首要价值的民事电子诉讼建设应当坚守"当事人中心主义",并恪守程序公正的底线,且这一建设过程不仅需要对诚信原则、处分原则、直接言词原则和协议管辖原则的内涵进行重新诠释,而且需要塑造信息安全和电子送达有效性两项新的诉讼原则⑤。除上述原则外,有学者也敏锐地指出,当事人的程序选择权的运用会受到主体类型或诉讼行为类型的影响,在当事人选择适用的前提下,法院应当在必要限度内发挥诉讼指挥权,规范引导电子诉讼适用。⑥

其四,电子诉讼的优势与限度。对于电子诉讼的优势,学界的讨

---

① 参见郑旭江:《互联网法院建设对民事诉讼制度的挑战及应对》,载《法律适用》2018年第3期;周翠:《互联网法院建设及前景展望》,载《法律适用》2018年第3期;肖建国、庄诗岳:《论互联网法院涉网案件地域管辖规则的构建》,载《法律适用》2018年第3期;等等。
② 参见段厚省:《远程审判的双重张力》,载《东方法学》2019年第4期。
③ 参见王福华:《电子诉讼制度构建的法律基础》,载《法学研究》2016年第6期。
④ 参见蔡立东:《智慧法院建设:实施原则与制度支撑》,载《中国应用法学》2017年第2期。
⑤ 参见陈锦波:《论信息技术对传统诉讼的结构性重塑——从电子诉讼的理念、价值和原则切入》,载《法制与社会发展》2018年第3期。
⑥ 参见张兴美:《电子诉讼制度建设的观念基础与适用路径》,载《政法论坛》2019年第5期。

论主要集中于司法效率、司法公开、司法公正、司法便民、降低成本等关键词。主流观点认为,运用现代信息技术建构电子司法体系能实现经济与效率之目的,属于现代自由主义民事诉讼法典的发展方向之一①,信息技术的进步性还在于其赋予电子诉讼在诉讼效益、司法公开、接近正义等方面的比较优势②。此外,电子诉讼除能体现信息通信技术在诉讼领域的"工具理性"或"效率理性"外,还具有一系列更加深远的价值与功能:首先,电子诉讼能推动我国多元化纠纷解决机制改革的纵深发展,缓解案多人少的现实压力③;其次,电子诉讼能扩大当事人对诉讼程序的参与,提高程序的透明度,进而增强事实认定的准确性④;最后,电子诉讼的功能不仅在于提高诉讼效率,更在于在整合法院审判资源,通过电子法律交往促进当事人与法院间形成协同型诉讼文化⑤。与此同时,学者对信息技术的局限也有着较为清晰的认识:就信息化在整个司法领域的适用上,有学者指出,要理性地看待信息化的作用,因为究其本质它只是一种载体⑥;具体到电子诉讼,信息技术的局限性会对私权保障、诉讼仪式性和直接言词原则造成冲击,这构建了电子诉讼适用的限度⑦;进一步而言,电子诉讼的适用范围受制于诉讼权利的重要程度及案件性质,要按照有效性原则进行把

---

① 参见周翠:《德国司法的电子应用方式改革》,载《环球法律评论》2016年第1期。
② 参见王福华:《电子法院:由内部到外部的构建》,载《当代法学》2016年第5期;张兴美:《电子诉讼制度建设的观念基础与适用路径》,载《政法论坛》2019年第5期;王琦、安晨曦:《时代变革与制度重构:民事司法信息化的中国式图景》,载《海南大学学报(人文社会科学版)》2014年第5期;等等。
③ 参见张兴美:《中国民事电子诉讼年度观察报告(2017)》,载《当代法学》2018年第6期。
④ 参见[韩]郑永焕:《韩国电子诉讼现状及完善方向》,方丽妍译,载齐树洁、张勤主编:《东南司法评论》(2018年卷),厦门大学出版社2018年版,第296页。
⑤ 参见王福华:《电子法院:由内部到外部的构建》,载《当代法学》2016年第5期。
⑥ 参见左卫民:《信息化与我国司法——基于四川省各级人民法院审判管理创新的解读》,载《清华法学》2011年第4期。
⑦ 参见张兴美:《电子诉讼制度建设的观念基础与适用路径》,载《政法论坛》2019年第5期。

握,但对于法庭辩论、缺席判决等重要诉讼活动及涉及公共利益、人身权利的案件,电子诉讼需谨慎适用①。

其五,电子诉讼规则的构建。关注民事电子诉讼的程序构建是我国民事电子诉讼学理研究的又一趋势。这无疑将问题意识具体化,既体现了程序法理在民事电子诉讼中的运用,也彰显了民事电子诉讼对民事诉讼基本理论和制度内涵时代演绎的反作用力。② 就规则的具体构建而言,有学者指出,在适用主体方面,应区分普通用户与特定用户;在适用阶段方面,应建立审前程序与庭审程序二元化规则;在适用位阶方面,应建立全程与阶段电子化分类适用规则;此外,还应建立电子诉讼失权、当事人程序异议、线上线下转换、电子庭审场所分类设置、破坏电子诉讼秩序惩戒等程序机制,保障电子诉讼顺利推进。③ 还有学者从适用范围的角度对电子诉讼的规则进行了设计。一方面,从便利当事人在线提交、法院在线审核方面考虑,受理范围宜与案件繁简程度、证据特点、标的额大小等相适应,避免繁复案件证据繁多,因证据传输上网增加劳动或操作瑕疵徒增诉讼成本。另一方面,从诉讼标的、当事人诉讼权利的重要程度方面考虑,涉及社会公共利益、身份关系、申请再审案件等,关乎当事人的重要权益,不宜通过网上立案方式开启诉讼程序。④ 从规则构建涉及的原则来看,有学者认为要以线下诉讼程序为参照,功能等值式地进行,对于具有功能优势的电子诉讼制度,应当倡导和鼓励,而对于具有功能弱势的电子诉讼制度,应当慎重对待,甚至使其成为电子诉讼适用的例外。⑤

---

① 参见王福华:《电子诉讼制度构建的法律基础》,载《法学研究》2016年第6期。
② 参见张兴美:《中国民事电子诉讼年度观察报告(2017)》,载《当代法学》2018年第6期。
③ 参见高翔:《民事电子诉讼规则构建论》,载《比较法研究》2020年第3期。
④ 参见安晨曦:《法院立案程序的电子化改造》,载《海南大学学报(人文社会科学版)》2020年第1期。
⑤ 参见张兴美:《电子诉讼制度建设的观念基础与适用路径》,载《政法论坛》2019年第5期。

其六,电子诉讼的实践样态。随着电子诉讼在实践中的不断探索,一些学者也开始对司法实践进行了重点关注。一方面,相关研究对电子诉讼的发展阶段进行了探讨。有学者指出,现代法院对信息技术的利用不断深入,大致可以分为两个发展阶段:一是法院利用信息化技术进行案件管理和提升诉讼服务阶段;二是"网上法庭",即利用信息技术及互联网平台,让互联网与司法制度深度融合,在互联网上综合实现和完成立案、审理、判决和执行等全部诉讼活动的法庭。① 在信息社会进步的内生动力驱动及国家信息化战略的政策激励下,电子诉讼平台、网上立案、电子送达、庭审同步录音录像、远程庭审等电子诉讼具体应用不断涌现。目前,我国的电子诉讼实践状态可以用"百态"来形容,在适用主体、启动方式、案件范围和适用程序等方面均未形成统一的趋向或范式。② 另一方面,学者围绕电子立案程序、督促程序、远程庭审、电子送达等某个具体程序机制进行了研究。③ 如作为电子诉讼中关键程序之一的远程庭审,在实践中可以分为吉林模式、浙江模式和其他模式三种模式。具体来看,不同模式在适用主体、启动方式、案件范围和适用程序等方面都存在一定的差异。④

尽管上述有关电子诉讼具体问题的论著已经较为分散地涉及本书主题,但由于研究视角和具体内容的局限,上述研究给笔者带来的

---

① 参见石毅鹏:《电子诉讼的风险与程序构建》,载《湘潭大学学报(哲学社会科学版)》2018年第2期。

② 参见张兴美:《电子诉讼制度建设的观念基础与适用路径》,载《政法论坛》2019年第5期。

③ 参见周翠:《中国民事电子诉讼年度观察报告(2016)》,载《当代法学》2017年第4期;安晨曦:《法院立案程序的电子化构造》,载《海南大学学报(人文社会科学版)》2020年第1期;张兴美:《庭审记录方式电子化改革的反思与建构》,载《法学杂志》2019年第1期;骆东平、姜晓芳:《我国督促程序电子化改革研究》,载《三峡论坛(三峡文学·理论版)》2019年第2期;陈锦波:《电子送达的实践图景与规范体系》,载《浙江学刊》2020年第1期;等等。

④ 参见陈树芳:《电子诉讼中远程庭审的实证研究》,载《江苏科技大学学报(社会科学版)》2017年第4期;潘金贵、谭中平:《论刑事远程视频庭审规程的构建》,载《法律适用》2019年第9期;等等。

更多是间接性的启发。此外,直接性研究成果的不足意味着我们不能只通过外在的现象观察,将电子诉讼仅仅视为一种诉讼方式的转变,而要将这一问题置于一个更大的理论背景与主题中加以理解。对此,一些学者在研究司法改革以及法院现代化的主题时,也都或多或少地触及了本书关注的主题,并为笔者思考与理解电子诉讼提供了两大有益视角。

通过对文献的梳理不难发现,在有关电子诉讼的既有研究中,中国法院近年来开展的改革,尤其是围绕法院信息化建设的改革,无疑是一个无法忽视的背景。毋庸置疑,就电子诉讼而言,法院的司法改革既是电子诉讼得以兴起与推行的背景,也是电子诉讼推行的手段与方法。因此,对电子诉讼的理解与把握离不开对法院司法改革的观照。

纵览当前研究成果,多数学者仅仅将司法改革作为电子诉讼兴起的背景,将相关政策性文件视为立法缺位情况下改革探索的正当性依据。但正如陈瑞华指出的,若不对司法活动的基本规律形成明晰的认识,那么任何改革都将成为丧失目标和方向的试验活动。对于改革问题的研究,不应只关注权衡利弊得失的应对之策,更为紧要的是对基本理论问题的冷静分析和对改革措施的理性反思。① 对此,更进一步的研究表现为将电子诉讼的推行模式与司法改革的既有路径结合起来。从表面上看,如果说司法改革的其他领域大多有些"自我革命"的意味,存在利益的让渡和调整,那么电子诉讼的推进则显得"激励相容",路径依赖和既得利益的抵制较少。但诚如相关研究指出的,当下试点改革已成为司法改革的标准模式②与推动制度和立法变迁的重要

---

① 参见陈瑞华:《司法权的性质——以刑事司法为范例的分析》,载《法学研究》2000年第5期。
② 有学者提出,人大授权与试点改革相结合已成为当下深化改革与依法治国双重语境下的标准模式,也体现了改革逐步从以往"摸着石头过河"转向"有序推行改革""重大改革于法有据"的发展趋势。参见阿计:《人大授权改革:既要授权,也要监督》,载《群言》2015年第11期。

途径①。就此观之,有学者提出的由电子诉讼形塑的中国改革策略实则还是既有司法改革路径在电子诉讼推进过程中的一种表达与体现。②

若顺着司法改革的思路进一步朝法院自身的革新方向思考,便能将萌生于法院信息化建设中的电子诉讼与法院的现代化关联起来。国内有关法院现代化的思考,较为集中地出现在 21 世纪初,紧随党的十五大提出的"推进司法改革"历史任务后。其中较具代表性的研究如左卫民和周长军所著的《变迁与改革——法院制度现代化研究》一书,该书重点讨论了现代法院的基本特征、法院现代化的生成过程以及中国法院现代化的进路。就现代法院的基本特征而言,现代型法院的特征表现为六个方面:分化、独立、裁判依据的一元化、程序的妥当性、功能的多元化以及专业性。③在观照法院制度的改革实践时,有学者曾敏锐地指出:"法院制度的改革必须置于法院现代化的宏观背景下予以考察和评判,一切改革都应朝向实现法院制度现代化之目标。"④

从上述理论观之,就电子诉讼而言,现代法院所具有的"功能的多元化"和"专业性"特征便是联结电子诉讼与法院制度现代化目标的关键。就"功能的多元化"而言,程金华的研究有所探讨,他提到信息时代司法体系的"大转型"趋势,即法院广泛采用以当事人为服务对象的信息科技,实现当事人的纠纷解决便利化。由此也带来了法院核心功能的调整:法院的核心功能从实施纠纷解决调整为组织纠纷解决,同时也呼吁法院应具有政策实施和社会治理等超越纠纷解决的功能。⑤从"专业性"的角度来看,伴随着法院制度的不断现代化,审判

---

① 参见郭松:《刑事诉讼制度的地方性试点改革》,载《法学研究》2014 年第 2 期。
② 参见安晨曦:《电子诉讼形塑的中国策略》,载《湖北社会科学》2017 年第 8 期。
③ 参见左卫民、周长军:《变迁与改革——法院制度现代化研究》,法律出版社 2000 年版。
④ 左卫民:《法院制度现代化与法院制度改革》,载《学习与探索》2002 年第 1 期。
⑤ 参见程金华:《人工、智能与法院大转型》,载《上海交通大学学报(哲学社会科学版)》2019 年第 6 期。

实务的专业化由此带来的后果之一便是司法成为一门精深的技艺,逐渐与大众区隔开来,法律之门似乎总是处于关闭或部分敞开的状态。为帮助当事人进入法院进行诉讼,针对不同的缘由,迄今为止在世界范围内曾掀起过六波接近正义运动。① 其中,以"电子司法"为目标的第六波接近正义运动即是通过新技术来促进当事人更便捷、容易地实现正义。② 由此背景出发,便能从更深远的意义上理解电子诉讼所具有的司法近民、便民优势。除此之外,对法院而言,法院的信息化建设也就不再仅仅局限于满足法院办公自动化的需求,而是实现了通过信息化建设以服务群众为目标的功能与话语转变。③ 电子诉讼的探索也经历了从法院本位到当事人本位的演化。

时代在进步,法院现代化的目标随着时代的变革也悄然发生着转变。在方兴未艾的信息化浪潮中,信息技术也为法院现代化注入了新的内涵。然而,当今法院现代化的目标究竟是什么? 对于这一问题,刘艳红的研究给予了足够的关注。④ 她指出当今法院现代化的核心范畴系审判体系和审判能力现代化,其中,前沿技术对此起到了不容忽视的作用。进入信息化时代以来,中国法院审判体系和审判能力的现代化建设可以分为以下五个方面:第一,司法公开体系与能力的现代化;第二,诉讼服务体系与能力的现代化;第三,案件审判体系与能力的现代化;第四,判决执行体系与能力的现代化;第五,司法管理体系与能力的现代化。就此来看,电子诉讼可归入诉讼服务体系与能

---

① 六波接近正义运动依次为:贫困者的救济(第一波),扩散性利益保护(第二波),完善纠纷解决机制(第三波),事前预防性的交涉(第四波),推行国际民事诉讼的统一化和全球纠纷解决的迅速化、正当化(第五波),以及电子司法(第六波)。参见陈刚主编:《比较民事诉讼法》(2006年卷),中国法制出版社2007年版,第258页。
② 参见〔美〕伊森·凯什、〔以色列〕奥娜·拉比诺维奇·艾尼:《数字正义:当纠纷解决遇见互联网科技》,赵蕾、赵精武、曹建峰译,法律出版社2019年版,第54—64页。
③ 参见安晨曦:《电子诉讼形塑的中国策略》,载《湖北社会科学》2017年第8期。
④ 参见刘艳红:《大数据时代审判体系和审判能力现代化的理论基础与实践展开》,载《安徽大学学报(哲学社会科学版)》2019年第3期。

力现代化的范畴,即通过推动网上立案、网上调解、网上送达和网上庭审,大力提升当事人获取诉讼服务的便捷化水平,亦是第六波接近正义运动的应有内涵。尽管刘艳红的研究立基于大数据时代以及与此相关的技术,但其探讨的相关问题在电子诉讼的研究中同样适用。尤其是其提出的以技术驱动破除司法难题与困境,成为构建中国特色审判体系和审判能力现代化前沿理论与战略规划亟须考究的现实问题。此外,刘艳红关于大数据时代审判体系和审判能力现代化的研究还为我们提供了研究技术赋能司法可资借鉴的方法。就当前法院的现代化路径而言,她指出信息化驱动的审判体系与审判能力现代化是中国特色的法院现代化之路。在技术路线规划方面,刘艳红提出了"域外实践考察→本土经验归纳→基本原则确立→技术路线构建→阶段战略规划"的基本思路,运用技术和法律的双重优势,有效协调技术与法律的冲突,确保司法信息化在法治轨道上良性发展。这一视角也将法院的现代化与中国的司法改革连接起来。正是在这样的连接中,上述探讨的司法改革和法院现代化进程这两大视角也不再是理解与思考电子诉讼时互不相关、相互独立的路径,而是紧密相连的关系,不同之处仅在于二者置身的时代背景不同。

从既有研究来看,国内外学者无疑都已充分认识到电子诉讼这一新型诉讼方式的兴起,并围绕与之相关的在线法院、在线庭审等问题进行了研究,积累了一定的研究成果。但整体而言,既有研究不仅在研究内容上较为零散,且研究视角未能摆脱技术运用于司法领域的工具性价值,一方面未能有效融合宏观与微观层面的问题意识,另一方面也缺乏对运行机制等处于"中层理论"等问题的研究。这一研究现状使得电子诉讼的整体研究水平滞后于电子诉讼实践的快速发展。此外,还有一系列重大理论问题,如互联网技术与诉讼程序应在何种程度以及在多大范围内结合、互联网技术的工具理性与案件性质及程序阶段的比例关系、电子诉讼对法院与当事人关系的影响、电子诉讼规则体系与传统民事诉讼的冲突与融合等,均需作出符合民事诉讼规律的回答,从而促进电子诉讼的健康有序发展。对今后的研究而言,亟须的或许是更丰富的经验感受和更符合经验的宏观视角。

第三节　研究对象、研究方法与研究材料

一、研究对象

本书的研究主题是电子诉讼这一与信息技术紧密融合的新型诉讼方式。从司法实践的整体现状来看,这种"诉讼活动网上办理"的方式已从个别地区的"时髦"做法演变为各地法院争先探索和推进的审判方式,无论是民事审判工作还是刑事司法领域,借助通信技术的东风,法院成功将司法活动转移出特定物理空间,实现了对司法产品生成场域的拉伸:通过网络诉讼服务平台,当事人可以在线完成预约立案、案件进度查询、证据交换等诉讼环节,利用远程通信和实时通信软件,在线作证、在线提讯甚至在线庭审已经不再是技术难题。但问题的关键在于,面对司法实践中丰富多样的、可被宽泛地称为电子诉讼的现象,我们应从何处着眼来对其加以系统观察,又应如何穿越繁芜的现象抓住这一诉讼方式的特质?

对此,经由全国人民代表大会常务委员会授权,最高人民法院统一部署在部分地区开展的民事电子诉讼改革试点工作为我们系统观察、分析电子诉讼的实践运行提供了绝佳的契机。出于系统把握实践样态的可能性与可操作性,以及避免不同诉讼领域林林总总的影响因素不利于我们抓住电子诉讼这一新型诉讼方式的核心命题等考虑,本书将研究对象限定在民事诉讼领域开展的电子诉讼,以此为切入点对

当下正如火如荼进行的电子诉讼实践展开分析与研究。此外,作为一项立足于司法实践的研究,基于实践素材的可获得性与真实性,本书将研究对象进一步限定为此次民事电子诉讼改革试点城市之一的A市,通过系统考察A市法院民事电子诉讼的实践,以期全面、立体展现电子诉讼的实践样态。

需要特别说明的是,尽管本书对研究对象与范围的限定在某种程度上是出于对研究可操作性与便利性的考量,但这种看似"无奈"的选择并未对本项研究的推进造成阻碍。原因在于,一方面,尽管不同诉讼领域均对电子诉讼这一新型诉讼方式进行了实践探索,但总体而言,民事诉讼领域对电子诉讼的探索,无论是案件的适用数量,还是不同诉讼环节的探索深度,都远超刑事诉讼和行政诉讼领域,因此对民事电子诉讼进行考察能较为全面地把握电子诉讼方式在实践中的运行样态。另一方面,诉讼的基本原理是相通的,信息技术与司法相结合的本质性问题亦不会因诉讼领域的不同而发生根本性的改变,从这个意义来看,选择一个相较而言已对电子诉讼探索较为全面的领域进行考察,亦能较为有效地把握有关电子诉讼的核心命题。也正是在上述因素的综合考量下,本书选择将民事诉讼领域的电子诉讼实践作为观察与分析我国电子诉讼的切入点。

二、研究方法

就研究方法而言,选择什么样的研究方法,取决于我们所持的科学观与知识观。尽管有关社会科学的认识论基础存在不同的倾向,相关的研究工作也朝不同的方向发展[1],但在整体上,我们所持的是"支

---

[1] 关于社会科学研究工作三个总体的发展方向,详见〔美〕C. 赖特·米尔斯:《社会学的想象力》,陈强、张永强译,生活·读书·新知三联书店2016年版,第23—25页。

配性"的知识观,即认为科学的用意在于把握、支配客观世界。尽管这个科学观所说的"世界"同时包括了自然世界和社会人文世界,但是它强调,当这些现象成为被研究的对象时,它们是独立于思考者之外而存在的,彼此是完全分离的。① 这在理解和解释事物的过程中,要求研究者尽量保持价值的无涉,在表述形式上,需努力表现为一系列严密、清晰、彼此有逻辑关联的命题。研究者从这一立场出发,催生了社会科学各学科已初具规模的经验研究,特别是以定量研究为核心的普遍性方法论范式。② 基于研究目的,本书立基于经验研究的范式,主要采用实证研究的方法从经验材料中总结并解释当前我国电子诉讼的具体运作。具体的研究技术则主要运用了统计分析和个案分析的方法。

实证研究是通过深入现实的社会环境,注重通过事实资料和证据的收集、分析,提出并验证各种理论假设的研究方法,主要包括观察、实验、问卷调查、访谈、个案分析以及统计分析等方法。从性质来看,实证研究方法既存在定量研究,也包含定性研究。就研究方法的分类来看,本项研究属于实证研究中的个案分析与统计分析。详言之,笔者在对相关调查对象进行初步分析的基础上,选择若干具有代表性的对象作为样本,并结合统计分析的方法对样本进行系统、深入的"解剖"。从理论上讲,个案研究强调对某一个单一个体的研究对象进行具体深入的研究。在苏力看来,个案研究主要有两大功能:其一,理解小环境或微观层面人与人之间的复杂互动,因为在宏观层面或统计数据中是看不到微观层面的问题的;其二,个案研究可以挑

---

① 参见项飚:《跨越边界的社区:北京"浙江村"的生活史》,生活·读书·新知三联书店 2000 年版,第 515 页。
② 所谓经验研究,广义指从经验资料总结理论并用经验资料验证理论的过程。详见彭玉生:《"洋八股"与社会科学规范》,载《社会学研究》2010 年第 2 期。

战、补足、修改,甚至可能是推翻一些言之凿凿的基本判断和宏大话语。① 从研究方法的认知逻辑来看,个案研究关注的是研究对象的典型性,突出的是个案的特征而非社会的总体情况。由此而来的,是个案研究方法适用于本研究的局限性——样本的代表性与研究结论的普适性。因此,为实现费孝通所言的"从个别逐步接近整体",笔者在整个研究过程中对样本的局限性始终保持清醒的认识,并通过一定方法对此进行了一定程度的"补救"。

为克服研究方法本身的局限性,首先,笔者在样本的选取上,采用了样本"有限却完整"的方法。② 具体而言,笔者选择了 A 市全部基层法院作为研究样本,同时还考虑到法院所处区域的社会经济条件、各法院内部不同的司法环境等因素,力争克服研究样本的有限性与非普适性缺陷。此外,在从经验描述到理论推理的过程中,笔者始终保持一定的克制,慎重地对待样本法院电子诉讼实践运行情况。亦即在实现"从个别逐步接近整体"的过程中,充分考虑到样本法院在全国法院中所处的"位置"。但需要说明的是,这种谨慎与克制并非对整个研究方案及其欲达至目标的否定。尽管笔者并不认为样本法院所呈现的电子诉讼的运行状况能全面反映全国所有法院电子诉讼的样态,但本书的研究至少能为观照与把握中国的电子诉讼提供一个真实的、具体的经验积累和智识支持,从而缩短逐步接近整体所需要的距离。其次,在调查方式的选择上,为最大限度地保证研究的真实性与可靠性,除了尽量获取丰富的与电子诉讼相关的数据资料,笔者还综合运用参与观察、问卷调查、访谈等多种方法,以便对获得的经验材料进行相互验证。最后,对于如何通过具体而数量有限的研究样本达成更高

---

① 参见苏力:《理解个案》,载周尚君、尚海明主编:《法学研究中的定量与定性》,北京大学出版社 2017 年版,第 10 页。
② 参见王亚新等:《法律程序运作的实证分析》,法律出版社 2005 年版,第 7 页。

层次上认识的问题①,笔者借鉴了人类学报告写作中的概化叙述。详言之,笔者在具体的研究过程中并未完全局限于对实证对象的简单描述,而是在此基础上进行了相当的理论分析,以期通过理论的提炼来淡化经验材料的局限。诚如苏力所言:"从个案研究中是无法获得有一般意义的关于真实世界的道理的,研究只是让你获得一些材料。要迈出关键的一步、提出一些有道理的东西,需要研究者的思辨能力、理论抽象能力,要能从具象当中加以抽象。"②从方法论的角度而言,经验分析与理论分析相结合是社会科学研究常用的研究方法。经验分析要说明"是什么"的问题,理论分析则是根据事物固有的属性来推断事物之间可能的关联,属于"为什么"的问题。

除了个案分析,笔者还运用了统计分析的方法。从性质上来看,统计分析属于定量研究的一种,是一种"有技术支持的证伪思维方式"③。但对将这一方法运用在本项研究中所面临的困难,笔者也始终保持较为清醒的认识。一方面,统计分析作为一种专业的量化分析方法,具有一系列复杂的规则,不管是研究框架的设计还是具体操作化的过程都要遵循一套严格的数理统计规范,稍有不慎,得出的结论可能差之千里。但面对复杂的诉讼实践,如何将一系列的法律行为转化为可量化的数据指标,不仅需要精巧的研究设计,更需要较为扎实的统计学功底。另一方面,技术背后体现的是思维,操作化的过程即是研究思路的展开,这同样离不开对统计原理的准确把握。对此,笔

---

① 就法律实证研究的目的而言,王亚新曾总结了两个位于不同层次的目的:在第一个层次上,研究者通过统计分析、抽样调查或个案研究等方法,努力了解把握某种法律制度实际运行的状况;实证研究的另一个层次也许是更为重要的目的,则在于经过对经验性事实或以实证方法取得的资料素材进行整理及提炼加工,从而使本来是片段零散或缺乏体系性的认识上升到一般理论框架的高度。参见王亚新等:《法律程序运作的程序分析》,法律出版社 2005 年版,第 83 页。
② 苏力:《理解个案》,载周尚君、尚海明主编:《法学研究中的定量与定性》,北京大学出版社 2017 年版,第 20 页。
③ 李连江:《戏说统计:文科生的量化方法》,中国政法大学出版社 2017 年版,第 3 页。

者在调查研究中尽可能地将电子诉讼的实践进行科学量化,并严格按照统计学原理进行研究设计,以确保研究的信度与效度。

在研究方法上,还有两点需要特别说明:其一,本书在实证基础上对经验解释是否有效的问题,亦即本书以民事电子诉讼改革试点城市A市两级法院为研究样本,能否以及在何种程度上体现我国民事电子诉讼的整体状况。这种立足于"地方"的经验研究能否实现整体性的理论关怀实际是经验研究所普遍面临的理论难题。对此,个案研究在一定范围内所具有的普遍意义在人文社科领域已基本达成共识,即在研究总体非同质的情况下,个案虽难以具备统计意义上的"总体代表性",研究结论却仍具有"类型代表性",能够外推运用至与研究的个案相同或相似的其他个案。① 据此,本书的研究亦能在服务于研究目的所需的范围内获得整体性意义。一方面,A市系西部新一线城市,整体经济较为发达,但A市市域内辖区众多,各个区域发展水平参差不齐,故样本法院中既有典型都会地区的基层法院,也有经济社会中等发达和较为落后地区的基层法院,能在一定程度上代表不同发展水平地区基层法院的司法概况。另一方面,A市作为此次民事电子诉讼改革试点城市之一,有关民事电子诉讼的实施方案与具体内容均由最高人民法院统一部署,故A市各法院开展的民事电子诉讼在实施方案和具体内容上亦具有相当的代表性。其二,关于法解释学方法在本书中的位置。本书没有将其作为基本的研究方法,要么将其搁置在一旁,要么是非主流地运用。之所以如此,是由本书的研究取向决定的。本书的研究目的在于通过观察与分析民事电子诉讼日常程序运作,从其具体的程序运作中寻求电子诉讼可能承载的潜在价值、探寻电子诉讼与传统诉讼方式之间的内在关系,以及由此来思考信息时代诉讼方式的革新与转型,这也决定了法解释学的方法不会成为本书的

---

① 参见王宁:《个案研究的代表性问题与抽样逻辑》,载《甘肃社会科学》2007年第5期。

基本研究方法。

三、研究材料

正所谓"巧妇难为无米之炊",经验材料的质量无疑是决定实证研究成功与否的一大关键性因素。而经验材料的质量通常取决于材料的充分性与真实性。但基于样本观察的可获得性和真实性,笔者选取的研究对象在覆盖范围和持续时间上都存在一定的限度。尽管笔者也通过其他方式对经验材料进行了一定的补充,如在具体分析过程中也关注一些全国性的情况,注重点面结合的研究策略,但无论如何也不能说本书所利用的材料能全面、充分地反映整个电子诉讼的实践样态。因此本书的分析与结论也就可能存在一定程度的局限性,有待今后相关研究的跟进与完善。就本书的材料而言,主要有如下三种类型:

其一,笔者在 A 市两级法院实地调研期间所获得的实证材料。这部分材料从性质来看,属于一手材料,也是本书研究的核心材料与具体分析对象。具体而言,这些材料主要包括四个方面的内容:第一是笔者在 A 市两级法院调研期间所收集的有关电子诉讼的各类数据,这部分数据主要通过对样本法院的内部案卷、台账进行收集、整理和分析获得,内容囊括以下两类:一是民事电子诉讼试点改革前后适用电子诉讼的案件数量;二是试点改革期间,各诉讼阶段电子诉讼的适用情况,如案件数量、案件类型、适用程序以及庭审时长等。第二是笔者在 A 市两级法院亲身观摩、旁听到的案件,这部分材料主要作为典型案例在本书中进行个案研究。第三是笔者在 A 市两级法院调研期间对法官、书记员、审判辅助人员等与电子诉讼有关的当事人进行的问卷调查。第四是笔者在调研期间对上述人员所作的深度访谈,这不仅有利于更为直观地把握各方当事人对电子诉讼的态度与运行情况的评价,同时也能对问卷调查结果进行检验与印证。访谈涉及试点改革过程中电子诉讼实践运行的多方面问题,包括但不限于相关当事人选择电子诉讼的原因、电子诉讼各个阶段的核心内容与主要难题、在线庭审与传统线下庭审的区别等。

其二,已经出版与发表的文献、报道中所使用的材料。这部分材料即所谓的二手材料,反映的是既有的经验与成果。除数据之外,这部分材料还包括具体的改革措施、改革成果,以及有关改革的视频宣传资料等。值得注意的是,由于二手材料的固有缺陷,这类材料一般不作为本书的研究对象,其主要是起到引出问题或佐证相关研究结论的作用。

其三,各种官方出版物及公开可查的官方文件中所公布的数据材料,如政策法规汇编、改革文件等。从功能来看,这类数据也主要是起到引出问题或佐证相关研究结论的作用,笔者在使用时对这些官方数据的真实性与准确性也保持谨慎的态度。

第四节 研究框架与相关说明

一、研究思路与框架

通常在有关实地调查的写作中,会遇到三个逻辑的协调问题:事实本身的逻辑、研究者发现事实的逻辑和作文的逻辑。所谓作文的逻辑是指我们要有一个叙述框架,能把事情说得更清楚,也有利于我们的理论论证。[①] 于本书而言,作为一项基于民事电子诉讼实践运作的

[①] 参见项飚:《跨越边界的社区:北京"浙江村"的生活史》,生活·读书·新知三联书店2000年版,第40页。

实证研究,本书的研究基础很大部分源自对电子诉讼实践运行的考察以及相应的经验感知,由此形成的材料也在很大程度上决定了事实本身的逻辑。但就一项标准的社会科学研究而言,除了概括经验发现,更重要的任务还在于阐明经验发现的理论意义。① 对此,笔者并不打算首先构建一套理论分析框架来框定经验事实的位置,因为采用不同的理论视角将对经验材料得出不同的理解,且如果仅仅是沿着既有的理论框架来观照实践,那么由此得出的结论也很有可能仅仅是理论框架本身和它的副产品。除此之外,过度依赖理论分析框架也会在一定程度上遮蔽实践中一些意料之外的经验事实,而恰恰在这些"意外"中可能蕴含着新的理论发现。

相反,"好的理论应当且可以从细致的经验描述中自然流露"②。这意味着,一方面,在研究过程中需要悬置过度的理论预设,保持民事电子诉讼过程的自我呈现;另一方面,对电子诉讼实践的研究不仅要关注制度本身,还要关注使制度运行起来的人,即注重展示电子诉讼实践中具体的办案法官、审判辅助人员、当事人等主体是如何思考和行动的,这些思考和行动产生了怎样的结果,反过来又对制度产生了怎样的影响。从这个意义上来看,本书的实证考察就不能局限于对客观数据的收集、分析,还应更注重对整个诉讼过程的动态考察,描述出整个民事电子诉讼的图景。因为只有通过电子诉讼运作过程中相关主体的互动,整个电子诉讼过程才能以动态的形式全面展现,从而在互动中捕捉到制度运行的机理与缺陷。

如果说,本书的目标不仅仅局限于对客观数据的分析与堆砌,而是希望能够通过对整个民事电子诉讼图景的描述,在经验材料的占有和研究主题的深化上有所作为。那么,要实现这一目标就要求本书的研究不只是停留在电子诉讼这一命题本身,而应当更系统地思考与展

---

① 参见彭玉生:《"洋八股"与社会科学规范》,载《社会学研究》2010年第2期。
② 于明:《司法治国:英国法庭的政治史(1154—1701)》,法律出版社2015年版,第5页。

现电子诉讼的成因、特点、与传统诉讼的区别以及电子诉讼带来的效果等诸多更为细致与复杂的问题,并尽可能在理论上有所提升。据此,笔者尝试从实践的观察入手,围绕民事电子诉讼如何实现正义这一核心命题,在经验与规范层面对民事电子诉讼实践进行理解与分析。目的在于揭示民事电子诉讼在当前社会背景下的真实运作面貌,并最终回答我们需要怎样的诉讼方式以顺应时代潮流这一理论与实践问题。

借助上述研究思路,本书的叙述结构得以建立。从诉讼的本质出发,本书的论述首先从问题意识的交代开始,并依循从问题到实践再从实践到理论的路径,对民事电子诉讼展开了一场认知与思辨之旅,具体安排与概要如下:

导论是本书破题部分,开篇指出人类社会特别是中国社会正在进入一个在线社会,互联网技术的发展深刻改变了社会生活的方方面面,并不断与各个行业深度融合。在此背景下,司法与现代科技尤其是互联网等通信技术的结合也愈发紧密,电子诉讼的兴起便是司法程序迈向"在线化"的一大表征。2019年12月28日,全国人民代表大会常务委员会通过的《关于授权最高人民法院在部分地区开展民事诉讼程序繁简分流改革试点工作的决定》(以下简称《改革试点工作决定》),标志着电子诉讼作为利用现代科技所进行的审判方式革新,已成为国家层面的战略计划在我国加速推进。在此契机下,本书以民事诉讼领域系统开展的电子诉讼实践为切入点,探讨当下我国正在进行的电子诉讼实践,在充分把握实践样态的基础上对其进行必要的反思与展望。此外,导论部分还对既有相关研究进行了梳理与反思,就全书的研究方法、研究对象以及实证研究的有关问题作了简要的说明。

第一章阐述了民事电子诉讼兴起的时代背景。借用社会学中"嵌入性"这一分析概念,本章首先点明样本法院所处的时代背景以及政治、经济与文化等状况构成了民事电子诉讼日常运行所嵌入的社会空间,在一定程度上决定了民事电子诉讼的兴起及其运行方式与效果。通过对法院所处的时代环境与法院内部司法环境进行考察可以发现,在线时代的到来促进了信息技术与司法的结合,催生了电子诉讼这一新型的诉讼方式。而法院内部主动借助信息通信技术试图实现控制诉讼成本、提高办案效率、适应在线时代案件类型的新样态等目标,亦是电子诉讼能进一步得到应用与推广的重要背景。此外,新冠肺炎疫情的暴发亦加速了电子诉讼的推广进程。

第二章运用大量数据从案件的数量、类型、适用程序等方面,通过横向与纵向两种不同视角,系统展现了 A 市法院民事电子诉讼试点改革的整体图景。实证研究表明,对于民事电子诉讼的不同环节,不同地区的法院呈现出不同的适用特征,其适用情况同所在地区经济社会发展水平有着微妙复杂的相互关系。从纵向维度来看,新冠肺炎疫情加速了电子诉讼在实践中的运用,但民事电子诉讼各环节的适用率,尤其是在线庭审的适用率,整体上都随着疫情防控形势的好转出现了明显的下降趋势。从案件类型的分布来看,通过在线庭审审理的案件绝大部分属于债权债务纠纷这类较为简单并易于履行的案件,且从适用的程序来看,绝大部分在线庭审的案件均适用小额诉讼程序或简易程序进行审理,而适用普通程序审理的案件占比十分有限。整体而言,民事电子诉讼的各个环节,无论是其适用率还是适用的绝对数量都存在较大差异,呈现出不均衡的特征。

第三章以访谈资料和部分真实案例为基础,从动态的视角对民事电子诉讼各个环节的程序操作、实践内容进行了生动、细致的考察。考察发现,相较于传统民事诉讼,民事电子诉讼除了在实际操作上存在较大差异,诉讼各个环节的核心内容也因诉讼形式的转变而发生了一定的变动。如在线立案环节,实践中存在直接立案与预约立案两种模式,其所产生的法律效力有所不同;在线庭审中,一方面,在线庭审与传统庭审相比在证据调查形式上发生了较大变化;另一方面,庭审的重心由举证质证转移到法官依职权进行的调查,此外,实践中较为普遍进行的实质性庭前准备活动在一定程度上对庭审结构产生了影响。通过考察还可以发现,实践中出现了两种初具雏形的在线庭审方案,第一种方案为先进行法庭调查后进行法庭辩论,第二种方案为法庭调查与法庭辩论合并进行。

第四章立足于前文对民事电子诉讼适用情况和运行过程的考察分析,分别从电子诉讼的适用成效和不足两个角度集中分析了民事电子诉讼试点改革的运行效果。分析发现,在试点改革以及新冠肺炎疫情的推动下,民事电子诉讼在适用率方面实现了较为显著的提升,且民事电子诉讼的实践运行在一定程度上激发了当事人解纷主动性以及优化庭审结构的成效。但其在提升诉讼效率、诉讼参与者满意度以及降低诉讼成本方面的贡献较为有限。对此,值得我们进一步思考的是,如何从实践中把握住民事电子诉讼的真实运行成效并对其进行合理定位。因为当前民事电子诉讼的改革目标中,可能暗含了我们对民事电子诉讼不合理的预期甚至偏见。分析显示,民事电子诉讼与传统诉讼方式之间系相互嵌入而非相互对立的关系,且在线庭审方式也并非介于口头主义与书面主义之间的第三种形态。在这个意义上,便不应一味强调民事电子诉讼的"效率理性",其本身所蕴含的可被积极利用的价值,亦不能因暂时的运行效果不佳而被轻易否定。

第五章集中关注的是民事电子诉讼在实践运行中暴露出的问题和面临的困境,并将其置于更为宏观的制度发展逻辑中加以把握,进而对困境背后的原理进行必要的理解与反思。分析显示,在运行机制上,一方面,试点法院存在根据自身的情况对试点改革方案有选择性地实施且具体操作各行其是的问题;另一方面,当前民事电子诉讼存在与传统诉讼方式双轨并行的重复运行现象。在与传统诉讼理论的协调方面,民事电子诉讼的运行需解决司法权威问题、直面其对直接言词原则的冲击、弥合其与传统证据规则间的冲突并处理好诉讼参与人实质平等的问题。在技术保障层面,当前还存在缺乏统一的电子诉讼服务平台,相关平台的功能有待健全、操作繁复,以及信息数据安全存在隐患等问题。接下来的分析表明,之所以面临上述现实困境,很大程度上是由当前固有的结构性因素决定的,即民事电子诉讼改革的推行方式、改革所处的现实阶段以及技术本身与司法之间的张力共同形塑了民事电子诉讼的实践样貌,也成为制约其实践运行效果的关键因素。在此基础上,本章亦提出了完善民事电子诉讼的三重路径。

结语部分再次回到民事电子诉讼的实践现状,表明当前其整体上处于不断发展且与传统诉讼方式相融合的状态,并从改革推广路径的角度着眼,点明了中国电子诉讼发展过程中的特色与规律,为有关迈向在线正义的"中国故事"作出阶段性总结与展望。

二、相关说明

根据实证研究的惯例,笔者还需在此简要说明一下与本书实证调查和研究相关的几个问题。

一是本书的研究范围。民事诉讼程序一般分为民事审判程序和民事执行程序,就民事电子诉讼程序而言,其亦包含了从起诉到执行的整个过程,涉及的程序与内容可谓纷繁芜杂。在本书中,基于篇幅的限制以及问题意识的导向,笔者主要对民事审判程序中的电子诉讼行为及其相关内容即电子诉讼的核心模块展开研究,而民事电子执行程序则不在本书的研究范围内。

二是本书涉及的基本概念。本书的核心概念是民事电子诉讼,对此学界尚未有清晰的界定。从既有的相关研究来看,与电子诉讼相关的研究既有对智慧法院、互联网法院、网上法庭或微法院等的探讨,也包括对在线诉讼、电子送达等电子诉讼具体领域的研究。其中,有关电子诉讼的研究因容易与智慧法院、互联网法院等内容杂糅在一起,更加剧了相关概念间的混淆。对此,本书拟从实践中民事电子诉讼的样态出发,对民事电子诉讼的概念进行界定。从实践的样态来看,电子诉讼的特征主要表现为诉讼的"电子化"与"在线化"。一方面,电子诉讼通过电子交互的方式进行,各类文件和档案均由传统的纸质媒介转换为电子媒介;另一方面,电子诉讼还依托互联网等信息技术将诉讼各个环节置于互联网上进行。据此,笔者认为,民事电子诉讼是以诉讼为本质,依托信息技术,在民事诉讼领域实现起诉与受理、审前准备、开庭审理、执行等诉讼程序网上进行的电子化诉讼形态,故从这个意义来看,民事电子诉讼亦可被称为民事在线诉讼。由于本书的研究立足于民事诉讼程序繁简分流试点改革的背景,故在对研究对象的表述上笔者沿用了试点改革实施办法中所采用的民事电子诉讼一词。

三是关于本书的调查步骤与方法。首先,文献资料的收集与阅读。在进行实地调研前,尽可能地研读与民事电子诉讼相关的改革文件和相关报道等文献资料,尤其是调研对象法院的相关改革文件、司法统计等资料。另外,对反映调研对象法院所在区域的经济、社会发展等情况的资料也加以全面收集,以便在进入实地调研前较为全面地了解调研对象的背景情况。其次,案件卷宗的全面检索。对调研对象所开展的民事电子诉讼案件卷宗进行全面检索是实地调研的核心。由于民事电子诉讼试点开展的时间较短,积累的相关案件数量不多,通过全面检索民事电子诉讼案件卷宗,既能从整体上把握电子诉讼试点的概况,也能摸清电子诉讼案件审理过程中的细节,并能在此基础上归纳总结电子诉讼程序运作的一般状况。具体而言,笔者事先设计好能囊括并量化案件以及审理情况的表格,通过一边阅卷一边填表的方式对相关信息进行记录汇总。最后,笔者进行了大量的庭审旁听、访谈与问卷调查。在检索和阅读案件卷宗的同时,笔者选择性地旁听或观看了较为具有代表性的一些民事案件的实际审理。与这一工作大致同步进行的是对参与民事电子诉讼的法院和律师进行深度访谈和问卷调查。通过访谈和问卷调查,笔者较为全面和直观地了解了法官和律师对电子诉讼的态度、感受以及相关建议。尤其值得指出的是,置身于具体的司法场景对笔者理解电子诉讼的运作具有无可替代的重要意义。不同法院的组织环境、技术条件以及不同案件各异的案情,加上现场旁听庭审、直接与审判人员交流等都为笔者的调研带来了全新的刺激和观感,通过上述方式的调研,笔者对电子诉讼实践运行的把握也变得更加形象与具体。

第一章　民事电子诉讼兴起的时代背景

一直以来,无论是实务界还是理论界,对相关司法改革举措的探讨都没有充分地关注到相关的改革所处的宏观社会背景。司法改革是顺应时代发展潮流与匹配社会宏观背景之举这一认识似乎已经成为人们看待和评价当前司法改革毋庸置疑的前提。在这样一种几近固化的认识下,社会宏观环境对司法改革而言无疑只是一个模糊的背景,因此也常常受到人们有意无意的忽视。的确,相较于一些直接关乎改革目标与价值的理论和制度,改革所处的宏观社会背景不仅显得"遥远",而且也有些难以准确把握。然而,对一项司法改革措施而言,宏观社会背景不仅具有理论上的深刻意义,也直接影响到相关改革制度能否顺利运作。此外,就本项研究而言,考察电子诉讼开展的社会背景,尤其是法院所处的社会背景,有助于我们更为全面地理解与把握电子诉讼的实践样态。

在社会学视野中,社会活动总是内嵌在社会的宏观背景与结构中,并被这种宏观背景与结构形塑。从这一思路出发,社会学家提出了"嵌入性"(Embeddedness)这一分析概念。具体而言,"嵌入性"是由卡尔·波兰尼(Karl Polanyi)提出的重要概念,指在资本主义社会之前的经济活动受到非经济制度的约束,比如家庭、社群和宗教对人的物质经济行为有直接影响,而在资本主义条件下,逐利的经济行为成为组织社会的基本原则,家庭、社群和宗教关系倒过来为经济活动服务。① 此后,美国经济社会学家马克·格兰诺维特(Mark Granovetter)将这一概念引入社会网络学派的分析中,强调社会网络结构对人们行为的制约作用,从而把嵌入性阐释为新经济社会学中一个最常被引用的概念。② 更进一步而言,嵌入性不仅是分析经济、组织领域的重要理论资源,也为我们提供了一个研究司法制度乃至其他社会现象的重要思路。因为从某种程度上来说,社会活动本身就是社会关系的有机组成部分,社会中的制度也必然打上其所嵌入的社会环境、结构甚至文化的烙印。③ 从这个意义上来看,我国民事电子诉讼的兴起、发展与实践运作也绝非一个孤立的事件,要真正理解与"照全"有关民事电子诉讼的运行机制与现实意义,就需要从其所处的社会背景与结构出发。具体来看,对"嵌入性"的分析一般包括两个方面,一是分析一项制度受到哪些社会因素的影响,二是需要厘清一项制度是如何嵌入社会结构环境中的,以及社会结构环境是如何影响制度的运行的。这里提到的社会结构即帕森斯所提出的结构,指组成一个社会系统的成分与要素。从这个意义上来看,嵌入性的分析思路又与结构功能主义的分析路径在一定程度上不谋而合。

帕森斯提出的结构功能分析框架,是从一个社会系统的结构出发,分析各个成分与要素的功能,以达成维持系统的目的。④ 但运用这种方法分析社会主要在于解释社会的各个要素及其所具备的各种功能,而真正将社会结构与社会环境串联起来的,是卢曼的功能结构主义分析方法。卢曼对结构功能主义进行反思与改造后提出了功能结

---

① See Karl Polanyi, "The Economy as Instituted Process," Mark Granovetter and Richard Swedberg, eds., *The Sociology of Economic Life*, Westview Press, 1992, p. 34.

② See Mark Granovetter, "Economic Action and Social Structure: the Problem of Embeddedness," *American Journal of Sociology* 91.

③ 参见张彦、李汉林:《治理视角下的组织工作环境:一个分析性框架》,载《中国社会科学》2020年第8期。

④ See Talcott Parsons, *The Social System*, Routledge & Kegan Paul Ltd., 1951.

构主义的分析方法。这种分析方法认为,搞清社会的系统结构并非社会分析的首要任务,要真正理解社会系统的功能还需要从"环境—系统"的更大视角切入,从环境系统的平衡与协调出发思考社会系统的功能,具体到法律层面,他指出"一切想了解和认识法律的努力都是在社会中进行的"①。

除了以宏大的视角切入来揭示社会活动与社会要素之间的关联与互动,一些微观的研究进路也同样提醒我们微观社会背景的作用与意义。法社会学的一个分支,就是致力于研究案件的社会结构是如何预示其处理方法的,其代表学者之一唐·布莱克认为,案件的社会结构是指法律案件在社会空间中的位置和方向,这既包括案件中的参与者人数、参与者之间的关系距离,也涵盖了参与者社会地位的高低,而案件的命运便取决于上述因素之间的几何排列。② 在纠纷解决领域,一些研究也直接指出了纠纷的实际样态与纠纷的具体解决都具有社会性的特点,按照范愉的观点,一般而言,影响纠纷产生及其解决的社会因素至少包括社会结构、纠纷原因以及社会观念和纠纷的价值。③

不管是放眼宏观社会结构的理论,还是立足于微观社会背景的进路,如果将本书要研究的电子诉讼视为一种社会活动,那么其实际样态与运作过程便受制于其所处的时代背景与社会空间。因此,在对电子诉讼的运行情况进行具体分析之前,有必要就样本法院所处的时代背景予以系统阐释,从而为更深层次地理解电子诉讼的现状与问题奠定基础。整体而言,信息技术的发展、法院试点改革的推动以及新冠肺炎疫情的暴发都从某种意义上构成电子诉讼所嵌入的时代背景。

---

① 〔德〕卢曼:《社会的法律》,郑伊倩译,人民出版社2009年版,第261页。
② 参见〔美〕唐·布莱克:《社会学视野中的司法》,郭星华等译,法律出版社2002年版,中文版序言,第1—2页。
③ 参见范愉:《纠纷解决的理论与实践》,清华大学出版社2007年版,第73—76页。

第一节　在线时代催生电子诉讼的兴起

"科技是第一生产力",纵观科技发展的轨迹,其每一次重大突破都会引起经济的深刻变革和社会的巨大进步。技术对各个行业的渗透与融合不仅加速了产业的升级与换代,更深刻改变了我们的社会生活。如果说在 21 世纪初,"互联网+"还是一个新兴产业,那么以今天的眼光来看,互联网已经成为绝大多数行业不可或缺的一部分。数据显示,截至 2020 年 12 月,我国网民规模达 9.89 亿,互联网普及率达 70.4%,其中,我国手机网民规模达 9.86 亿,网民使用手机上网的比例达 99.7%。[1] 毫不夸张地说,"晚近十年,一个在线时代正在开启,人类社会特别是中国社会正在进入一个在线社会"[2]。坚实的电信业基础设施建设导致一个信息社会的崛起[3],科学技术,尤其是以互联网为代表的技术证明了"联通让世界更美好"不仅仅是一句口号。许多行业借助互联网等科技手段实现了产业的革新,如医疗行业借助互联网开始远程问诊,电子商务平台让人们深切体会到指尖购物的便捷,就连房地产行业也借助互联网和 VR 技术开拓了网上看房业务,毋庸置疑,互联网大大拓宽了人类的互动方式与交往渠道,让人足不出户就能完成平时需要面对面才能进行的工作。

同大多数行业一样,信息技术对司法的影响亦是巨大而深远的,尤其是通信技术在司法系统的应用和深化,不仅给审判管理与审判方式带来了深刻改变,也为我们提供了联系技术和司法的突破口。

---

[1] 参见中国互联网络中心:《中国互联网络发展状况统计报告(2021)》。
[2] 左卫民:《中国在线诉讼:实证研究与发展展望》,载《比较法研究》2020 年第 4 期。
[3] 参见郑永年:《技术赋权:中国的互联网、国家与社会》,东方出版社 2014 年版,第 43 页。

自20世纪80年代以来,中国法院就恰逢其时地浸润于信息化的浪潮之中,法院信息化建设也伴随着信息技术的发展历经了不同的阶段。从计算机进法院,到办公自动化,再到"智慧法院"的建设,技术发展和硬件设备完善的同时也带动了通信技术在司法系统的广泛应用,各类信息化技术和应用软件也以司法统计为突破口,逐步向法院的核心业务区块延伸。① 截至2017年底,法院信息化建设已升级至3.0版,实现了审判管理、诉讼服务乃至法庭审判全方位电子化,并朝着具有信息共享、业务协同和按需服务能力的"智能法院"迈进。② 借助通信技术的东风,法院成功地将司法活动转移出物理空间,通过网络诉讼服务平台,当事人可以在线完成预约立案、案件进度查询、材料交转、证据交换、文书送达等诉讼环节,利用远程通信和实时通信软件远程作证、远程提讯甚至远程庭审已经不再是技术难题。可以说,在线时代的到来帮助法院实现了对司法产品生成场域的延伸,更催生了民事电子诉讼在司法实践中的运用。

第二节 法院信息化建设推动电子诉讼的探索

如果说信息技术的发展与在线时代的到来是一种来自外部的力量,促使司法浸润于信息化的浪潮之中,那么,法院内部主动借助信息通信技术试图实现控制诉讼成本、提高办案效率、适应在线时代案件类型的新样态等目标,亦是电子诉讼能进一步得到探索与推广的重要背景。换言之,电子诉讼在实践中有序、深入推广的背后,与法院的主

---

① 参见芦露:《中国的法院信息化:数据、技术与管理》,载苏力主编:《法律和社会科学》(第15卷第2辑),法律出版社2016年版,第32页。
② 参见王茜:《最高人民法院:2017年底建成人民法院信息化3.0版》,载中国政府网(http://www.gov.cn/xinwen/2015-07/03/content_2889237.htm),访问日期:2020年2月16日。

动探索紧密相关。

一方面,中国社会转型向纵深发展以及经济的快速增长带来了社会纠纷的持续剧增,我国许多法院都经历了并正在经历案件数量持续增长的过程,"案多人少"已成为司法领域一个突出的矛盾。① 在人力资源不可能无限增加但诉讼率又持续走高的背景下,如何有效应对案件数量的增长是我国法院亟须解决的问题。对此,最高人民法院于2016年提出建设"智慧司法"的目标,以高度信息化方式支持司法审判、诉讼服务和司法管理,力图借力信息技术,以提高审判效率,进而减轻法官的工作负担,缓解人案矛盾。换言之,法院内部人案矛盾的日益加剧促使法院加大了对司法信息化的探索力度,电子诉讼的探索便是其借力信息技术,主动适应外部环境变化,以推动案件高效公正办理的一大创新举措。

另一方面,面对不断迭代更新的互联网技术与新业态,实践中许多新类型的矛盾纠纷、违法犯罪都与信息技术的发展紧密相关,且案涉证据往往以电子存证证据的形式呈现。② 为完善互联网空间的治理秩序,顺应案件的新型形态,经最高人民法院批复,我国首家互联网法院于2017年8月18日在杭州成立,此后又增设了北京、广州两家互联网法院,此外,上海、深圳、成都等多地法院也纷纷设立互联网法庭。在互联网法院、互联网法庭作为司法机关深度拥抱互联网"先锋"的带领作用下,我国法院对在线诉讼的探索也步入纵深,2019年12月28日,经全国人大常委会授权,最高人民法院开始在全国部分城市开启为期两年的民事电子诉讼改革试点,为普通法院电子诉讼的开展提供了合法性支持,亦为普通法院有序、深入地进行电子诉讼实践探索提

---

① 参见左卫民:《"诉讼爆炸"的中国应对:基于W区法院近三十年审判实践的实证分析》,载《中国法学》2018年第4期。

② 参见邓矜婷、周祥军:《电子存证证据真实性的审查认定》,载《法律适用》2021年第2期。

供了指引。

通过上述分析可以看出,电子诉讼的探索与推广很大程度上是改革决策者主动推动与构建的结果。很难想象,要是没有全国人大常委会的授权、最高人民法院的统一部署,实践中电子诉讼这种与现行法律规定或原则存在一定冲突的探索,能在实践中大规模、持续并有序地开展,而不被贴上合法性存疑的标签。

第三节 新冠肺炎疫情加速电子诉讼的发展

1986 年,德国学者乌尔里希·贝克提出了"风险社会理论",认为技术的发展不仅只是简单地提供了更好的生存环境或者生活质量,也带来了工业事故等巨大风险,从而使其成为现代社会风险的主要来源之一。[①] 它像一个隐喻,指明当现代社会发展到高级阶段,现代化自身会把人类带入危险之中,这种风险具有高度的不确定性和不可预测性,且波及的范围和影响也极为深远。如 2020 年初暴发的新冠肺炎疫情这样的公共卫生事件便是例证。无论是"风险社会理论"的提出还是社会发展过程中已经显现的各种危机,无疑都在警示我们:我们正身处一个充满风险的现代社会,在现代社会的风险面前,没有一个个体或行业能够独善其身。因此,探索不同生活与工作模式是人类直面现代社会风险、防范风险的消极影响所亟需认真对待的课题。[②] 质言之,在司法领域,我们也亟须探索不同诉讼模式来应对时代风险对审判活动造成的冲击。

[①] 参见〔德〕乌尔里希·贝克:《风险社会:新的现代性之路》,张文杰、何博闻译,译林出版社 2018 年版,第 192—196 页。

[②] 参见彭昕:《远程庭审:实践、困境与完善——基于新冠肺炎疫情期间远程庭审的实证考察》,载《北京警察学院学报》2021 年第 1 期。

从某种程度来看,此次新冠肺炎疫情的暴发便是我国法院有关民事电子诉讼探索的"加速器"。在全国上下共防疫情的背景之下,社会似乎被按下了"暂停键",对于向来重视亲历性的司法裁判来说,更是面临着不小的考验。为了防控疫情,减少传染,疫情期间许多法院都尽可能推迟了开庭排期,基本采取了待疫情缓解后再开庭的应对策略。但疫情持续的时间以及带来的后续影响存在极大的不确定性,推迟与等待无疑只是一种"权宜之计"。一方面,社会的"暂停"无法阻止纠纷的产生,相反,疫情还起到了放大社会矛盾的效果。面对高度紧张与敏感的社会环境,司法更需要对此进行有效回应与疏导,确保整个社会的有序运转。另一方面,对于一些即将超过审判时限的案件,一味等待不仅是对当事人权利的克减,也无助于司法公信力的维护与构建。在此背景下,电子诉讼这种"不见面"的工作方式成为兼顾疫情防控与审判工作的最有效途径,各地人民法院也因此加大了电子诉讼的探索与适用力度,为相关改革的推进按下了加速键。

第二章　民事电子诉讼的适用概况

民事电子诉讼的出现与发展是信息通信技术在司法系统中推广和深化的结果，也是近年来法院信息化建设的重要成果和具体展现。自1999年10月20日最高人民法院颁布《人民法院五年改革纲要》，提出将采用信息技术建立在线审判体制作为司法改革的重要内容，此后，最高人民法院相继发布了一系列关于人民法院信息化建设的司法文件，极大地推动了我国人民法院信息化建设的进程。① 伴随着通信技术的革命性进步，现代科技对司法的影响已经超越了技术基建，同时还波及传统的审判、管理等方方面面。值得关注的是，2019年12月28日，全国人民代表大会常务委员会通过《改革试点工作决定》，其中一个重要的内容便是健全电子诉讼规则，这标志着电子诉讼开始从各地法院的零星探索转变为国家层面的战略推进。

有鉴于此，本章拟以民事诉讼程序繁简分流改革试点城市之一的A市为分析对象，并以其下辖的典型基层法院为核心样本，对基层法院民事电子诉讼的适用情况加以分析。通过调研，笔者共收集到A市22个基层法院2020年1月至2020年9月民事电子诉讼在线立案、在

---

① 参见杨秀清：《互联网法院定位之回归》，载《政法论丛》2019年第5期。

线庭审以及电子送达环节较为全面的数据。由于 A 市市域内辖区众多，且各个区域发展水平跨度较大，按照区位分布及其经济发展水平，全市可划分为主城区、近郊区以及远郊区，据此又可将 A 市各基层法院划分为一圈层（主城区）法院、二圈层（近郊区）法院以及三圈层（远郊区）法院。为统计及表述的便利，笔者分别将七个主城区基层法院记为 F1 到 F7，六个近郊区基层法院记为 S1 到 S6，九个远郊区基层法院记为 T1 到 T9。此外，在五个典型样本中，B、C 为经济发达的中心城区，属于典型的发达都会地区；D 为经济较为发达的近郊区，基本属于我国中等偏上发展程度的地区；E、F 为 A 市经济相对落后的远郊区县级市，基本属于我国中等发展程度的地区。

在正式展开本章的内容之前，有必要就民事电子诉讼试点改革的相关背景情况予以简要说明。根据时任最高人民法院院长周强在 2019 年 12 月 23 日向全国人大常委会所作的《对〈关于授权在部分地区开展民事诉讼程序繁简分流改革试点工作的决定（草案）〉的说明》，健全电子诉讼规则改革的主要内容是："明确诉讼参与人通过人民法院信息化平台在线完成的诉讼行为的法律效力。当事人选择以在线方式诉讼的，可以以电子化方式提交诉讼材料和证据材料，经人民法院审核通过后，可以不再提交纸质原件。经当事人同意，适用简易程序或者普通程序审理的案件，可以采取在线视频方式开庭。明确电子送达的适用条件、适用范围和生效标准，经受送达人同意，可以采用电子方式送达判决书、裁定书、调解书。"据此不难发现，此次电子诉讼试点改革的着力点主要集中在在线立案、在线庭审以及电子送达三个方面，故本章的分析也将主要集中于此。

需要指出的是，为扎实有效推进民事诉讼程序繁简分流改革试点工作，及时全面准确掌握试点工作动态，有效收集试点工作数据，2020 年 3 月 13 日，《最高人民法院关于建立民事诉讼繁简分流改革试点工作月报机制和展开试点数据统计工作的通知》发布，建立了试点工作管理机制和月报制度。① 据此各级试点法院才正式开始按照最高人民法院的有关要求对试点工作的相关数据进行收集上报,因此,2020 年 3 月以前的部分数据存在一定的缺失。对此笔者通过访谈、问卷调查等方式进行了补充,以期能最大限度地呈现样本法院民事电子诉讼的适用情况。

第一节　A 市法院概况

诚如上文指出的,除宏观社会背景外,试点法院内部的司法环境亦是民事电子诉讼落地生根的土壤,很大程度上决定了民事电子诉讼实践的最终样态。因此,在对样本法院民事电子诉讼的适用情况加以具体分析前,有必要对样本法院内部的概况予以阐述。

一、A 市两级法院概况

(一) A 市两级法院信息化建设概况

近年来,A 市两级法院在法院信息化建设的背景下围绕诉讼服务和智慧法院建设进行了积极探索,并取得了阶段性的成果。从 2015 年起,A 市两级法院就加快了"互联网+司法"的建设进程。按照线下深化"智能法院"建设、线上再造一个"网络法院"、立体互联共享打造"融合法院"的"三位一体"目标,全力推进"全面覆盖、移动互联、跨界融合、深度应用、透明便民、安全可控"的信息化建设进程。② 此外,A 市中院还专门成立智慧

---

① 参见《最高人民法院关于建立民事诉讼繁简分流改革试点工作月报机制和展开试点数据统计工作的通知》(法〔2020〕76 号)。

② 参见《A 市中级人民法院 2016 年工作报告》。

法院建设工作领导小组,完成司法智库大数据中心顶层设计方案设计。

在审判工作方面,为强化科技对审判的支撑,A市中院开发"左看右写"智能电子卷宗系统、"比案推简"等智能辅助办案系统,通过运用大数据技术,实现案件数据自动回填,证据材料直接引用,自动推送案件适用的法律法规、司法解释、法律文献、类案文书等信息,自动生成法律文书模板,强化了对法官裁判行为的支撑和保障。

在司法服务上,A市两级法院目前共有23个诉讼服务中心、73个诉讼服务点、305个社区诉讼服务站。在构建现代化诉讼服务体系方面实现了集12368热线、"阳光司法"App等为一体的"网络理事"平台,建立立案诉讼服务异地办理体系,推动"和合智解"e调解平台进社区,开发微法院小程序,方便群众足不出户化解纠纷。数据显示,仅2019年便线上办理诉讼服务84万件,同比增长90.38%。

(二)A市两级法院法官概况

法官的整体状况不仅是衡量司法队伍的重要指标,同时也是司法质效的决定性因素。① A市中级人民法院下辖22个基层法院,82个人民法庭。全市法院共有政法专项编制2929人,现有在编人员2747人、员额法官1220人。为了能更加直观地了解A市基层法官的真实状况,笔者考察了全市员额法官入额时的详细资料,包括性别、年龄、学历层次与司法考试通过情况。②

---

① 参见张青:《基层法官流失的图景及逻辑》,中国社会科学出版社2019年版,第40页。
② 之所以将考察对象限定为员额法官,是出于以下几个方面的考虑:其一,自2019年4月23日全国人大常委会修订通过《法官法》,在法律层面确立法官员额制与法官遴选制度后,我国法官的任用便全面从非员额制走向员额制。这意味着,今后仅有员额法官能够行使司法裁判权。其二,鉴于资料的可获得性和真实性。本书中A市绝大部分员额法官的信息由A市所在的省高级人民法院相关部门提供,包含全市两级法院第一批遴选出的1136名员额法官的信息,其中市中院197名,各基层法院共939名。此外,A市中院和部分基层法院都在其官方网站对本院员额法官的信息进行了较为详细的公示,据此能对员额法官的相关信息起到相互验证与补充的作用。故通过对上述资料的整合与分析,能较为真实、全面地反映出A市员额法官的基本情况。

1. 法官的性别分布

据统计,A市两级法院员额法官的性别整体上较为均衡,如图2-1所示,全市两级法院中有624名男性员额法官,占比54.9%,512名女性员额法官,占比45.1%,男性员额法官略多于女性员额法官。

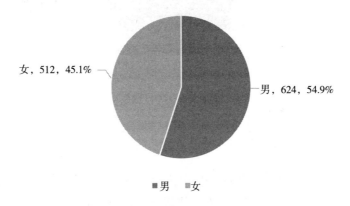

图2-1　A市两级法院员额法官的性别分布

具体到不同层级的法院,统计结果也基本一致。如图2-2和图2-3所示,A市中级法院共有男性员额法官99名,女性法官98名,基本各占一半;各基层法院共有男性法官525名,占比55.9%,女性法官414名,占比44.1%。

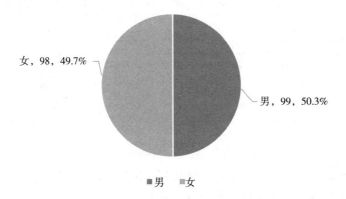

图2-2　A市中院员额法官的性别分布

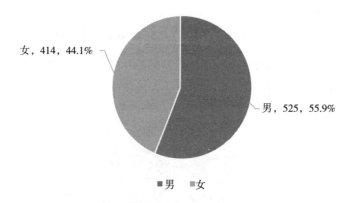

图 2-3　A 市基层法院员额法官的性别分布

2. 法官的年龄结构

法官的年龄结构方面，如表 2-1 所示，A 市两级法院的员额法官中，有 45.9% 的员额法官在 40 周岁以下，41～50 周岁的员额法官占比 44.4%，51 周岁以上的员额法官占比 9.6%。通过对比发现，基层法院与中院员额法官的年龄结构整体上较为相似，绝大部分员额法官的年龄都集中在 31～50 周岁，人员结构呈现出较为年轻化的特征。

表 2-1　A 市两级法院员额法官年龄结构

年龄	30 周岁以下	31～35 周岁	36～40 周岁	41～45 周岁	46～50 周岁	51～55 周岁	56 周岁以上
中院(人)	9	51	40	41	44	10	2
基层法院(人)	112	185	124	142	278	87	11
合计(人)	121	236	164	183	322	97	13
百分比	10.7%	20.8%	14.4%	16.1%	28.3%	8.5%	1.1%

3. 基层法官的学历层次与司法考试通过情况

A 市两级法院员额法官的学历层次方面，如表 2-2 所示，绝大多数员额法官拥有本科以上学历，研究生及以上学历也占到近两成的比例。其中，获得法学专业本科和硕士学历的员额法官比例高达

93.9%。可以认为,A 市两级法院员额法官整体上都具有较高的学历。

表 2-2　A 市两级法院员额法官学历情况

学历	专科	法学本科	非法学本科	法学硕士	非法学类硕士	博士
中院(人)	0	136	4	54	1	2
基层法院(人)	12	718	46	158	4	1
合计(人)	12	854	50	212	5	3
百分比	1.1%	75.2%	4.4%	18.7%	0.4%	0.2%

从法律职业资格证书的类别来看,通过全国统一法律职业资格考试与未通过者均具有相当比例。据统计,如表 2-3 所示,A 市员额法官的法律职业资格具有多种形式。其中,未经法考而在 2002 年以前获得任免的法官数量最多,比例高达 55.4%。与此同时,通过法考的法官也占有较大比例,其中取得 A 证的法官占比 38.6%,取得 C 证的法官占比 3.5%。此外,还需值得指出的是,A 市中院通过法考的员额法官均取得了 A 证。整体来看,获得前述三种法律职业资格的法官人数占到员额法官总数的 97.5%,是 A 市员额法官法律职业资格的主要形式。

表 2-3　A 市两级法院员额法官法律职业资格情况

法律职业资格证书类别	2002 年以前任命	A 证	C 证	均无
中院(人)	125	69	0	3
基层法院(人)	504	370	40	25
合计(人)	629	439	40	28
百分比	55.4%	38.6%	3.5%	2.5%

从整体上来看,A 市法官从年龄分布、学历层次、法律职业资格等方面都一定程度上体现了年轻化、专业化的特征。

(三)A 市法院的司法概况

关于 A 市法院的司法概况,从受理案件的数量来看,A 市中级人民法院工作报告显示,近年来全市法院系统受理案件数量呈现出逐年快速增长的趋势。如图2-4所示,从案件的绝对数量来看,2015年,全市法院受理各类案件24.6万余件,其中民商事案件16.5万余件;2017年全市法院受理案件量首次突破30万件,达35.4万余件,其中民商事案件接近20万件;截至2019年,全市法院全年受理的各类案件数量更是突破40万件,达44.8万余件,其中民商事案件受理量达24.3万余件之多。此外,收案数量的增长速度也不容忽视。自2015年以来,5年中全市法院案件受理量的年平均增长率维持在20%左右,增幅最小年份的增长率也超过了10%。鉴于基层法院受理的案件一直以来都是我国整个司法系统中最主要的部分①,故可以根据全市法院的收案数据合理推断,A市基层法院的收案情况也与此高度相似,呈现出持续快速增长的趋势。

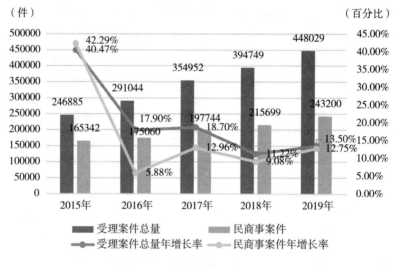

图2-4 A市两级法院2015—2019年收案情况

(数据来源:A市中级人民法院2016—2020年工作报告)

---

① 参见苏力:《送法下乡——中国基层司法制度研究》,中国政法大学出版社2000年版,第9页。

从民商事案件的分布来看,以 2018 年案件受理情况为例(如表 2-4 所示),A 市法院受理的民事案件以婚姻家庭、侵权责任纠纷等传统民事案件为主,其中婚姻家庭案件数量居民事案件之首,占全年民商事案件受理数量的 8.6%。此外,商事案件的数量也不容小觑,且案件类型相较民事案件而言更为集中。在商事案件中,金融案件和民间借贷占其总量的绝大部分,两者之和达到了全年民商事案件受理总量的近四分之一。

表 2-4　A 市两级法院 2018 年主要民商事案件类型分布

	民事一审主要案件类型				商事一审主要案件类型			
	婚姻家庭	侵权责任纠纷	劳动争议	物权纠纷	知识产权	金融案件	买卖合同	民间借贷
案件数量(件)	18552	11353	9878	3180	6162	21686	14742	26636
占比	8.6%	5.3%	4.6%	1.5%	2.9%	10.1%	6.8%	12.3%

(数据来源:A 市中级人民法院 2019 年工作报告)

上述数据至少可以反映出 A 市基层司法如下几方面的特征:其一,如全国绝大多数地区的基层法院一般,A 市法院的诉讼案件数量呈现出"诉讼爆炸"的景象,"案多人少"的矛盾正日益加剧。[①] 尤其是民商事领域,案件的绝对数量和增长率都给法院和法官带来了不小的办案压力。其二,在民商事案件中,除传统民事案件外,特定种类的商事案件如金融案件和民间借贷案件占有较大的比例,这在一定程度上反映出 A 市具备较高的经济发展水平和商业活动活跃程度。

需要指出的是,对上述特征的发现与总结并非仅具有现状描述层面的意义,因为对案件的处理而言,每一个案件的性质、类型、法院的人案压力以及案件所处社会结构等的不同都可能导致案件处理过程

---

① 参见左卫民:《"诉讼爆炸"的中国应对:基于 W 区法院近三十年审判实践的实证分析》,载《中国法学》2018 年第 4 期。

的重大差异,也一定程度上决定了不同法院的运作特征以及法官在日常工作中的特定倾向。

二、五个典型区域基层法院概况

诚如前文所述,A 市市域内辖区众多,且各个区域经济发展水平跨度较大,为了对 A 市法院民事电子诉讼开展情况进行较为系统且准确的把握,笔者除获取到全市法院民事电子诉讼开展情况的整体数据外,还对多家基层法院展开了深入的实证调研,在此基础上选出了五个较具典型代表性的基层法院。通过对五个基层法院及其所处区域情况的大致考察,笔者试图表明,这五个基层法院实际上分别代表了 A 市乃至全省以及全国大部分地区不同类型的基层法院。对这五个典型法院相关情况的具体展示不仅有利于"同情式"地理解其民事电子诉讼的开展情况,也能在一定程度上帮助笔者实现从样本到整体、由实践到理论的研究目标。

(一)B 区法院概况

B 区法院内设 14 个庭级部门,其中包括 8 个审判业务部门,3 个审判综合部门和 3 个行政综合部门,下辖 2 个人民法庭,现有正式在编人员 96 人,员额制改革后,法院现有员额法官 51 人。近年来,B 区法院大力加强以科技法庭为重点的信息化建设。现有 20 个法庭全部完成科技法庭配备,其中有 4 个高清大法庭,16 个标清法庭,配置规模及应用成效处于全省法院领先地位。科技法庭的运行基本实现"每庭必录",达到了庭审现场的同步录音、同步录像、同步上传,远程开庭的要求。[1]

---

[1] 参见《B 区人民法院 2015 年工作报告》。

在收结案方面,如表 2-5 所示,B 区法院 2016 年至 2018 年平均每年受理案件 31703 件,平均每年结案 26302 件。此外,三年间无论是收案数还是结案数均有较大幅度增加,年均增幅达到 24.5%。与之相应的是一线法官的年均结案数亦随之大幅上升,2018 年一线法官的年均结案数更是达到了 622 件。在调研中该法院领导也告诉笔者,近年来 B 区法院几乎是 A 市法院中最忙的法院,不仅人均结案数连续几年位列 A 市法院第一,且该院办理的案件中不乏大量的新型、疑难案件,一线法官的工作压力可想而知。①

表 2-5　B 区法院 2016—2018 年收结案情况

年份	案件类型	受案数	结案数	一线法官人数	一线法官年平均结案数
2016	刑事	993	940	—	—
	民商事	15633	11877	29	410
	行政	405	361	—	—
	执行	7431	5460	—	—
	合计	24462	18638	—	—
2017	刑事	971	955		
	民商事	19602	16728		
	行政	594	557	51	560
	执行	11898	10317		
	合计	33065	28557		
2018	刑事	—	936		
	民商事	—	19621		
	行政	517	486	51	622
	执行	12421	10669		
	合计	37582	31712		

(数据来源:B 区人民法院 2017—2019 年工作报告)

① 整理自《B 区法院调研笔记》,2020 年 9 月 16 日。

(二) C 区法院概况

C 区法院成立于 2018 年 7 月 12 日,内设立案庭、3 个审判庭、执行局、综合办公室、审判管理办公室、政治部 8 个部门,下辖 4 个法庭,现有 36 名员额法官、38 名其他工作人员,此外,C 区法院还从全国多家知名高等院校招录了首批 79 名聘用制审判辅助人员。该法院现有人员中,平均年龄 32 岁,大学本科以上学历占 94.77%,硕士研究生以上学历占比 33.33%;36 名员额法官中,高级法官 12 名、具有 5 年以上审判经验的法官 28 名,总体而言该法院人员结构体现出"年轻化、专业化、精英化"的特征。① 在信息化建设方面,该院每个审判庭均完成了科技法庭的配备。此外,为缓解办案压力、满足群众多样化的诉讼需求,该院推出自助服务、延时服务、不间断服务等多种形式的诉讼服务,其中诉讼服务中心已实现全流程网上立案、一键缴纳诉讼费、一键电子送达等功能。在"智慧法院"建设方面,该院开发的"C 区智法院"移动智能电子诉讼平台也于 2018 年 12 月 28 日正式上线。

在收结案方面,如表 2-6 所示,C 区法院成立的第二年即 2019 年,受理案件的数量接近 2.5 万件,年结案量超过 2 万件,在此情况下,一线法官的年人均结案数亦超过 570 件,与 B 区法院一线法官的工作量不相上下。在调研中笔者了解到,C 区法院成立后,分流了部分 B 区和 D 区的案件,且因辖区面积较广,员额法官数量有限,该法院目前已"跻身"全市最繁忙的基层法院之列。②

---

① 参见 C 区法院门户网站(http://tfxqcdfy.scssfw.gov.cn/article/detail/2019/12/id/4702730.shtml),访问日期:2020 年 9 月 16 日。

② 整理自《C 区法院调研笔记》,2020 年 9 月 14 日。

表 2-6　C 区法院 2019 年收结案情况

年份	案件类型	受案数	结案数	一线法官人数	一线法官年平均结案数
2019	刑事	—			
	民商事	—	10950		
	行政	—	129	36	575
	执行	—	—		
	合计	24074	20679		

（数据来源：C 区人民法院 2020 年工作报告）

(三) D 区法院概况

D 区法院内设 13 个庭级部门，其中包括 7 个审判业务部门，3 个审判综合部门和 3 个行政综合部门，下辖 3 个法庭，目前该法院共有在编人员 120 人，其中员额法官 53 人，此外，该法院还有聘用制法官助理、书记员和辅警 165 人。① 在科技法庭建设方面，除机关内的一个法庭还未完成科技法庭配备外，其余法庭包括派出法庭均完成了科技法庭的配备。②

在收结案方面，如表 2-7 所示，D 区法院 2018 年至 2019 年年平均受理案件 25979 件，结案 23158 件，年平均收结案数低于 B 区法院，略高于 C 区法院 2019 年结案数。但由于员额法官数量较多，其一线法官人均办案量低于 B、C 两区法院。此外，与案件数量逐年快速增长的普遍趋势不同，D 区法院无论是收案数还是结案数近年来都小幅下降，对此该院领导解释道，这是近年来该院大力推广"诉源治理"所取得的成效。在调研中笔者还了解到，D 区法院基本实现了一名法官配备一名书记员的工作模式，此外对于一些办案量较大的法

---

① 参见 D 区法院门户网站（http://scslfy.scssfw.gov.cn/article/detail/2019/07/id/4181992.shtml），访问日期：2020 年 10 月 19 日。

② 整理自《D 区法院调研笔记》，2020 年 10 月 15 日。

官,该院还为其配备了两至三名书记员。① 因此从整体上来看,D 区法院一线法官的工作量较 B、C 两区法院而言都不算繁重。

表 2-7　D 区法院 2018—2019 年收结案情况

年份	案件类型	受案数	结案数	一线法官人数	一线法官年平均结案数
2018	刑事	1694	1625	53	483
	民商事	15734	13822		
	行政	130	122		
	执行	11365	10038		
	合计	28923	25607		
2019	刑事	1768	1705	53	390
	民商事	11243	9986		
	行政	110	105		
	执行	9914	8913		
	合计	23035	20709		

(数据来源:D 区人民法院 2019—2020 年工作报告)

(四)E 市法院概况

E 市法院内设 15 个庭级部门,其中包括 7 个审判业务部门,4 个审判综合部门和 4 个行政综合部门,下辖 6 个法庭;全院现有在编人员 120 人,其中员额法官 36 人。② 在法院信息化建设方面,E 市法院在全省首创无纸化办案模式,其经验已向全省乃至全国推广;建成 13 个科技法庭和庭审直播审判庭,实现科技法庭全覆盖;建立网上诉讼服务系统为当事人、律师提供网上立案、网上缴费、网上证据交换、网上送达等服务;研发法律问答机器人,具备法律问答、诉讼风险评估、类案精准推送、自动引入调解等智能服务,2019 年全院信息化工作居 A 市法院工作第一。

---

① 整理自《D 区法院调研笔记》,2020 年 10 月 15 日。
② 参见 E 市法院门户网站(http://cdcdzfy.scssfw.gov.cn/article/detail/2018/07/id/3393673.shtml),访问日期:2020 年 10 月 19 日。

在收结案方面,如表 2-8 所示,E 市法院 2017 年至 2019 年三年间年平均受理案件 8464 件,结案 7910 件,其年平均收结案数远低于上述三家基层法院。与此相应,其一线法官年平均结案数亦处于低位,与 B、C 两区法院的同行相比,其工作显得相对轻松。

表 2-8　E 市法院 2017—2019 年收结案情况

年份	案件类型	受案数	结案数	一线法官人数	一线法官年平均结案数
2017	刑事	814	809	36	195
	民商事	3844	3647		
	行政	274	232		
	执行	2583	2320		
	合计	7515	7008		
2018	刑事	891	808	36	222
	民商事	4281	4066		
	行政	195	194		
	执行	3249	2940		
	合计	8616	8008		
2019	刑事	683	677	36	242
	民商事	4990	4681		
	行政	174	163		
	执行	3415	3192		
	合计	9262	8713		

(数据来源:E 市人民法院 2018—2020 年工作报告)

(五)F 市法院概况

F 市法院内设 10 个庭级部门,其中包括 7 个审判业务部门,1 个审判综合部门和 2 个行政综合部门,下辖 9 个法庭;全院现有在编人员 143 人,其中员额法官 58 人。[①] 在法院信息化建设方面,F 市法院

---

① 参见 F 市法院门户网站(http://cdjyfy.scssfw.gov.cn/article/detail/2019/07/id/4200184.shtml),访问日期:2020 年 10 月 19 日。

立足于推进 5G 时代的智慧法院建设,先后在院机关和 3 个人民法庭建成 5G 基站,实现办公区域 5G 基础网络全覆盖。但该院领导也坦言,法院的信息化建设离不开财政的支持,该院目前进行的系列探索已占用了相当部分的预算,因此接下来的改革经费保障方面可能会面临困难。①

在收结案方面,如表 2-9 所示,F 市法院 2017 年至 2019 年三年间年平均受理案件 11298 件,结案 10531 件,其年平均收结案数略高于 E 市法院。但由于辖区内人口数量较多,辖区面积辽阔,F 市法院的编制内人员数和员额法官数都高于上述 4 家法院,因此其一线法官年平均收结案数亦处于样本法院末位,相应地,其工作也显得较为轻松。

表 2-9 F 市法院 2017—2019 年收结案情况

年份	案件类型	受案数	结案数	一线法官人数	一线法官年平均结案数
2017	刑事	—	620	58	177
	民商事	—	5409		
	行政	—	313		
	执行	—	3895		
	合计	10807	10237		
2018	刑事			58	188
	民商事				
	行政				
	执行				
	合计	11703	10894		
2019	刑事	—	540	58	180
	民商事	—	5260		
	行政	—	162		
	执行	—	4500		
	合计	11385	10462		

(数据来源:F 市人民法院 2018—2020 年工作报告)

---

① 整理自《F 市法院调研笔记》,2020 年 9 月 28 日。

通过上述考察不难发现,五家基层法院的基本概况及其收结案件情况都呈现出不同的特征。从各法院的年收结案数来看,可将样本法院分为三种类型的法院,即案件数量呈"爆炸"趋势的发达都会区法院——B区和C区法院;案件数量较多但一线法官工作量仍可接受的普通都会区法院——D区法院;案件数量相对较少的远郊法院——E市和F市法院。除对案件数量进行直观对比外,还可结合两组数据对此进行更为深入的分析:一方面,结合各个法院的收结案数与一线法官的数量,能较为直观地反映出各法院员额法官的工作量。总的来看,一线法官的办案压力与其所在法院的收案数呈正相关,但收案数与员额法官数之间的比例存在较大地区差异,这也在一定程度上反映出当前各地员额法官忙闲不均、其数量配置不够合理的问题。另一方面,若将人口总数作为一大考察因素,以年平均收案数为基数进行测算,可以得到五家法院的人案比大致为2.7%、3.6%、2.8%、1.4%、1.3%,其中人案比最大的C区法院与人案比最小的F市法院之间几乎相差近3倍,这组数据亦在一定程度上反映了各地工商业活动的活跃程度。① 此外,调研还发现,各个法院的信息化建设水平除与当地经济社会发展水平密切相关外,还在某种程度上受法院忙闲程度等因素的影响,如全市信息化建设工作排名第一的法院并非地处发达都会区的法院,而是位于远郊的E市法院,除了有法院自身的发展定位与前期基础的影响,法院整体上的办案压力较小亦是不能忽略的因素,对其中具体原因的分析,笔者将留待下文进行。

综上,与当地经济社会发展水平相适应,上述五家基层法院无论在法院规模、收结案情况,还是信息化建设方面,都呈现出较大的差

---

① 这里的人口总数指一个司法辖区内的总人口数,人案比这一数据反映的是某一年某司法辖区内有多少比例的人参与了诉讼,通常诉讼率较高的地区工商业活动的活跃程度较高。

异,而这也在一定程度上代表了不同发展水平地区基层法院的司法概况。

第二节 民事电子诉讼各环节适用数量

一、A市两级法院民事电子诉讼各环节适用数量

(一)在线立案的适用数量

立案作为开启诉讼程序的第一个环节,是诉讼当事人进入法院的第一道门槛。长期以来,"立案难"一直是当事人进入法院进行诉讼的一大难题,对此,我国法院分别于1997年和2015年进行了"立审分立"和"立案登记制"改革并基本解决了当事人有案难立的困境。但随之而来的,是诉讼门槛降低引发的大量案件涌入法院导致法院在立案环节的案件受理与压力化解量激增[①],法院诉讼服务中心"大排长龙"的情形屡见不鲜。而电子诉讼在立案环节的发展就在于打破空间和时间上的限制,节约传统立案模式中因地理、时间等因素产生的立案成本,便利诉讼当事人。

如图2-5所示,从整体上来看,2020年1月到2020年9月间,全市法院共有171720件案件通过在线平台申请立案,在线立案申请率达71.22%,其中,共有116562件案件通过网上立案平台成功立案,在线立案率达48.34%。据此不难发现,在线立案在司法实践中已然成

---

① 有学者指出,立案作为司法系统的"入口",承担了繁重的压力化解任务。参见于龙刚:《人民法院立案环节的压力化解策略及其改革》,载《现代法学》2019年第5期。

为一种较为普遍的立案方式,其较高的申请适用率在一定程度上反映出诉讼当事人对此种方式的认可与接纳。

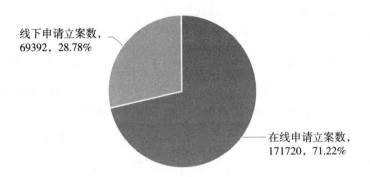

图 2-5　A 市基层法院 2020 年 1—9 月在线立案申请情况

据访谈得知,之所以在线立案能够受到当事人的青睐主要是由于网上立案的便捷性,当事人仅需登录专门的立案平台便能实现在线立案咨询、提交材料、交纳诉讼费用,不仅不受法院工作时间的限制,还大大节约了往返法院的时间和经济成本。尤其是在当下到诉讼服务中心立案常常需要"大排长龙"的情形下,在线立案的便捷性便体现得更为突出。① 此外,一个可能的原因还在于,在线立案方式已进行了较长时间的探索,诉讼当事人对此已较为熟悉,相关设施也较为完备。具体而言,法院对在线立案的探索可以追溯到 2009 年,《最高人民法院关于进一步加强司法便民工作的若干意见》出台,倡导基层法院采用网络等方式预约立案。此后,在《人民法院第三个五年改革纲要》《最高人民法院关于人民法院进一步深化多元化纠纷解决机制改革的意见》以及《最高人民法院关于加快建设智慧法院的意见》等文件中,更是旗帜鲜明地号召法院实行"网上立案""在线立案"。随着实

---

① 整理自《访谈笔录 1》,2020 年 9 月 14 日于 C 区人民法院。

践的不断探索及相关平台的完善,中央全面深化改革领导小组于2015年通过《最高人民法院关于人民法院推行立案登记制改革的意见》,对"网上立案""预约立案"予以确认。

从横向区域对比来看,A市基层法院在线立案情况呈现出较为明显的区域性差异。如表2-10所示,2020年1月至9月A市各圈层基层法院在线立案申请率整体上与法院所在城市的圈层数成反比,即总体上一圈层法院的在线立案申请率高于二圈层法院,二圈层法院的在线立案申请率又高于三圈层法院。详言之,一圈层法院即主城区基层法院在线申请立案率总体上最高,平均在线申请立案率为71.38%,其次是二圈层法院即近郊区基层法院,其平均在线申请立案率为61.24%,最后是三圈层法院即远郊区基层法院,其平均在线申请立案率为57.68%。从案件绝对数量来看,上述排序也同样成立,且一圈层法院在线申请立案的案件平均数远远超过二圈层法院和三圈层法院。

表2-10　A市基层法院2020年1—9月在线立案申请情况

一圈层法院			二圈层法院			三圈层法院		
编号	在线申请立案数	在线申请立案率	编号	在线申请立案数	在线申请立案率	编号	在线申请立案数	在线申请立案率
F1	15175	89.81%	S1	6954	58.46%	T1	3332	43.43%
F2	12552	63.37%	S2	3290	52.16%	T2	5731	66.34%
F3	22013	99.89%	S3	9105	69.54%	T3	3484	65.89%
F4	9663	63.57%	S4	4668	99.87%	T4	2683	46.56%
F5	13209	49.14%	S5	3317	49.66%	T5	1512	61.44%
F6	12654	57.63%	S6	4366	37.77%	T6	1803	39.37%
F7	23419	76.26%				T7	1221	54.07%
						T8	2321	67.98%
						T9	4468	74.03%
合计	108685		合计	31700		合计	26555	
平均	15526	71.38%	平均	5283	61.24%	平均	2951	57.68%

如果说在线立案申请情况主要考察的是当事人对待在线立案的态度,那么,对在线立案数与在线立案率的考察便能更直接地反映出实践中 A 市法院在线立案的适用情况。如表 2-11 所示,A 市各基层法院在线立案情况与在线立案申请情况存在一定的差异。具体而言,从各圈层法院平均在线立案率来看,一圈层法院仍居第一位,在线立案率达 63.79%,但与在线立案申请情况不同的是,三圈层法院的平均在线立案率超过了二圈层法院位居第二。不过从案件的绝对数量来看,一圈层法院在线立案的案件平均数仍远远超过二圈层法院和三圈层法院位居第一,二圈层法院以微弱的优势位列第二,三圈层法院位列第三。

更进一步,如果将在线立案申请率与在线立案率结合起来分析,可以发现:整体而言,各法院的在线立案率与在线立案申请率存在一定的一致性,即在线立案申请率较高的法院其在线立案率也较高,这也和通常的认知相一致。但也存在极个别法院其在线立案申请率与在线立案率之前存在较大的差异,即个别法院存在较高或极高的在线立案申请率,然而在线立案率却呈现出较低或极低的状态。如 S4 法院,其在线立案申请率达 99.87%,位居全市法院第二,但反观其在线立案率却仅有 53.53%,位列全市法院第十一。

表 2-11　A 市基层法院 2020 年 1—9 月在线立案情况

一圈层法院			二圈层法院			三圈层法院		
编号	在线立案数	在线立案率	编号	在线立案数	在线立案率	编号	在线立案数	在线立案率
F1	10825	81.51%	S1	4487	40.20%	T1	1922	30.69%
F2	8452	53.25%	S2	2368	43.69%	T2	4771	58.48%
F3	10694	86.34%	S3	4064	34.35%	T3	3475	65.84%
F4	9636	63.39%	S4	2502	53.53%	T4	1689	31.68%
F5	9842	56.24%	S5	3097	48.01%	T5	1201	48.80%

(续表)

一圈层法院			二圈层法院			三圈层法院		
编号	在线立案数	在线立案率	编号	在线立案数	在线立案率	编号	在线立案数	在线立案率
F6	8555	54.41%	S6	2875	37.37%	T6	713	17.77%
F7	16021	51.41%				T7	1084	66.30%
						T8	1707	58.18%
						T9	3713	64.37%
合计	74025		合计	19393		合计	20275	
平均	10575	63.79%	平均	3232	42.86%	平均	2253	49.12%

结合调研所获取的信息判断，之所以在线立案呈现出较为明显的区域性差异，是由各法院所处地区的区位状况及其经济社会发展水平所决定的。诚如上一章的考察，A 市市域内辖区众多，且各个区域发展水平跨度较大，与之相适应，各基层法院无论是在法院规模、收结案情况，还是信息化建设方面，都呈现出较大的差异。在案件数量上，一圈层法院位于主城区，经济社会发展水平较高，法院收案数量不仅长期处于全市领先水平，而且不乏大量新型、疑难案件，相应法院的办案压力可谓与日俱增。相比之下，二圈层法院与三圈层法院则逐渐远离城市中心，区域经济社会发展水平不及中心城区，相应的法院案件受理总量也不大，不具备一圈层法院所具有的办案压力。但值得注意的是，上述分析并非意味着收案数量越多的法院其在线立案率就会越高，而只是一种趋势性的分析，典型的如 F6 法院，近年来其案件办理量长期处于 A 市法院第一，但其在线立案申请率和在线立案率在一圈层法院中的表现并不算突出，据访谈了解到，其背后很大一部分原因就在于其繁重的办案压力使得法院及其法官没有更多的精力来推动和实施相关改革。[1] 除案件数量随圈层数的增加而减少外，法院的信

---

[1] 整理自《访谈笔录2》，2020 年 9 月 16 日于 B 区人民法院。

息化建设水平以及当事人对新技术的接受度与掌握情况也随着圈层数的增加而降低,而这也在一定程度上影响了在线立案的适用情况。总体而言,在线立案情况呈现区域性差异的背后,交织着法院案件受理压力与法院信息化建设水平以及当事人对新立案方式接受程度等因素,这也在一定程度上决定了在线立案在实践推广中的复杂性。

(二)在线庭审的适用数量

作为民事电子诉讼探索的重要环节,在线庭审是信息通信技术嵌入审判程序后对庭审模式的一大创新。从宏观数据统计结果来看,从2020年1月到2020年9月间,全市法院共有6148件案件通过在线庭审的模式进行审理,在线庭审适用率仅为6.03%。从整体上来看,在线庭审的适用率并不算高,在线庭审的案件数与在线立案的案件数相比更是呈现出较大的差距,甚至可以这样认为,实践中尽管有大量的案件通过网上立案平台完成了立案程序,但在庭审环节仍然适用的是传统的线下审理模式。

从横向区域对比来看,基层法院对在线庭审的适用可谓"参差不齐",区域性特征不算明显。如表2-12所示,如果从各个圈层法院在线庭审的平均适用率来看,二圈层法院以10.22%的平均适用率位列第一,其次是三圈层法院,其在线庭审的平均适用率为7.68%,最后是一圈层法院,在线庭审的平均适用率为5.09%,而这一情况与在线立案的适用情况形成较为鲜明的对比。但如果从案件的绝对数量来看,二圈层法院仍以392件的院平均值位列第一,紧随其后的是一圈层法院,平均每个基层法院2020年1月至9月间通过在线开庭的形式审理了369件案件,最后是三圈层法院,平均每个法院2020年1月至9月间仅适用在线庭审审理了125件案件,平均每2天左右才有一件案件适用在线庭审的方式进行审理。对于为何一圈层法院与三圈层法院的在线庭审案件数与在线庭审适用率的排名不一致,一个可能的解释是,一圈层法院案件受理的数量远远高于三圈层法院,因此在案件基数远超三圈层法院的情况下,其在线庭审的案件数量也就存在超越三圈层法院的较大可能。而在线庭审的适用率反映的是在线庭审相较于传统线下庭审的适用比例,从这一角度来看,三圈层法院在线庭审的适用情况要优于一圈层法院。此外,二圈层法院对在线庭审的平均适用情况整体又要优于一圈层法院和三圈层法院。但值得注意的是,平均值的计算方式有其固有的局限即容易受到一组数据中极端数值(极大或极小)的影响,从而不能准确反映样本的整体样态,因此,下文中笔者还将从更加细致的视角对各个法院的在线庭审情况进行分析。

表 2-12　A 市基层法院 2020 年 1—9 月在线庭审情况

一圈层法院			二圈层法院			三圈层法院		
编号	在线庭审案件数	在线庭审适用率	编号	在线庭审案件数	在线庭审适用率	编号	在线庭审案件数	在线庭审适用率
F1	183	2.70%	S1	64	1.72%	T1	265	12.88%
F2	603	6.49%	S2	121	8.79%	T2	47	1.87%
F3	446	5.66%	S3	625	15.50%	T3	107	6.14%
F4	68	0.88%	S4	114	5.59%	T4	196	8.43%
F5	80	1.41%	S5	1031	19.00%	T5	45	3.89%
F6	913	15.86%	S6	397	10.74%	T6	67	4.42%
F7	293	2.63%				T7	35	6.55%
						T8	219	18.00%
						T9	144	6.90%
合计	2586		合计	2352		合计	1125	
平均	369	5.09%	平均	392	10.22%	平均	125	7.68%

若将目光聚焦到不同圈层法院内部,可以发现同一圈层法院内各个法院在线庭审的适用情况存在较大程度的分化。从案件的绝对数量来看,在一圈层法院中,通过在线庭审审理案件最多的 F6 法院 2020 年 1 月至 9 月间共在线庭审 913 件案件,排在末位的 F4 法院仅在线庭审 68 件案件,即在一圈层法院中,在线庭审案件数的极差达到了

845件。① 在二圈层法院中,在线庭审案件数最多的是S5法院的1031件,而最少的为S1法院的64件,其极差达到了967件。在三圈层法院中,在线庭审案件数最多的是T1法院的265件,而最少的为T7法院的35件,其极差为230件。此外,从中位数的角度来看②,一圈层法院的中位数为293件,二圈层法院的中位数为259件,三圈层法院的中位数为107件。从在线庭审的适用率来看,依据上文的思路可以算出一圈层法院在线庭审适用率的极差为14.98%,二圈层法院在线庭审适用率的极差为17.28%,三圈层法院在线庭审适用率的极差达16.13%。此外,三个圈层法院在线庭审适用率的中位数分别为2.70%、9.77%、6.55%。

如果将目光跳出各个圈层的限制对样本法院进行整体考察,可以发现样本法院在线庭审的适用所呈现出的离散性特征更为明显。不同圈层内部各个法院对在线庭审的适用情况都存在较大的差异,呈现出离散化的适用状态,一方面,在案件的绝对数量上,样本法院的极差达到了996件,超过了上文中极差排名第一的二圈层法院。另一方面,从在线庭审的适用率来看,样本法院的极差达到了18.12%,这一数值接近样本法院在线庭审平均适用率(6.03%)的3倍。此种情况在一圈层法院和二圈层法院中表现尤为明显,这从其在线庭审案件数与在线庭审适用率的极差可以得到较为直观的反映——无论是从在线庭审案件的绝对数量来看,还是从在线庭审的适用率着眼,其极差都远远大于该项数值对应的平均值。但从在线庭审适用率的中位数来看,基本能验证上文得出的判断,即二圈层法院对在线庭审的适用情况整体要优于一圈层法院和三圈层法院。

---

① 极差是统计学中用来评价一组数据的离散度的方法,是一组数据中最大值与最小值之间的差距,即最大值减最小值后所得之数据。

② 中位数是统计学中的专有名词,指一组有序数据中居于中间位置的数,它不受最大、最小两个极端数值的影响,当一组数据中的个别数据变动较大时,常用它来描述这组数据的集中趋势。如果观察值有偶数个,通常取最中间的两个数值的平均数作为中位数。

除了在线庭审的适用率，各基层法院在线庭审平均审理的时间也值得我们进一步分析。据统计，2020 年 1 月至 9 月全市法院在线庭审的平均审理时间为 58.67 分钟，其中仅有 F3 法院在线庭审平均审理时间超过了 120 分钟，有 5 个法院在线庭审的平均审理时间不到 40 分钟，这 6 个法院中包含 3 个二圈层法院和 2 个三圈层法院。如果对各个圈层法院的在线庭审时间进行横向对比不难发现，一圈层法院的在线庭审平均审理时间远远超过二圈层法院和三圈层法院，7 个一圈层法院中，有 6 个法院的平均审理时间都超过了全市法院的平均数（见表 2-13）。这一现象或许在一定程度上与一圈层法院受理的案件相较之下更为疑难复杂有关，因此其所需的审理时间也普遍超过了二圈层法院和三圈层法院。

对比全国三大互联网法院在线庭审的平均用时或许能对上述数据有更为直观的认识。据统计，截至 2019 年 10 月 31 日，杭州、北京、广州互联网法院所受理的互联网案件在线庭审平均用时 45 分钟[①]，相较之下，A 市基层法院在线庭审的平均审理时间是互联网法院平均庭审时间的接近 1.3 倍。如果说庭审时间能在一定程度上反映庭审的效率以及案件的难易程度，那么从这个角度上来看，似乎可以初步认为当前基层法院的在线庭审在案件的难易程度和庭审效率方面都还有值得探索和优化的空间。

表 2-13　A 市基层法院 2020 年 1—9 月在线庭审平均审理时间

一圈层法院		二圈层法院		三圈层法院	
编号	在线庭审平均审理时间（分）	编号	在线庭审平均审理时间（分）	编号	在线庭审平均审理时间（分）
F1	54.03	S1	34.50	T1	33.16

---

① 参见中华人民共和国最高人民法院编：《中国法院的互联网司法》，人民法院出版社 2019 年版，第 6 页。

（续表）

一圈层法院		二圈层法院		三圈层法院	
编号	在线庭审平均审理时间(分)	编号	在线庭审平均审理时间(分)	编号	在线庭审平均审理时间(分)
F2	59.38	S2	69.87	T2	44.81
F3	135.27	S3	43.06	T3	96.61
F4	60.21	S4	58.72	T4	41.17
F5	65.98	S5	39.94	T5	39.26
F6	60.04	S6	32.45	T6	54.58
F7	72.90			T7	45.94
				T8	72.10
				T9	85.78
平均	72.54	平均	46.42	平均	57.05

此外，如果将在线庭审的平均审理时间与在线庭审的适用率综合起来分析，还能发现一个有趣的现象：从三个圈层法院的平均情况来看，在线庭审适用率越高的法院其在线庭审的平均审理时间越短（见表2-14）。通过实地调研的直观感受以及对不同圈层法院的访谈能一定程度上对上述发现予以佐证。通过考察笔者了解到，一圈层法院除了由于案件受理的基数大，一线法官的办案压力明显，法官对在线庭审这一需要耗费时间和精力逐步探索适用的新型庭审方式没有足够的适用动力外，受访的一圈层法院法官还坦言，由于地处较为发达的都会地区，其受理案件中不乏大量的新型、疑难案件，而这种境况是三圈层法院甚至二圈层法院不曾出现的[①]，这也在一定程度上导致一圈层法院在线庭审适用率呈现相较于其他两个圈层法院更低的结果，此外，案件的相对新型、疑难也在某种程度上决定了其在线庭审所需的时间整体上会更长。

---

① 整理自《C区法院调研笔记》，2020年9月14日。

表 2-14　各圈层法院在线庭审的平均审理时间与在线庭审的适用率

法院	一圈层法院	二圈层法院	三圈层法院
在线庭审平均审理时间（分）	72.54	46.42	57.05
在线庭审适用率	5.09%	10.22%	7.68%

从纵向层面来看，在线庭审的适用与新冠肺炎疫情的防控存在较为密切的关联性。据统计，2020 年前，样本法院在线庭审数量极少，除 S5 法院因设立互联网法庭 2019 年有 30 余件涉互联网案件在线开庭外，其余法院在线开庭率几乎为 0。自 2020 年 1 月以来，在民事诉讼繁简分流试点改革和新冠肺炎疫情暴发的特殊背景下，在线庭审开始得到广泛适用。如图 2-6 所示，从全市法院在线庭审的整体样态来看，受改革尚未落地以及新冠肺炎疫情暴发的双重影响，2020 年 1 月，全市法院在线庭审的案件数基本为 0。而从复工日（2020 年 2 月 3 日）起，为兼顾疫情防控与审判工作，A 市各法院加大了在线诉讼的探索力度，在线庭审的适用按下了加速键。

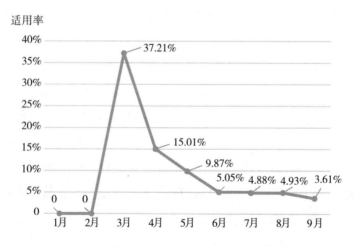

图 2-6　A 市基层法院 2020 年 1—9 月在线庭审适用率

据统计，2020年3月，根据疫情防控以及复工复产的需要，A市基层法院在线庭审案件数出现激增，适用率达到峰值37.21%。但随着4月疫情的逐步缓和，在线庭审的案件数量开始出现了断崖式下降，在线庭审的适用率也从占开庭总量的近四成下降到15.01%。在随后的5月，在线庭审的适用率继续小幅回落至9.87%。从整体来看，自改革试点开始到2020年5月，A市在线庭审适用率呈现出倒"V"字形的状态，与疫情的防控形势存在较为紧密的关联。进入2020年6月，全国疫情基本得到有效控制后，A市基层法院在线庭审适用率继续走低，全市基层法院在线庭审适用率下降至5.05%。在此后的3个月中，A市基层法院在线庭审适用率基本维持在4%左右，其中7月的适用率较之6月略微有所下降，而8月与9月的适用率又呈现出略微上升后又下降的波动情形。

不难发现，随着疫情的逐渐缓和，相较于疫情期间如火如荼的报道和广泛适用，在线庭审在实践中逐渐"遇冷"。但不能忽视的是，尽管如此，相较于试点改革前，后疫情时代的在线庭审适用率依然有较为显著的提升，并维持在一定的适用水平。其背后的原因可能在于，一方面，经过疫情期间在线庭审的大规模推广适用，法官对在线庭审有了一定的了解，不少法官通过亲自参与在线庭审掌握了相关操作方法，也在某些类型案件的审理中体会到在线庭审相较于传统庭审的优势。此外，民众通过各类宣传也逐渐了解到在线庭审的流程与优势，部分律师以及案件当事人亦通过参与在线庭审肯定了在线庭审的效果。因此，即使疫情结束后，对于一些适合在线审理的案件，法官和当事人依然选择通过在线的方式进行庭审。另一方面，上级法院对相应改革指标——在线庭审适用率的统计与考核也在一定程度上倒逼各基层法院后疫情时代仍保持对在线庭审的继续推广与适用。

(三) 电子送达的适用数量

送达制度是司法机关与诉讼当事人进行信息交互的重要程序设

计,其关涉法律文书的效力,进而也与当事人的民事诉讼行为的效力密切相关。是否送达以及送达方式是否妥当直接影响当事人民事诉讼权利行使的实效性,直接关系到程序保障的充分性。① 虽然直至 2012 年《民事诉讼法》修改,电子送达才正式成为一种法定的送达方式,但早在 2003 年 12 月 1 日施行的《最高人民法院关于适用简易程序审理民事案件的若干规定》中,"电子送达"便已初显端倪。此后各地法院在司法实践中亦围绕电子送达的技术与方式等方面进行了丰富的探索与创造。加强电子送达适用是破解"送达难"问题的重要突破口,根据《改革试点工作决定》,此次试点改革的目的在于明确电子送达的适用条件、适用范围和生效标准,并有条件地拓宽电子送达的方式、扩大电子送达的适用范围,将判决书、裁定书以及调解书纳入可电子送达的文书范围。

从宏观数据统计结果来看,如图 2-7 所示,从 2020 年 1 月到 2020 年 9 月间,全市法院共有 182349 件案件适用了电子送达,电子送达总次数达 675717 次,电子送达适用率为 59.61%,电子送达成功率达 60%。

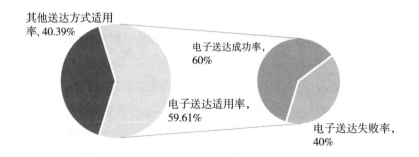

图 2-7 A 市基层法院 2020 年 1—9 月电子送达适用率与成功率

从整体上来看,电子送达作为一种法定的送达方式,经过近年来

---

① 参见宋朝武:《民事电子送达问题研究》,载《法学家》2008 年第 6 期。

的不断探索已经逐步成为一种较为常用且重要的送达方式,但在此次试点改革的背景下,电子送达的具体情况又是怎样的？对于试点改革中提出的新要求落实得如何呢？

1. 电子送达的适用案件数

具体到电子送达的适用案件数,不同区域的法院呈现出较大的差距,整体上而言电子送达的适用案件数量与法院的案件受理总量正相关。如在案件受理总量最多的一圈层法院中,2020年1月至9月,平均每个一圈层法院有16695件案件适用了电子送达,其适用案件数居三个圈层法院的首位；其次是案件受理总量第二的二圈层法院,平均每个法院有4369件案件适用了电子送达,仅占到一圈层法院适用电子送达案件数的26%；而受理案件总量最少的三圈层法院平均每个法院仅有3000件案件适用了电子送达(见图2-8)。

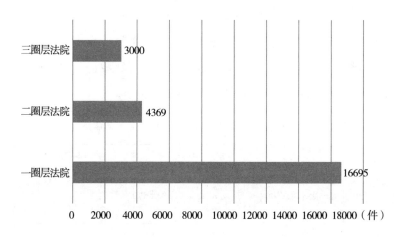

图2-8 各圈层法院2020年1—9月电子送达适用案件平均数

司法实践中,送达制度作为司法机关与诉讼当事人进行信息交互的重要程序设计,从案件受理之日起到最终的审判执结,无不伴随着送达的身影。换言之,在一个完整的民事司法程序中,送达制度的适用不会是单次的,不同诉讼环节往往都存在不止一次的送达,且其产生的诉讼效力也不尽相同。表 2-15 反映的是 A 市各基层法院 2020 年 1 月至 9 月电子送达适用的总次数及其适用的案件数,据此,我们能计算出平均每件案件适用电子送达的次数。据统计,A 市基层法院中,平均每件案件适用电子送达次数最少的为 1.32 次,而次数最多的达到 8.45 次。

从统计的原理来看,每个案件平均适用电子送达的次数一方面受到适用阶段的影响,如在不同的诉讼环节均适用电子送达,此案件的电子送达总次数自然会增多;另一方面也受送达效率的影响,如在某一诉讼环节第一次电子送达未能成功则可能进行第二次送达,这必然会增加电子送达的总次数。遗憾的是,由于相关统计数据并未将上述情况区分开来,故通过对案件平均送达次数的考察我们无法判断出实践中电子送达次数受到何种因素的影响更为显著。

表 2-15　A 市基层法院 2020 年 1—9 月电子送达情况

一圈层法院				二圈层法院				三圈层法院		
编号	电子送达适用案件数	电子送达总次数	案件平均送达次数	编号	电子送达适用案件数	电子送达总次数	案件平均送达次数	编号	电子送达适用案件数	电子送达总次数	案件平均送达次数
F1	10945	32836	3.00	S1	3825	32327	8.45	T1	3127	12173	3.89
F2	21142	91721	4.34	S2	3880	27618	7.12	T2	4511	7099	1.57
F3	23936	117762	4.92	S3	6921	16222	2.34	T3	2540	6532	2.57
F4	17138	68555	4.00	S4	4674	11406	2.44	T4	6505	12963	1.99
F5	22253	47022	2.12	S5	7081	9437	1.33	T5	632	2194	3.47
F6	8315	40166	4.83	S6	4199	10952	2.61	T6	2387	20146	8.44
F7	13206	17367	1.32					T7	705	4628	6.56

(续表)

一圈层法院			二圈层法院			三圈层法院		
编号	电子送达适用案件数	电子送达总次数	案件平均送达次数	编号	电子送达适用案件数	电子送达总次数	案件平均送达次数	编号	电子送达适用案件数	电子送达总次数	案件平均送达次数

一圈层法院			二圈层法院			三圈层法院		
						T8	1759	4678	2.66
						T9	4830	13060	2.70
合计	116865	415429	24.53	合计	30580	107962	24.29	合计	26996	83473	33.85
平均	16695	59347	3.50	平均	5096.67	17993.67	4.05	平均	2999.56	9274.78	3.76

就电子送达适用率来看,访谈结果显示,试点改革前电子送达在普通基层法院的适用率仅在10%左右[①],然而此次试点改革中电子送达的适用率可谓有了显著的提升,A市基层法院2020年1月至9月电子送达适用率达59.61%。具体而言,如表2-16所示,三个圈层法院电子送达的平均适用率都超过了50%,即实践中有超过一半的案件在部分或全部送达环节采用了电子送达的方式。其中,适用率最低的F7法院其电子送达适用率亦达到18.53%,接近试点改革前普通基层法院电子送达适用率的两倍。此外,有不少法院的电子送达适用率超过了80%,适用率最高的S1法院其电子送达适用率高达86.36%。

表2-16　A市各圈层法院2020年1—9月电子送达适用率

一圈层法院		二圈层法院		三圈层法院	
编号	电子送达适用率	编号	电子送达适用率	编号	电子送达适用率
F1	44.93%	S1	86.36%	T1	45.23%
F2	61.05%	S2	59.62%	T2	22.73%
F3	62.66%	S3	32.82%	T3	34.10%

---

① 整理自《访谈笔录6》,2020年11月9日于A市中级人民法院。

(续表)

一圈层法院		二圈层法院		三圈层法院	
编号	电子送达适用率	编号	电子送达适用率	编号	电子送达适用率
F4	69.28%	S4	54.98%	T4	47.52%
F5	60.19%	S5	82.98%	T5	47.05%
F6	85.98%	S6	29.24%	T6	72.81%
F7	18.53%			T7	86.21%
				T8	74.48%
				T9	67.29%
平均	57.52%	平均	57.67%	平均	55.27%

据调研,之所以出现如此高的适用率,与试点改革的推动有着密不可分的关系。A市两级法院作为此次试点改革的法院之一,自2020年2月起对相关改革工作进行了全面部署与开展,成立全市法院民事诉讼程序繁简分流改革试点工作领导小组,负责改革试点的组织、推动、协调、督导、实证调研等工作。在法院内部,A市中级人民法院印发《关于全市法院民事诉讼程序繁简分流改革试点的实施方案》,针对不同改革内容成立了多个专项小组,负责相应改革内容的推进与落实。在法院之外,A市两级法院一方面积极向律师协会、银行以及保险公司等机构寻求合作,通过与上述机构签订优先适用电子送达协议的方式推动电子送达方式的适用;另一方面在送达环节积极向当事人介绍与推荐电子送达方式,甚至与当事人进行多次沟通以征得当事人的同意。整体而言,电子送达作为法定送达方式的一种,在试点改革这一背景的推动下,已然具有了某种优先适用的实践样态,在这种"改革措施优位"的大环境下,电子送达的适用率出现显著提升的情况也就不足为奇了。

2. 电子送达的成功率

如果说电子送达的适用率考察的是法院以及诉讼当事人对电子

送达这一法定送达方式的适用意愿及其态度,那么电子送达的成功率一定程度上反映的便是此送达方式在实践中的适用效果。因为"只有将电子诉讼信息有效送达,电子诉讼高效便民的制度优势也才能得以发挥"[①]。

整体而言,A 市基层法院 2020 年 1 月至 9 月电子送达成功率为 59.66%。从横向区域对比来看,如表 2-17 所示,电子送达的成功率呈现出从一圈层法院至三圈层法院逐渐递减的趋势,即在三个圈层法院中,一圈层法院的电子送达平均成功率最高,为 64.71%;二圈层法院次之,平均成功率为 60.29%;三圈层法院的电子送达平均成功率最低,为 53.97%。如果将这一数据与电子送达的适用率结合起来分析,便会有更多有趣而意味深长的发现。

表 2-17　A 市基层法院 2020 年 1—9 月电子送达适用率与成功率

一圈层法院			二圈层法院			三圈层法院		
编号	电子送达适用率	电子送达成功率	编号	电子送达适用率	电子送达成功率	编号	电子送达适用率	电子送达成功率
F1	44.93%	51.19%	S1	86.36%	69.25%	T1	45.23%	40.79%
F2	61.05%	72.57%	S2	59.62%	65.40%	T2	22.73%	77.64%
F3	62.66%	48.80%	S3	32.82%	90.39%	T3	34.10%	49.72%
F4	69.28%	31.00%	S4	54.98%	10.21%	T4	47.52%	73.02%
F5	60.19%	75.08%	S5	82.98%	55.18%	T5	47.05%	56.93%
F6	85.98%	81.71%	S6	29.24%	71.30%	T6	72.81%	6.72%
F7	18.53%	92.64%				T7	86.21%	57.87%
						T8	74.48%	81.20%
						T9	67.29%	41.84%
平均	57.52%	64.71%	平均	57.67%	60.29%	平均	55.27%	53.97%

---

① 陈锦波:《论信息技术对传统诉讼的结构性重塑——从电子诉讼的理念、价值和原则切入》,载《法制与社会发展》2018 年第 3 期。

一方面，以全市基层法院电子送达的平均适用率与成功率为标准，各法院的电子送达适用率与成功率之间存在三种不同的组合方式：第一种是电子送达适用率与成功率一高一低，第二种是电子送达适用率与成功率同高，第三种是电子送达适用率与成功率都低。具体来看，有3个基层法院电子送达的适用率和成功率都低于全市平均水平，其中有2个来自三圈层法院，1个来自一圈层法院；有7个基层法院电子送达的适用率和成功率都高于全市平均水平，其中一圈层法院和三圈层法院各有2个；此外，还有5个基层法院电子送达适用率高于全市平均水平但其成功率却低于全市平均水平，有5个基层法院电子送达适用率低于全市平均水平但其成功率却高于全市平均水平。另一方面，从整体上来看，全市基层法院电子送达适用率与成功率的平均值大体相当，但两两相比可以发现，有12个基层法院电子送达适用率低于成功率，其余10个基层法院电子送达的适用率高于成功率。仔细分析还能发现，在12个电子送达适用率低于成功率的基层法院中，有8个基层法院的电子送达适用率低于全市平均水平；在10个电子送达适用率高于成功率的基层法院中，有8个基层法院的电子送达成功率低于全市平均水平。

仔细梳理上述数据，似乎可以得出如下结论：其一，实践中存在一定数量的法院无论是在电子送达的适用率还是成功率上都表现不俗，体现出"双优"的特征，反映了其电子送达的适用在数量与质量上都较为均衡。其二，通过上述对电子送达适用率与成功率的对比还能发现，尽管从整体上来看电子送达的适用率和成功率大体相当，但实践中除表现"双优"的法院外，仍有一定数量的法院电子送达的适用率与成功率存在一定的差异，且这种差异体现为一种此消彼长或相互背离的趋势，即在电子送达成功率优于适用率的法院中，其电子送达适用率表现通常都较差，而在电子诉讼适用情况优于电子送达成功率的法院中，其电子送达的成功率往往也都低于平均值。

3. 电子送达的裁判文书数

根据《最高人民法院民事诉讼程序繁简分流改革试点实施办法》（以下简称《改革试点实施办法》），此次试点改革在电子送达环节的创新举措在于将判决书、裁定书以及调解书纳入可电子送达的文书范围，明确了经受送达人同意采用电子方式送达判决书、裁定书以及调解书的法律效力①，这一规定无疑突破了试点改革时期《民事诉讼法》对电子送达的相关规定②。作为此次改革的一大创新或者说突破，调研发现，实践中各试点法院对这一规定的探索适用情况并不理想。如表 2-18 所示，在三个圈层法院中，电子送达裁判文书适用情况最好的是二圈层法院，但自 2020 年 1 月到 9 月平均每个法院也仅有 532 个案件通过电子送达的方式送达了裁判文书，此外，还有不少法院电子送达裁判文书的案件数仅为个位数，即实践中电子送达裁判文书的适用率与其他文书相比存在较大的差距。

表 2-18　A 市基层法院 2020 年 1—9 月电子送达裁判文书案件数

一圈层法院		二圈层法院		三圈层法院	
编号	电子送达裁判文书案件数	编号	电子送达裁判文书案件数	编号	电子送达裁判文书案件数
F1	307	S1	616	T1	115
F2	228	S2	129	T2	88
F3	2	S3	618	T3	236
F4	402	S4	6	T4	1620
F5	800	S5	331	T5	180
F6	476	S6	1492	T6	1
F7	136			T7	144

---

①　《最高人民法院民事诉讼程序繁简分流改革试点实施办法》第 25 条规定："经受送达人明确表示同意，人民法院可以电子送达判决书、裁定书、调解书等裁判文书。"

②　《民事诉讼法》（2017 年修正）第 87 条规定："经受送达人同意，人民法院可以采用传真、电子邮件等能够确认其收悉的方式送达诉讼文书，但判决书、裁定书、调解书除外。采用前款方式送达的，以传真、电子邮件等到达受送达人特定系统的日期为送达日期。"

(续表)

一圈层法院		二圈层法院		三圈层法院	
编号	电子送达裁判文书案件数	编号	电子送达裁判文书案件数	编号	电子送达裁判文书案件数
				T8	749
				T9	257
合计	2351	合计	3192	合计	3390
平均	336	平均	532	平均	377

之所以出现上述现象，与以下两方面因素有着密不可分的联系：其一，当事人对纸质裁判文书的重视。相较于其他诉讼环节通常仅具备程序性意义的文书，作为裁判文书的判决书、裁定书以及调解书是每个案件经过诸多法定程序后的结果，亦是人民法院审判活动、裁判理由、裁判依据和裁判结果的最重要载体。对大多数当事人而言，当初一纸诉状起诉到法院，期望得到的无非是法院对相关争议的裁断。从这个意义上来看，裁判文书还是人民法院确定和分配当事人实体权利和义务的唯一凭证，当事人只有亲手拿到了盖有法院印章的裁判文书，才算真正"获得"了案件的结果，个案背后的公平与正义也才有了得以彰显的载体。更进一步而言，裁判文书在民众心中除了是个案的裁判结果，还具有某种神圣性和公信力。正是因为裁判文书背后所承载的这些特殊价值，此次试点改革在扩大电子送达适用范围的同时，也对此提出了明确的要求，即人民法院电子送达判决书、裁定书、调解书等裁判文书需经受送达人明确表示同意。但前文的分析似乎从侧面表明，要让当事人主动同意用一种电子化的文档来替代本可以"获得"的纸质裁判文书，将会是异常困难的。故在征得当事人同意这一关上，电子送达裁判文书的适用率就已经大打折扣。其二，法院对送达风险的规避。实践中，法院在进行电子送达前，通常会向当事人出具权利义务告知书，告知其适用电子送达的效力并征得当事人的同意，这其中也包括电子送达裁判文书的效力。如果在此环节当事人明

确表示同意电子送达,通常法院便默认当事人同意整个诉讼环节的文书送达都适用电子送达的方式。但即便如此,实践中如果出现当事人中途反悔的情况,那么此时的电子送达裁判文书是否属于受送达人明确同意的情况便存在解释与考量的空间,而这也增加了电子送达裁判文书在效力上的不确定性。为了规避这一风险,实践中一些法院在送达裁判文书时采取了电子送达和传统送达(如邮寄送达或直接送达)并用这一看似"荒诞"的方式。但随之而来的后果是,这种"双保险"的送达方式徒增了审判辅助人员的工作量,使得许多审判辅助人员逐渐丧失适用电子送达裁判文书的动力。

综上不难发现,从数据的角度来看,表面上电子送达在实践中正呈现出一幅欣欣向荣的图景,尤其是电子送达适用率与此前的实践相比更是有了显著的提升。但通过深入的考察与分析,仍能发现电子送达在具体推行与实施过程中存在一定的问题,且一些看似无关紧要的细节实则已成为阻碍其发挥制度效能的关键环节,对此,笔者将在后文作进一步的考察与分析。

二、五个典型基层法院民事电子诉讼各环节适用数量

以上从宏观层面对 A 市基层法院民事电子诉讼各个环节的适用情况进行了梳理,但将各个地区的殊异数据汇总为区域性的总体概况时,通常会遮蔽或遗漏许多具体问题。因此,为确保实证考察结果的准确性,下文将以 A 市的 B、C、D 区和 E、F 市五个典型地区的基层法院为例,对前文的考察予以进一步检验。其中,B、C 区法院属于一圈层法院,代表了经济社会发达、人案矛盾较为突出的中心城区基层法院;D 区法院属于二圈层法院,代表了经济社会发展程度较高但工作任务不算繁重的近郊基层法院;E、F 市法院属于三圈层法院,代表了

经济社会尚处于发展中的半都市地区总体收案数量较少的远郊区基层法院。

(一)在线立案

从在线立案情况来看,表2-19是2020年1月至2020年9月五个基层法院在线立案情况的横向对比,其中F市法院的在线立案适用情况最为理想,其在线立案率达84.37%,居五个基层法院的首位,此外其在线立案申请率也以74.03%位居第二;其次是C区法院,在线立案申请率达76.26%位居五个基层法院首位,在线立案率为51.41%位居第三;相较之下,E市法院在线立案的适用情况便显得不那么理想,无论是在线立案申请率还是在线立案率都远低于A市的总体水平。

表2-19 五个典型基层法院2020年1—9月在线立案情况

法院	B区法院	C区法院	D区法院	E市法院	F市法院
在线申请立案数	12654	23419	9105	2683	4468
在线申请立案率	57.63%	76.26%	69.54%	46.56%	74.03%
在线立案数	8555	16021	4064	1689	3713
在线立案率	54.41%	51.41%	34.35%	31.68%	84.37%

通过上述考察不难发现,五个典型基层法院的在线立案情况基本上与调研的总体情况保持一致,一方面,各法院的在线立案率与在线立案申请率存在一定的趋同性,在线立案申请率较高的法院,其在线立案率也较高。另一方面,收案数量越多、办案压力越大的法院,其在线立案申请率和在线立案率相较之下也容易更高,如B、C两区法院在线立案的适用情况都居于全市法院前列。但令笔者感到意外的是,F市法院作为办案压力不大的三圈层法院,其在线立案的适用情况却是五个典型基层法院中最为理想的。据访谈了解,其背后的主要原因就在于,F市法院对电子诉讼改革中在线立案这一环节进行了有

倾向性的推广适用。① 换言之，电子诉讼试点改革涉及诉讼程序的各个环节，每一环节都有需要投入时间、人力、物力进行探索的地方，但作为一个远郊区的基层法院，不管是法院的硬件设施还是相应的经费投入都不足以支持其在各个环节投入大量的资源，因此在资源有限的情况下，选择一个或几个最符合本法院工作实际又能出成果的环节作为试点改革的切入点，实属一个理性的选择。这也印证了前文总体性考察后得出的判断，在线立案情况呈现区域性差异的背后，交织着法院案件受理压力与法院信息化建设水平以及当事人对新立案方式接受程度等复杂因素。

（二）在线庭审

至于在线庭审的情况，表2-20是2020年1月至2020年9月五个基层法院在线庭审情况的横向对比，如表2-20所示，五个基层法院在适用在线庭审方面存在较大的差异。从适用率来看，B区法院和D区法院都表现较为突出，其适用率均接近16%，远超过全市法院在线庭审6.85%的平均适用率。其次是E市法院和F市法院，其在线庭审的适用率均超过全市法院在线庭审的平均适用率，但都低于10%。在线庭审适用率最低的是C区法院，尽管其在线庭审案件数量早已超过E市法院和F市法院，但由于其案件受理总量大导致其在线庭审的适用率仅为2.63%，不仅位居五个典型基层法院的最后，甚至从全市范围来看，其适用率亦处于较为落后的水平。如果对法院所处的圈层进行深入考察会发现，即便同处于一圈层且年均收案数量相差不大的B区法院和C区法院，其在线庭审的适用情况都存在相当大的差异，这也在一定程度上契合了调研的整体情况，即同一圈层内各个法院在线庭审的适用情况存在较大程度的分化。

---

① 整理自《访谈笔录4》，2020年9月28日于F市人民法院。

此外，从平均审理时间来看，五个基层法院之间也存在明显的差异，例如，同为三圈层法院的 E 市法院和 F 市法院，F 市法院的在线平均审理时间是 E 市法院的两倍多。从整体来看，在线庭审适用率较高的法院其平均审理时间都不算长，接近甚至低于全市法院在线庭审审理时间的平均值 57.28 分钟，如 B 区法院的 60.04 分钟和 D 区法院的 43.06 分钟，而在线庭审适用率较低的法院其平均审理时间则显得较长，如 C 区法院和 F 市法院的平均庭审时间都超过了 70 分钟。这与对全市法院整体考察后得出的结论大致相似，即在线庭审适用率越高的法院通常而言其在线审理的平均时间越短。

表 2-20　五个典型基层法院 2020 年 1—9 月在线庭审情况

法院	B 区法院	C 区法院	D 区法院	E 市法院	F 市法院
在线庭审案件数（件）	913	293	625	196	144
在线庭审适用率	15.86%	2.63%	15.50%	8.43%	6.90%
在线庭审总次数（次）	924	209	636	196	169
平均审理时间（分钟）	60.04	72.9	43.06	41.17	85.78

从纵向层面来看，自 2020 年 3 月起，五个基层法院在线庭审的适用率均基本显示出逐月递减的趋势（见图 2-9）。具体而言，与全市法院的整体情况相似，五个基层法院在线庭审适用率均在 3 月达到峰值，并在 4 月出现了断崖式下降，除 E 市法院外，下降幅度基本达到了 3 月在线庭审适用率的一半甚至更多。值得关注的是，在此后的几个月中，在线庭审适用率尽管持续保持低位，但却有所起伏。详言之，五个基层法院电子诉讼适用率基本在 6 月或 7 月降到最低值，虽然此后在线庭审的适用率都基本维持在较低的水平，但其适用率整体上在 8 月或 9 月都有所回升，整体上呈现出小幅波动的状态。

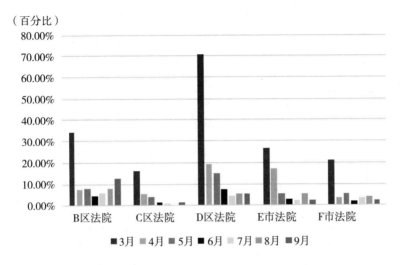

图 2-9 五个典型基层法院 2020 年 3—9 月在线庭审适用率

(三)电子送达

表 2-21 展现的是五个基层法院电子送达的适用情况。从电子送达的适用案件数来看,五个基层法院的适用情况基本与 A 市法院的整体情况一致,即大体与各个法院的案件受理总量成正相关。如一圈层法院的 B 区法院和 C 区法院电子送达适用案件数远超其他三个法院,其余三个法院的电子送达适用案件数基本与其案件受理数呈正相关。但值得注意的是,作为三圈层法院的 E 市法院,其电子送达适用案件数远远超过年案件受理数量相当的 F 市法院,其适用数量接近二圈层法院的 D 区法院。背后的原因或许在于 E 市法院对电子送达的重点关注。通过调研了解到,正如 F 市法院将改革重心落于在线立案环节,E 市法院则将改革重心放在电子送达上。早在试点改革实施前就在全院推行"电子档案为主、纸质档案为辅的案件归档方式试点改革",这无疑为 E 市法院电子送达提供了较为充分的基础条件。此外,在送达环节 E 市法院还专门建立了集约化送达中心,自 2019 年 4

月起,通过搭建一站式多元化送达平台,将送达业务外包,配置送达专员,组建专业送达团队,构建起以电子送达为主、其他送达为辅的送达体系,因而E市法院的电子送达适用案件数远超过年案件受理数量相当的F市法院。

表2-21 五个典型基层法院2020年1—9月电子送达适用情况

法院	B区法院	C区法院	D区法院	E市法院	F市法院
电子送达适用案件数	8315	13206	6921	6505	483
电子送达适用率	85.98%	18.53%	32.82%	47.52%	67.29%
电子送达成功率	81.71%	92.64%	90.39%	73.02%	41.84%

就电子送达的适用率来看,五个基层法院的适用情况存在可谓极大的差异,其中B区法院的适用率最高,达到85.98%,远高于A市的平均适用率59.61%;其次是F市法院,电子送达适用率达到67.29%,也超过了A市的平均适用率;随后是D区和E市法院,其电子送达适用率略低于A市的平均适用率;而适用率最低的C区法院,其电子送达适用率仅为18.53%,不足A市平均适用率的三分之一。此外,五个基层法院的电子送达成功率基本符合整体考察得出的结论——电子送达成功率呈现出从一圈层法院至三圈层法院逐渐递减的趋势,但位于二圈层的D区法院电子送达成功率略高于位于一圈层的B区法院,排在了五个基层法院中的第二位。

最后,从电子送达裁判文书的案件数来看,如图2-10所示,五个基层法院中E市法院的表现最为突出,自2020年1月至9月,共有1620件案件电子送达裁判文书,且这一数量也居于全市法院的首位。而这一现象背后很大程度上缘于前文所提及的E市法院对电子送达的重点关注。

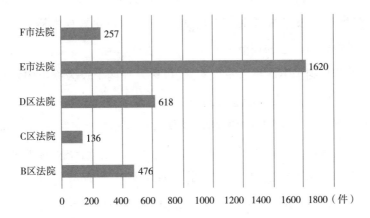

图 2-10　五个典型基层法院 2020 年 1—9 月电子送达裁判文书的案件数

整体而言,五个基层法院电子送达呈现出的特征与整体性考察得出的结论大体一致,但也存在个别相矛盾的地方。这一方面透露出地方法院对改革试点方案选择性重点推行的实践特征,另一方面其实也反映出当前地方法院对电子送达的适用情况较少有规律可循,电子送达在司法实践中的探索现状较为混乱。

第三节　在线庭审环节的案件类型与适用程序

作为电子诉讼在庭审阶段的发展,在线庭审可谓此次民事电子诉讼试点改革举措中最受瞩目的环节,2020 年初暴发的新冠肺炎疫情更是使这种"不见面"的工作方式成为兼顾疫情防控与审判工作的最有效途径。各地法院竞相开展的"诉讼活动网上办理"也频繁进入人们的视野,尤其是作为新型庭审模式的在线庭审更是成为被媒体大量报道的对象。[①] 与

---

① 参见彭昕:《远程庭审:实践、困境与完善——基于新冠肺炎疫情期间远程庭审的实证考察》,载《北京警察学院学报》2021 年第 1 期。

立案和送达环节不同，庭审环节肩负着查明案件事实、定分止争的重任，在此环节，案件将得到审查与裁判，因而庭审也被视为整个民事诉讼程序中最为核心的环节。

纵览我国当下的民事审判实践，可以发现两个较为突出的发展趋势：一是受整个社会政治经济形态变迁的影响，法院的庭室不断增加、分化①，其中业务审判庭逐渐朝着专业化审判的方向发展，特定的业务审判庭仅审理一定范围的案件。二是为了回应中国经济的快速增长所带来的民事案件数量、类型等诸方面的剧增，案件分流和程序多元成为21世纪以来司法改革的总体趋势，原有的普通程序与简易程序的二元划分改革为普通程序、简易程序、速裁程序等多元程序。② 质言之，受民事纠纷性质和形态的影响，民事庭审程序及其外观在不同案件中呈现出截然不同的样态。③ 也正是在这个意义上，我们除了应对电子诉讼核心环节的适用数量进行宏观考察，还有必要专门就在线庭审的案件类型及其适用程序进行考察，以便进一步把握在线庭审这一核心环节在司法实践中的适用样态。

一、在线庭审的案件类型

在民事实体法领域，根据法律所调整的不同社会关系细分了若干规范体系，如民法体系、商法体系、知识产权法体系等，各个体系内部又可依据法律所调整的对象进一步细分，如民法体系中又可以细分为合同法、侵权法、物权法、人格权法、亲属法等。对应到民事司法领

---

① 参见刘忠：《论中国法院的分庭管理制度》，载《法制与社会发展》2009年第5期。
② 参见傅郁林：《迈向现代化的中国民事诉讼法》，载《当代法学》2011年第1期。
③ 参见张卫平：《民事纠纷的社会性与民事诉讼程序和制度的构建》，载《学习与探索》2020年第8期。

域,司法者不仅需要依据相应的实体法对不同纠纷予以裁判,还因法律调整对象与案件的复杂程度不同,导致审理所需的具体技术与方法也有所差异,这也在一定程度上决定了庭审的难易与外观。诚如有学者所指出的,"纠纷处理的电子化尤其是全程电子化与纠纷属性具有内在关联"①,实证研究也证实了这一判断。考察发现,在线开庭审理的案件类型呈现出较为明显的特征。

基于数据获取的真实性和数据分析的可行性,在这一部分的考察中,笔者选取了前文提及的五个典型基层法院 2020 年 1 月至 9 月在线庭审的案件作为分析样本。根据《最高人民法院关于修改〈民事案件案由规定〉的决定》,笔者将实践中通过在线庭审审理的案件分为人格权纠纷,婚姻家庭继承纠纷,物权纠纷、合同纠纷、无因管理、不当得利,知识产权与竞争纠纷、劳动争议、人事争议,与公司、证券、票据、保险等有关的民事纠纷以及侵权责任纠纷 8 大类,并对数量较多的案件类型进行了进一步的细致分析。

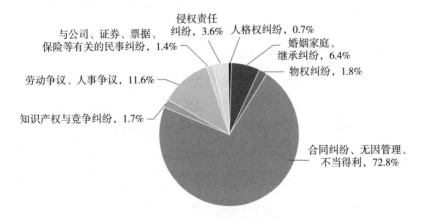

图 2-11 五个典型基层法院在线庭审案件类型

---

① 高翔:《民事电子诉讼规则构建论》,载《比较法研究》2020 年第 3 期。

据统计，五个典型基层法院 2020 年 1 月至 9 月共在线审理 2605 件案件，其中包含人格权纠纷 17 件，婚姻家庭继承纠纷 167 件，物权纠纷 46 件，合同纠纷、无因管理、不当得利 1897 件，知识产权与竞争纠纷 45 件，劳动争议、人事争议 303 件，与公司、证券、票据、保险等有关的民事纠纷 37 件，侵权责任纠纷 93 件。如图 2-11 所示，在线审理的案件中合同类纠纷占到全部在线庭审案件的七成以上，是在线庭审案件中数量最多的一类案件；此外，劳动争议、人事争议案件数量位居各类案件第二，其数量占到全部在线庭审案件的 11.6%；排名第三的是婚姻家庭与继承纠纷，其数量占全部在线庭审案件的 6.4%。

将上述数据与司法实践中民事一审案件的收案情况进行对比分析，能形成更为直观的认识。2018 年全国法院司法统计公报显示，2018 年全国民事一审案件中，超过六成的案件属于合同类纠纷，位居各类民事案件数量的榜首；其次是婚姻家庭、继承纠纷，占比 14.5%；排名第三位的是侵权责任纠纷，占比 8.9%（见图 2-12）。结合这一数据不难发现，在线庭审案件类型的分布大体符合司法实践中民事案件的案件类型分布特征，即绝大部分案件属于合同类纠纷，但除此之外，与传统庭审中民事案件类型相比也呈现出不同的特征：其一，适用在线庭审审理的案件中，劳动争议类案件的数量占比远远超过传统民事案件中此类案件的占比，其差距近 4 倍。其二，适用在线庭审审理的案件中，婚姻家庭、继承纠纷类案件以及侵权责任纠纷类案件的数量占比远远低于传统民事案件中此类案件的占比。其三，尽管合同类案件的数量与占比无论是在传统庭审还是在线庭审案件类型分布中都居于榜首，但值得注意的是，适用在线庭审审理的案件中，合同类案件的占比仍要高于传统庭审中这类案件所占的比例。

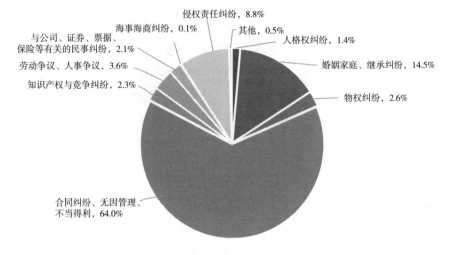

图 2-12　2018 年全国民事一审案件类型

（数据来源：《2018 年全国法院司法统计公报》）

进一步考察适用在线庭审审理数量最多的合同类案件,可以发现,其案由呈现出集中分布的特征。具体而言,适用在线庭审审理的合同纠纷主要集中在借款合同纠纷、买卖合同纠纷、服务合同纠纷、房屋买卖合同纠纷、建设工程合同纠纷以及租赁合同纠纷六大案由。其中,借款合同纠纷数量最多,占样本案件总量的43.3%,更进一步考察可以发现,实践中在线庭审审理的借款合同纠纷主要为民间借贷纠纷和金融借款合同纠纷;案件数量排在第二的是买卖合同纠纷,其数量约占样本案件总量的15.7%;房屋买卖合同纠纷与服务合同纠纷数量相差不大,分别约占样本案件总量的一成;建设工程合同纠纷与租赁合同纠纷的案件总量约占样本案件总量的一成(见图2-13）。

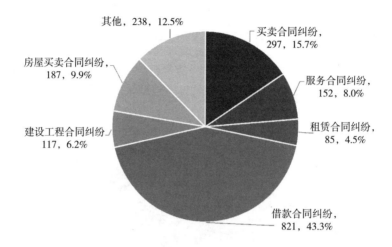

图 2-13 五个典型基层法院在线庭审合同类纠纷具体案由

此外,如果将民事案件按照性质的不同分为财产类案件和非财产类案件,可以发现适用在线庭审审理的案件中,财产类案件的占比要明显高于非财产类案件。实践中适用在线庭审的案件有接近八成属于财产类案件,而仅有近两成的案件属于非财产类案件(见图2-14)。结合前文的考察,前述非财产类案件主要体现为劳动争议和婚姻家庭、继承纠纷两类。但仔细考察前述两类非财产类案件的诉求却发现,实践中大量通过在线庭审审理的劳动争议或婚姻家庭、继承纠纷都属于身份关系清楚,仅在给付数额、时间上存在争议的抚养费、赡养费、扶养费纠纷案件或劳动关系清楚,仅在劳动报酬、工伤医疗费、经济补偿金或者赔偿金等给付数额或给付时间上存在争议的劳动合同纠纷案件,亦即,实践中存在相当数量的劳动争议和婚姻家庭、继承纠纷其实仍可被视为财产类案件。从这个意义上来看,在线审理的案件绝大部分都属于财产型纠纷,请求支付金钱则是最为常见的诉讼请求。

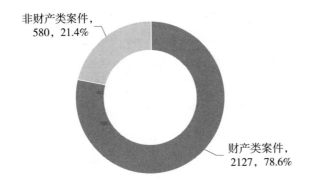

图 2-14　五个典型基层法院在线庭审案件中财产类案件与非财产类案件数量

这一现象与域外国家在线庭审的相关规定不谋而合,如英国的在线法院就排除了对所有侵权案件以及异常复杂、需要专家证人的人身损害赔偿等案件的审理。① 其背后反映的主要原理在于,在线庭审作为利用互联网庭审平台便捷解决当事人纠纷的庭审方式,其所具备的特殊性及其功能的发挥应与案件的性质和类型之间存在一定的对应关系。质言之,由于在线庭审的当事人与法官均通过特定的网络平台参与诉讼,受制于网络空间和平台功能,法官对事实的调查和证据的审查判断在某些情况下可能受到一定的限制,无法达到传统线下庭审的效果。通常而言,对于一些较为复杂的案件如涉及诉的合并以及需要评估、鉴定的人身损害赔偿案件或需要法院依职权调查收集证据的案件,这类案件不仅在程序适用上较为复杂,且庭审中也需要当事人和法院投入更多的时间、精力去核对证据、查清案件事实,因此,无论是从庭审的效率还是庭审的效果来看,其都不适合通过在线诉讼进行审理。

综合上文对案件类型的具体分析,可以获得一些意味深长而又有

---

①　参见〔英〕布里格斯勋爵、赵蕾:《生产正义方式以及实现正义途径之变革——英国在线法院的设计理念、受理范围以及基本程序》,载《中国应用法学》2017年第2期。

趣的发现:在线庭审审理的大量案件与《最高人民法院关于适用〈中华人民共和国民事诉讼法〉的解释》(以下简称《民诉法解释》)中规定的适用小额诉讼程序审理的案件类型存在相当程度的重合①,尽管其在标的额上可能并不完全满足小额诉讼的适用条件。从理论的视角来看,小额诉讼程序是根据程序相称的原理构建的②,其目的在于通过合理配置司法资源来达到提高诉讼效率、减轻法院负担的效果,主要适用于以支付金钱为诉讼标的的案件。实证研究也表明,小额诉讼案件类型较为集中,主要为供用气合同纠纷、物业服务合同纠纷、追索劳动报酬纠纷等,且一方主体多为公司、企业,有利于从该类案件中提炼总结"审判要素",从而推动案件的快速审结。③

如果从上述视角出发去观察和思考在线庭审的案件类型,似乎可以认为,当前实践在一定程度上默认了在线庭审较为适宜审理债权债务纠纷这类较为简单并易于履行的案件,其所展现出的实践逻辑或许在于,在线庭审被视为一种相对简易、便捷的司法救济方式,无论是当事人还是法官在实际适用时都对其在提升审判效率上抱有较高的期望。

---

① 《民诉法解释》(2020 年修正)第 274 条规定,小额诉讼程序适用以下案件:(1)买卖合同纠纷、借款合同纠纷、租赁合同纠纷;(2)身份关系清楚,仅在给付的数额、时间上存在争议的抚育费、赡养费、扶养费纠纷;(3)责任明确,仅在给付的数额、时间、方式上存在争议的交通事故损害赔偿和其他人身损害责任纠纷;(4)供用水、电、气、热力合同纠纷;(5)银行卡纠纷;(6)劳动关系清楚,仅在劳动报酬、工伤医疗费、经济补偿金或者赔偿金给付数额、时间、方式上存在争议的劳动合同纠纷;(7)劳务关系清楚,仅在劳务报酬给付数额、时间、方式上存在争议的劳务合同纠纷;(8)物业、电信等服务合同纠纷;(9)其他金钱给付纠纷。

② 所谓"程序相称",是指程序的设计应当与案件性质、争议金额、争议事项的复杂程度等因素相适应,由此使案件得到妥当的处理。参见刘敏:《论我国民事诉讼法修订的基本原理》,载《法律科学(西北政法学院学报)》2006 年第 4 期。

③ 参见四川省简阳市人民法院课题组:《建议程序运行态势与效能重构——以 S 省 J 市法院民事诉讼简易程序运行样态为样本》,载《法律适用》"蓉城杯"征文颁奖暨"诉源治理"与多元化纠纷解决机制研讨会资料汇编》,第 186 页。

二、在线庭审的适用程序

从制度设计的原理与技术来看,不同的民事纠纷应有与其相适应的诉讼程序和制度,且诉讼程序的设置应当充分体现其实体法的规定,满足实体法的内在要求,与实体法具有同样的精神。具体而言,现代民事诉讼程序通过精密的分流装置来满足多元的、差异性的价值需求。基于案件争议数额、性质的不同,以及对诉讼效率的考虑,民事诉讼设置了普通程序、简易程序以及小额诉讼程序三种不同的诉讼程序,相应地,不同程序在起诉方式、审判组织形式等方面都有所区别。就在线庭审而言,考察在线庭审所适用的程序,一方面,可以从整体上把握其在适用程序上与传统线下庭审之间的差异;另一方面,由于民事纠纷的性质和民事纠纷的形态是民事诉讼程序和制度设计所主要考虑的两大因素[1],故通过对适用程序的考察,能间接反映出案件在纠纷形态上具有的特征。基于数据获取的真实性和数据分析的可行性,笔者同样选取了五个基层法院 2020 年 1 月至 9 月在线庭审的案件作为分析样本。

如图 2-15 所示,实证研究发现,在适用在线庭审的案件中,共有 1730 件案件适用了简易程序,占所有在线庭审案件的近七成,是适用数量最多的程序;其次是小额诉讼程序,适用案件数为 500 件,占比 19%;适用数量最少的普通程序审理案件仅有 389 件,占比 15%。

---

[1] 参见张卫平:《民事纠纷的社会性与民事诉讼程序和制度的构建》,载《学习与探索》2020 年第 8 期。

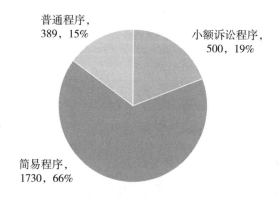

图 2-15　五个典型基层法院在线庭审案件适用程序

相较而言,传统民事一审案件程序适用情况与上述数据存在一定差异。相关实证研究发现,基层法院民事案件简易程序(包含小额诉讼程序)的适用率能达到甚至超过 80%[1],而小额诉讼程序的适用率则不到 10%[2]。通过对比不难发现,在适用在线庭审的案件中,普通程序的适用比例稍低于传统民事一审案件中普通程序的适用率,但在线庭审小额诉讼程序的适用率则是传统民事一审案件中小额诉讼程序适用率的两倍。这一方面反映出,在线庭审案件中绝大部分案件都属于事实清楚、权利义务关系明确、争议不大的简单民事案件;另一方面,相当数量低标的额案件适用了在线庭审。之所以得出上述结论,除因适用在线庭审审理的案件中近九成案件都适用简易程序(含小额诉讼程序)外,还因在线庭审案件中小额诉讼程序的适用率远高于传统民事案件中该程序的适用率。

根据改革试点期间所施行的《民事诉讼法》的规定,适用小额诉讼

---

[1] 参见四川省简阳市人民法院课题组:《建议程序运行态势与效能重构——以 S 省 J 市法院民事诉讼简易程序运行样态为样本》,载《〈法律适用〉"蓉城杯"征文颁奖暨"诉源治理"与多元化纠纷解决机制研讨会资料汇编》,第 186 页。

[2] 参见成都市武侯区人民法院课题组:《突破制度壁垒:扩大适用小额诉讼程序范围的路径尝试——以 C 市 W 区法院小额诉讼案件为考究样本》,载《〈法律适用〉"蓉城杯"征文颁奖暨"诉源治理"与多元化纠纷解决机制研讨会资料汇编》,第 169 页。

程序需要满足两个要件:其一,标的额为所在省、自治区或直辖市上年度就业人员年平均工资的30%以下;其二,案件事实清楚、权利义务关系明确、争议不大。即案件只有既具有低标的额的特征又满足案件事实清楚、权利义务关系明确、争议不大的条件才能适用小额诉讼程序。就第一个要件而言,标的额按全国大部分省份上年度就业人员年平均工资的30%,折算后大约为2万元,属于实践中数量有限的低标的额案件;针对第二个要件,由于小额诉讼程序"一审终审"的程序特征,实践中诉讼当事人适用小额诉讼程序的意愿往往不强,通常采取如在起诉书中将案件事实复杂化或申请鉴定等手段来规避小额诉讼程序的适用,因此,实践中顺利适用小额诉讼程序进行审理的案件十分有限。但实证考察发现,在线庭审案件中小额诉讼程序的适用率远高于传统民事案件中对小额诉讼程序的适用,在案件总体结构保持一致的情况下,相当数量的适用小额诉讼程序的案件分流至在线庭审审理或许是对上述现象的一个可能解释。

进一步考察发现,不同圈层法院在线庭审所适用的程序存在一定的差异。如表2-22所示,一圈层法院在线庭审案件中小额诉讼程序的适用率普遍较低,相反,普通程序的适用率整体来看高于平均值;相较而言二圈层法院小额诉讼程序的适用率最为接近平均值;三圈层法院则在小额诉讼程序的适用上表现较为突出,如E市法院小额诉讼程序的适用率甚至接近平均值的两倍。这一发现似乎表明:在线庭审的程序适用与法院所处地区的经济社会发展亦存在一定的关联,位于中心城区的法院由于受理的案件普遍标的额较大或较为复杂,所以即便在线庭审审理的案件普遍为简单且低标的额的趋势下,中心城区的法院仍有不少较为复杂的案件适用在线庭审进行审理。相较之下,位于郊区的法院则有较大比例简单且低标的额的案件进入在线庭审环节。

表 2-22　五个典型基层法院在线庭审案件适用程序

法院	圈层位置	小额诉讼程序	简易程序	普通程序
B 区法院	一	4.5%	55.4%	40.1%
C 区法院	一	15.5%	72.2%	12.3%
D 区法院	二	16.4%	79.5%	4.1%
E 市法院	三	37.2%	57.2%	5.6%
F 市法院	三	27.1%	63.7%	9.2%

综合上述考察不难发现，在线庭审的案件中，绝大部分案件适用小额诉讼程序和简易程序进行审理，而适用普通程序审理的案件占比十分有限，这表明实践中绝大多数适用在线庭审审理的案件都属于事实清楚、权利义务关系明确、争议不大的简单民事案件，甚至不乏一定数量的低标的额的简单民事案件。但值得关注的是，仍存在一定数量的案件适用普通程序审理，且这一现象在一圈层法院较为明显，这与一圈层法院受理的案件大多较为复杂、标的额较大存在一定关联，而适用不同程序审理的案件其具体的庭审过程也值得下文进一步分析。

第四节　民事电子诉讼的适用特征

上文从民事电子诉讼开展的三个主要环节入手，对样本法院改革试点的现状进行了较为全面的描述与分析，但由于我国民事电子诉讼采取的是"试点先行——立法认可"的实验立法模式[①]，实践中各个法院进行探索的侧重点不尽相同，并形成了以试点意见为基准、依托各

[①] 参见安晨曦：《法院立案程序的电子化构造》，载《海南大学学报（人文社会科学版）》2020 年第 1 期。

法院自身优势、有选择性地进行重点探索的实践格局。在此情况下，尽管前文围绕此次试点改革的核心内容对电子诉讼运行过程进行了较为细致的分析，但这种将电子诉讼拆分成不同环节进行分板块考察的方式却也始终存在着一定的局限——我们无法通过各个环节的细致认知来达至对民事电子诉讼适用情况的整体性把握。因为无论是从试点改革的目标着眼还是从信息技术与司法融合的长远前景来看，我们对民事诉讼行为电子化的努力都绝非仅局限于单一诉讼环节的技术性改造，而是应立足于对民事电子诉讼进行整体性的规则设计与模式构建。如果无法对电子诉讼各个环节的适用情况以及电子诉讼的整体适用特征有足够全面的把握，对上述目标的追求无异于缘木求鱼。为能从整体上把握民事电子诉讼在试点改革中的适用情况，下文将以更为宏观的视角，对民事电子诉讼的适用特征予以进一步归纳与探讨，整体而言，当下民事电子诉讼在实践中的适用存在如下几方面较为明显的特征。

一、诉讼各环节适用的地区差异较大

从整体上来看，实践中民事电子诉讼的适用情况呈现出较大的地区差异。一般认为，经济社会发展水平越高的地区，法院的信息化建设水平往往也越高，所在地区的人们对科技有关的新兴事物也更容易接受，进而在推广适用民事电子诉讼这类与技术软硬件设施密切相关的改革时，相应地，其适用效果也会更好。但前文的实证考察却显示，民事电子诉讼的适用情况同所在地区经济社会发展水平之间有着更为微妙复杂的相互关系。

如果从电子诉讼的三个不同环节来看，在线立案环节，无论从适用率还是在线立案成功率来看，一圈层法院整体上都优于二、三圈层法院;而在线庭审环节,情况又发生了一定的改变,如果从各个圈层法院在线庭审的平均适用率来看,二圈层法院对在线庭审的平均适用情况整体优于一圈层法院和三圈层法院,一圈层法院的适用率最低,但同一圈层内各个法院在线庭审的适用情况存在较大程度的分化;在电子送达环节,三个圈层法院电子送达的平均适用率较为接近,但电子送达的成功率却呈现出从一圈层法院至三圈层法院逐渐递减的趋势。综上可以发现,对于民事电子诉讼的不同环节,不同圈层法院呈现出较为复杂的适用特征,但其背后并非没有规律可循。

如果以民事电子诉讼所需要的技术投入为横坐标[1],以其所耗费的人力成本为纵坐标[2],便能形成如图2-16所示的A、B、C、D四类电子诉讼各环节所需的技术水平与人力成本状态分布图。其中A区域代表技术水平要求不高、投入不多但需投入较多人力成本的环节;B区域代表技术水平要求较高且投入较多,同时还需投入较多人力资源的环节;C区域代表技术水平与技术投入要求较低且无须投入较多人力成本的环节;D区域代表技术水平与技术投入要求较高但人力资源投入较少的环节。从民事电子诉讼各个环节所需要的技术水平和在技术层面的投入来看,在线庭审环节无疑是所需技术水平和技术投入最高的环节,相较之下,电子送达所需的技术水平和技术成本要略高于网上立案环节。从电子诉讼各个环节耗费的人力成本来看,在线庭审需耗费的人力成本最高,其余两个环节中,电子送达所需的人力成本通常也高于在线立案环节,因为电子送达除与在线立案一样需要在专门的网上平台进行相关操作外,还涉及审判辅助人员与当事人的联系与沟通。

---

[1] 需要说明的是,技术水平的要求越高往往意味着在技术方面投入的成本越多,因此,此处用技术投入作为衡量电子诉讼相应环节所需的技术水平与技术成本的综合因素。

[2] 此处的人力成本耗费仅指对于法院而言的人力成本,而不包括当事人的。

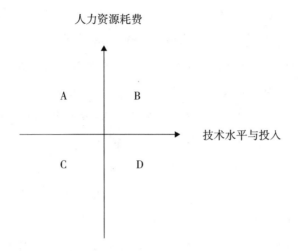

图 2-16　技术水平及人力成本与民事电子诉讼各环节的适用

综合上文的分析可以发现,在线立案环节基本分布在上述坐标中的 C 区域,在线庭审基本位于 B 区域,而相较而言电子送达则因技术投入和人力资源耗费均处于中等水平,则大致可视为其位于坐标轴的原点。从上述分析角度着眼便能发现电子诉讼各个环节在不同地区呈现出复杂适用情况背后的规律:对于人力资源耗费较多的环节,二圈层、三圈层的法院有更强的适用意愿;对于技术水平要求较高的环节,中心城区即一圈层法院的适用情况更好。

之所以出现上述现象,可能的原因,一方面,越靠近中心城区,社会经济越发达,其能提供的技术水平和投入的技术成本相对而言也越高,因此,对于技术设施和科技水平要求较高的电子诉讼环节,通常而言靠近中心城区的法院适用情况会较好。另一方面,从社会整体经济发展情况看,经济越发达的地区所产生的纠纷越多①,相对而言,越靠近中心城区的法院法官的办案压力也越大,因此对于人力资源耗费密

---

① 参见彭世忠:《能动司法视野下民事调解改革的径向选择——对某些地方法院追求"零判决"现象的反思》,载《暨南学报(哲学社会科学版)》2011 年第 1 期。

集型的环节,越靠近中心城区的法院其适用意愿越弱,反而是办案压力较小的郊区法院对于人力资源耗费密集型的环节有更强的适用意愿。具体而言,尽管在线立案环节所耗费的人力资源和所需的技术成本都较低,但由于其能较大程度缓解立案环节的案件压力,因此其在案件总量最多的一圈层法院适用率最高;而对于在线庭审环节,由于其既需要投入较多的人力资源,亦需要较高的技术保障,在上述双重条件的影响下,二圈层法院因其办案压力不算大,且也有一定的经济实力来保障技术条件的实现,故整体而言二圈层法院在线庭审的适用率高于一圈层、三圈层法院;对于电子送达环节,尽管整体而言全市法院电子送达的适用率都较为接近,但电子送达的成功率还是说明了一定的问题,实践中能在电子送达环节投入较多技术支持的法院其送达成功率往往较高①,这也在一定程度上解释了为何电子送达的成功率整体上呈现出从一圈层向三圈层法院递减的现象。

二、适用环节以非庭审环节为主

实证考察发现,实践中民事电子诉讼的适用主要集中于非庭审环节。如果以民事电子诉讼的适用环节数量为标准,实践中民事电子诉讼主要可分为全流程型与阶段型两种适用类型。② 全流程在线是指诉讼活动实现了案件从起诉、立案、调解、举证、质证到庭审、宣判、执行等诉讼环节全部在线完成。实践中,这种全流程的在线审理机制最早依托于互联网法院的改革试点,并形成"网上纠纷网上审理"的司法新

---

① 常见的技术性手段如接入第三方送达平台拓宽电子送达渠道、利用相关技术进行当事人地址修复等。
② 亦有学者将此称为全程性模式与阶段性模式,参见侯学宾:《我国电子诉讼的实践发展与立法应对》,载《当代法学》2016 年第 5 期。

模式。就其功能实现而言,互联网法院通过打造一个集成化、开放化的内外互通平台,将当事人在线起诉、应诉、举证、质证、参加庭审以及法官立案、分案、审理、评议、判决、执行等需求集于一体,从而使得诉讼的全部流程均可通过特定的网上平台进行。而阶段型是指民事诉讼过程中,有部分诉讼环节采取了电子化、在线化的方式进行,但也有部分环节依然采取传统的诉讼方式进行,其关注的重点是对单一诉讼环节的电子化构建,具有分段式、板块化的特征。

  相较于全流程在线审理机制在互联网法院的普遍适用①,实践中,普通基层法院对此机制的适用却较为少见,调研发现,实践中,绝大部分案件均采用了阶段型的电子诉讼模式,且以非庭审环节的适用为主。统计数据显示,样本法院对民事电子诉讼的各个环节存在截然不同的适用情况。如图2-17所示,2020年1月至9月,A市法院共有182349件民事案件适用了电子送达,是案件适用数量最多的环节;其次是网上立案环节,据统计共有116562件案件通过网上平台成功立案;相比之下,在线庭审的适用情况就显得十分有限,仅有6148件案件通过在线庭审的方式进行了审理,其数量还不到适用网上立案案件数的一成。这意味着,绝大多数案件在网上立案成功后并没有继续适用网上审理的模式,而是直接转入线下进行审理。②

---

  ① 据统计,三大互联网法院已有近九成的案件实现了全流程在线审理。参见中华人民共和国最高人民法院编:《中国法院的互联网司法》,人民法院出版社2019年版,第16页。
  ② 需要说明的是,实践中也存在部分案件通过线下立案但却适用在线开庭的方式进行审理,但此种情况极为少见,基本不影响此处的分析判断,故在此处的分析中忽略不计。

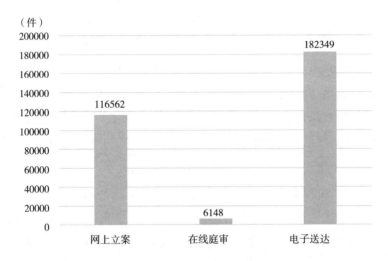

图 2-17　2020 年 1—9 月 A 市法院民事电子诉讼各环节适用情况

通过访谈获取的信息也基本印证了上述结论。相关受访法官表示：从其所在法院的运行情况来看，在线立案是适用率以及适用效果最好的环节，当事人的接受度也最高；其次是庭前准备程序，包括电子送达程序性文书以及庭前的证据交换等；再次是电子送达裁判文书；而恰恰最核心的庭审环节是目前电子诉讼试点中推行障碍最大的环节，其适用率与适用效果排在诉讼各环节的最后。[①] 上述考察无疑揭示了这样一个略显"尴尬"的事实，实践中绝大多数案件仅在非庭审环节参与到电子诉讼过程中，而被寄予厚望且在整个诉讼过程中处于核心地位的在线庭审在实践中的适用情况却远不如非庭审环节理想。

这一现象的出现绝非偶然，其背后存在不同因素的交织与合力。

其一，当事人的意愿对于电子诉讼各个环节的适用起到了关键性作用。根据《改革试点实施办法》的规定，当事人的同意，至少是不明确反对几乎是各个诉讼环节适用电子诉讼的前提条件。[②] 从实践的情

[①] 整理自《访谈笔录 8》，2021 年 1 月 15 日于 A 市中级人民法院。
[②] 参见《民事诉讼程序繁简分流改革试点实施办法》（法〔2020〕11 号），第 23—25 条。

况来看,出于便捷与效率的考虑,网上立案和电子送达都受到当事人的青睐,且由于相关操作较为简单,当事人基本都具备相应的技术条件,因此网上立案和电子送达环节都具有较高的适用率。相较之下,在线庭审环节由于与传统庭审相比存在较大差异,当事人在适用时难免存在一定的顾虑,加之在线庭审对技术条件和能力提出了一定的要求,因此在将当事人同意作为相关诉讼环节启动的前提下,各个环节的适用情况便与当事人的意愿之间存在相当程度的趋同性。

其二,法官的综合考量也是不可忽视的重要因素。结合访谈所了解的信息,法官对电子诉讼适用率的影响主要体现在在线庭审环节。具体而言,即使当事人双方同意适用在线庭审,但法官仍能根据相关情况对此"一票否决"。实践中法官决定是否对一个案件采用在线庭审方式审理主要有以下两方面的考量:一方面,要考察案件的具体情况,整体而言,适用在线庭审的案件往往都属于当事人双方争议不大、证据数量较少的简单案件,而对于一些案情较为复杂需要现场查明身份、核对原件或查验实物的案件,以及可能出现虚假诉讼的案件,通常不会采用在线庭审的方式审理。另一方面,要考量当事人是否具备在线庭审的技术条件和能力。据了解,样本法院在适用在线庭审前,通常为前一天,都会有专门的技术人员协助当事人进行设备调试以保障开庭当天庭审的顺利进行,如果当事人在此环节未能达到庭审所需的技术条件,如不具备合适的设备以及通畅稳定的网络,法官便可能据此决定对该案适用线下开庭的方式进行审理。①

其三,不同环节在推广过程中面临的难易程度不同。诚如前文所述,实践中法院对民事电子诉讼各个环节所倾注的精力并非平均,而是根据法院自身的情况有选择性地对电子诉讼的不同环节进行推广适用。更进一步而言,法院选择性探索这一行为背后反映出的是不同

---

① 整理自《访谈笔录7》,2020年12月2日于A市中级人民法院。

环节在探索适用中所面临的不同难度。就民事电子诉讼试点改革的三个核心环节而言,各个环节在实践中所积累的已有经验、所需的技术支撑以及法官和当事人对其的接受程度都决定了某一具体的改革举措在实践中的推行难度,进而影响其在实践中的适用率。

尽管民事电子诉讼的三个环节在此前的司法实践中都有一定的探索,但总体而言在线立案和电子送达两个环节不管是从探索时间还是探索范围来看都远远超过在线庭审,如最高人民法院于2019年将全面推行网上立案作为重点工作,并确立了至2020年底全国法院普遍开通网上立案功能的目标[1];在电子送达方面,全国法院统一新型电子送达平台也于2017年上线试运行[2]。在线立案和电子送达在先前实践中较长时间、较大范围的运用无疑为试点改革的推进奠定了良好的基础。相较之下,在线庭审作为一种远未被熟知的新型庭审方式,无论是在硬件设施的配备还是软件平台的开发上都尚不成熟,各方当事人对新事物的接受还有待时间和经验的积累,这也决定了其在推广时面临的难度将大大高于网上立案和电子送达两个环节,这反映在适用数量上便有了上文呈现的极不均衡的景象。

三、在线庭审以单方当事人在线为主

如果以当事人的参与方数量为标准,实践中民事电子诉讼在线庭审环节则存在双方当事人在线型与单方当事人在线型两种类型。双方当事人在线型是指民事诉讼的当事人双方都通过电子化、在线化的

---

[1] 参见《最高人民法院关于建设一站式多元解纷机制、一站式诉讼服务中心的意见》(法发〔2019〕19号)。

[2] 参见《全国法院统一新型电子送达平台上线试运行》,载中国法院网(https://www.chinacourt.org/article/detail/2017/03/id/2565084.shtml),访问日期:2020年12月27日。

方式参与相应的诉讼活动;单方当事人在线型是指在审判过程中,仅有一方当事人实现了电子化、在线化的方式参与相关诉讼活动,而另一方当事人则是通过传统线下的方式参与到诉讼过程中。

令笔者较为意外的是,据访谈了解,疫情期间,单方当事人在线型电子诉讼在适用数量上几乎与双方当事人在线型电子诉讼"平分秋色",但在疫情缓和之后,当事人单方在线诉讼的情况更为常见,即大多数案件通常是一方当事人通过在线庭审方式开庭而另一方当事人在线下参与庭审。其中很大一部分原因在于,疫情缓和后,距离法院不远的当事人及其代理人通常还是会选择采用线下的方式进行参与庭审,相对而言,通过线上方式参与诉讼的当事人及其代理人通常都是由于不便于亲自到法院进行诉讼,故在后疫情时代,单方当事人在线型的在线庭审更为常见。①

实证考察发现,实践中单方当事人在线进行诉讼的案件主要存在以下几个方面的特征:其一,当事人有一方通常是被告一方不在法院所在地,且不便在短时间内赶往原告所在地法院应诉;其二,当事人双方争议较小,且不需要现场查明身份、核对证据原件、查验实物;其三,当事人双方对采用一方当事人在线、另一方当事人线下的方式开庭不存在异议。

值得关注的是,双方当事人在线型的在线庭审需要征得双方当事人的同意,试点办法对此予以较为明确的规定,但如果司法实践中只有一方选择在线庭审,另一方不同意在线庭审,这种情况是否还可以继续采用在线庭审审理案件,对此试点办法语焉不详②,实践中各地做

---

① 整理自《访谈笔录4》,2020年9月28日于F市人民法院;《访谈笔录8》,2021年1月15日于A市中级人民法院。

② 试点办法只笼统规定了"诉讼当事人仅一方选择在线庭审的,人民法院可以根据案件情况,采用一方当事人在线、另一方当事人线下的方式开庭",而对于另一方当事人不同意在线庭审的,试点办法规定"有正当理由的不适用在线庭审",但对于何种理由属于"正当理由"办法并未进行明确。参见《民事诉讼程序繁简分流改革试点实施办法》(法〔2020〕11号),第23条。

法也不统一。据了解,样本法院对此亦没有进行单独规定,但法官在面对此种情况时通常都会与双方当事人进行沟通,尽量促使当事人双方对庭审方式达成一致意见,如经过沟通仍无法达成一致,则通常采用线下开庭的方式进行审理。面对实践中出现的新问题,2020年4月15日发布的《最高人民法院关于印发〈民事诉讼程序繁简分流改革试点问答口径(一)〉的通知》(以下简称《问答口径(一)》)明确指出:"若一方当事人不同意全案在线庭审,要求各方当事人均线下开庭的,应当要求其说明理由,并判断理由是否正当。正当的理由情形一般包括:案件疑难复杂、需证人到现场作证、需与对方当事人现场对质等。实践中,对正当理由的把握标准不宜过于严格,除属于明显故意拖延诉讼、增加对方当事人诉讼成本、扰乱正常诉讼秩序外,一般应予以认可。"[①]据此不难看出,对于单方当事人在线型庭审,其适用的基本原则仍是以当事人同意为前提,只是在一方当事人不同意的情况下,当事人负有说明正当理由的义务,对此法院拥有综合判断并最终决定适用何种庭审方式的权力。

上文从不同维度对民事电子诉讼的整体适用特征进行了归纳与分析,相应分析结果却在不同程度上令笔者意外。从当事人参与电子诉讼的情况来看,诉讼双方当事人同时在线参与庭审是试点实践中的理想模式,但随着疫情的结束以及单方当事人在线型诉讼规则的不断探索与明确,实践中单方当事人在线型的在线庭审正逐渐成为一种常见的适用方式,亦是未来的发展趋势。在适用环节上,无论是从试点改革的初衷还是从长远目标来看,民事电子诉讼都朝着全流程覆盖、整体性构建的思路进行探索,然而,实践中民事电子诉讼却呈现出板块化、碎片化适用的特征,仅有极少数案件实现了全流程的在线运转。此外,在板块化、碎片化的适用模式中,作为核心业务的庭审环节在试

---

① 《最高人民法院关于印发〈民事诉讼程序繁简分流改革试点问答口径(一)〉的通知》(法[2020]105号),第32条。

点过程中遭遇到了较大阻碍,其适用情况及使用效果都远不及非庭审环节。以上两方面内容都强烈地向我们暗示,民事电子诉讼的实践运行与改革设计之间的落差事实上反映的是我们对民事电子诉讼种种不合理的预设与偏见,以及缺乏对电子诉讼可以发挥怎样的功能以及如何发挥其功能的深入了解。指出这一点并不完全是因为无论从何种角度审视当前民事电子诉讼实践,改革能达到的最终样态和要实现的功能最终都无法通过理论建构来实现,而是在于,当前民事电子诉讼的适用环节与各方当事人的参与情况之间形成了复杂且不稳定的组合形式,其背后交织着当事人的意愿、法官的综合考量以及法院对民事电子诉讼的探索倾向等一系列复杂因素,最终呈现出的是一幅动态混合的图景,我们很难对民事电子诉讼的最终面貌作出一个准确的界定与判断。对此,我们能做的或许更多地是从实践效果与功能实现的角度反思民事电子诉讼在当前司法实践中的定位与意义,发现变动不居的实践中所孕育的发展方向。

第三章　民事电子诉讼的运行机制

在前文中,笔者从静态的视角对实践中民事电子诉讼各个环节的适用数量、案件类型、适用程序等基本信息进行了考察与分析,大致描述出民事电子诉讼在实践中的适用情况和特征,这样做的目的在于交代实践的基本背景与总体情况,以便为后文的深入研究做好铺垫。但由于上述考察仅仅从制度的"外围"描述了民事电子诉讼的适用情况,并未直接涉及民事电子诉讼实践操作与具体内容,故能够获取的信息较为有限。接下来,笔者将以动态的视角,从制度运行过程的层面对民事电子诉讼进行更加深入的分析。

就此次民事电子诉讼改革而言,各试点法院开展试点工作的主要依据是最高人民法院印发的《民事诉讼程序繁简分流改革试点方案》(以下简称《改革试点方案》)和《改革试点实施办法》。其中,《改革试点方案》指出,要充分运用现代科技手段推动实现审判方式、诉讼制度与互联网技术深度融合。整体上,民事电子诉讼的改革实践涉及诉讼方式、流程以及制度的调整,对此,相关研究更是明确指出,电子诉讼的相关改革不能仅仅局限于司法电子化作业,而应逐步深化为科技对传统司法的制度与流程再造。① 实践中民事电子诉讼究竟是如何进行的呢？对此，笔者将依照诉讼流程围绕立案、审前准备、庭审、送达四个阶段进行一种全景式的考察，以此确立问题讨论的事实前提。具体方法为，在详细展现不同诉讼环节的流程和操作方式的基础上，归纳概括出各个诉讼阶段的主要方式与特点。此外，为了对电子诉讼的实践有一个更为全面的把握，笔者在考察样本法院电子诉讼实践详情的同时，还将结合全国其他地区电子诉讼的不同做法进行对比讨论，以期最大可能地展现民事电子诉讼在实践运行中的全貌。

第一节 在线立案

与传统线下立案相比，在线立案环节在立案方式、立案流程以及立案制度三个方面都存在一定程度的再造，故下文也将主要围绕上述层面对实践中在线立案的全貌进行展示。

一、在线立案的平台

如果说立案程序是当事人接近法院开始诉讼的第一步，那么对于在线立案而言，线上立案平台便是连接当事人和法院的虚拟纽带，当事人登录这个虚拟平台，便迈出了电子诉讼的第一步。从这个意义上来看，在线立案平台即是一个虚拟的诉讼服务大厅，承担着受理案件等诉讼服务功能。但与传统诉讼中一个法院仅有一个诉讼服务大厅不同的是，实践中连接当事人与法院的虚拟纽带是多样的，即当事人

---

① 参见陈国猛：《互联网时代资讯科技的应用与司法流程再造——以浙江省法院的实践为例》，载《法律适用》2017年第21期。

可以选择不同的平台迈出电子诉讼的第一步。

据考察,A市法院目前主要有四种在线立案平台可供当事人选择,分别是"A市法院阳光司法"App、"S省微法院""S省法院网上诉讼服务中心"以及"A市法院网上诉讼服务中心网"。其中前两者是手机端,后两者是网页端,当事人可以根据自己的喜好和设备的可行性来选择适合自己的立案平台。实践中,这种立案平台多元化的现象并非A市法院独有,而是一种全国性的趋势。据了解,几乎各省高级人民法院均开发了自己的网上立案系统,开发网上立案系统的中级人民法院也不在少数。此外,针对互联网时代智能手机和微信广泛普及应用新趋势,自2017年起,最高人民法院开始大力建设推广以微信小程序为依托的移动微法院电子诉讼平台,该平台利用人脸识别、远程音视频、电子签名等技术,可实现用手机登录移动端在线完成立案、送达、开庭、证据交换、调解等诉讼活动。①

值得关注的是,尽管通往法院的虚拟平台可谓多元,当事人具有较大的选择空间,但据访谈了解到的信息,多元化的平台并非意味着均等化的适用,实践中大多数当事人还是选择了"A市法院网上诉讼服务中心网"进行立案,"S省微法院"次之,其余的立案平台则使用得较少。其背后的原因,一方面在于当事人的便捷性倾向,也即当事人在面对多个同等功能与效力的立案平台时,最倾向的选择无疑是使用最便捷的那个。从上述的四个选项来看,网页端的立案平台既无需下载App,也能方便不使用微信的当事人,属于便捷度高且覆盖人群范围最广的平台。此外,尽管手机端的移动微法院只需打开手机微信小

---

① 2019年3月,中国移动微法院全国总入口正式启动,《最高人民法院关于在部分法院推进"移动微法院"试点工作的通知》(法〔2019〕61号)发布,决定将"移动微法院"试点范围从浙江省扩大至北京、河北、辽宁、吉林、上海、福建、河南、广东、广西、四川、云南、青海12个省(区、市)辖区内法院。据统计,截至2019年10月31日,移动微法院注册当事人已达116万人,注册律师73200人,在线开展诉讼活动达314万件。参见中华人民共和国最高人民法院编:《中国法院的互联网司法》,人民法院出版社2019年版,第12页。

程序便能随时随地登录,但由于电脑屏幕较之手机屏幕更大,浏览一页网页就能获取的信息在手机上往往需要翻阅几页,相较之下其使用的便捷度和舒适度仍不及网页端的立案平台。另一方面是当事人及诉讼代理人的习惯性倾向,早在2005年A市法院就开始了网上立案平台的推广与适用①,因此无论是法官还是当事人以及诉讼代理人,对该平台都更为熟悉,在面临多种选择时,往往也倾向于选择自己更熟悉的平台②。

二、在线立案的流程与方法

如前文所述,在线立案存在多元化的立案平台,那么不同平台的立案流程与基本方法是否存在差异?又有哪些相似之处?接下来笔者将分别选取网页端的"A市法院网上诉讼服务中心网"和手机端的"S省微法院"两个实践中常被使用的平台,在展现其具体操作方法的基础上,尝试对当前在线立案的流程进行归纳总结。

对于首次使用A市法院网上诉讼服务中心网网页端进行立案的当事人,首先需要登录A市法院的门户网站,进入"网上诉讼服务中心"页面进行新用户注册。根据提示进行实名认证,填写注册成功后便可登录进入个人专属页面,再点击"网上立案"进入网上立案环节。网上立案的第一步需要进行网上立案登记,包括选择管辖法院、案件类别并填写双方当事人的基本信息及联系方式;基本信息登记完成后网页会跳转到上传当事人主体资格证明页面,当事人需上传电子版的主体资格证明;接下来,当事人需要填写诉讼请求即理由;在这之后网

---

① 参见A市法院门户网站(http://cdfy.scssfw.gov.cn/article/detail/2005/03/id/552234.shtml),访问日期:2020年12月27日。
② 整理自《访谈笔录7》,2020年12月2日于A市中级人民法院。

页会提示当事人上传起诉状和扫描的证据;上述步骤完成后,点击"提交法院审查",出现提交成功的提醒即表示已提交法院;最后当事人可返回个人专属页面,点击"立案申请进展"进入立案进展查询界面,点击"查询",即可显示所有的立案申请记录及案件立案审查情况。

对于使用"S省微法院"进行立案的当事人,只需打开手机微信小程序,搜索"S省微法院"便能进入立案的主页面。首次登录需进行身份实名认证。与网页端不同的是,手机端的身份认证更为复杂,根据系统指示身份认证依次经过证件核验、手机验证和人脸识别三个环节。身份认证完成后会进入小程序主页面,当事人选择"我要立案"中的"审判立案"或"执行立案"便正式进入立案环节。接下来页面会弹出《S省微法院告知书》,在这一环节当事人需要阅读告知书后勾选"同意"选项,并预留自己的电子签名;此后当事人进入信息填写页面,选择受理法院并填写相关案件信息,并按照要求上传起诉状(申请书)、主体资格证明、委托代理手续、证据目录及证据等必要诉讼材料;当事人或者诉讼代理人完成信息填写与诉状材料上传后,可以点击"提交申请",即可完成微法院立案;此后当事人及诉讼代理人可在"我的案件"中查询微法院立案案件的相关信息。

从样本法院的实践情况来看,无论是选择网页端还是手机端,民事案件的网上起诉流程大致相同,如图3-1所示,主要包含如下环节:首先,需要进行网上立案登记,包括选择管辖法院、案件类别,并填写双方当事人的基本信息及联系方式;其次,上传当事人主体资格证明;再次,当事人需要填写诉讼请求及理由;在此之后,当事人应根据网页提示上传起诉状和扫描的证据;最后,当事人只需根据网页提示按步骤完成上述程序后点击提交按钮,剩下的便是等待法院的回复和审查,并在网上查询立案结果。对于一个基本能熟练操作电脑或手机的人来说,上述流程根据网页提示即可顺利完成,用时基本可以控制在30分钟内。相较之下,移动微法院的功能设置略多于网页端的网上诉讼服务中心,增设了人脸识别和预留电子签名功能,且在《S省微法院告知书》中明确了"进入平台的微信号视为当事人或诉讼代理人已确认的电子送达地址,人民法院将依法开展电子送达",将立案环节后续的电子送达等环节有机联系起来。

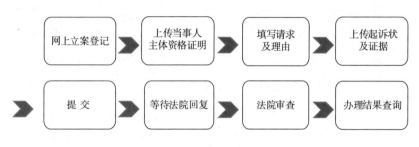

图 3-1 网上立案流程图

三、在线立案的模式与效力

在了解了在线立案的流程与方法后,紧接着的一个问题便是,在线立案是否等同于线下立案?在线立案成功后会产生哪些法律效力?

对于上述问题,可以从在线立案平台上的相关提示中得到答案。点击"A市法院网上诉讼服务中心"网上立案界面,网页会自动弹出一段提示:"您可足不出户办理立案申请,法院审查后会视情况直接立案并向您电子送达《受理通知书》《交纳诉讼费通知书》等庭前文书,或通过短信提示您查看审查结果,预约办理的,可直接到线下立案窗口走绿色通道优先立案。网上直接立案的,纸质材料请在举证期限届满前提交法院。"这段看似简单的告知书实则反映出实践中在线立案的两种不同模式,一种是直接立案模式,另一种是预约立案模式,相应地,两者在实体法和程序法上的效力也有所区别。

直接立案模式,是指当事人通过在线立案平台起诉,同时法院在线审核决定是否受理案件的立案模式。在这种模式中，法院审查结束后，会视情况直接立案并向当事人电子送达《受理通知书》《交纳诉讼费通知书》等庭前文书，或通过12368短信提示当事人查看审查结果，通常案件会在7个工作日内被受理。但实证考察发现，直接立案模式在实践操作中也存在两种不同的方式：一种是全程在线登记，在立案环节当事人无须在线下进行任何诉讼行为；另一种则属于当事人在线起诉，法院线上决定受理案件，但当事人需要在举证期限届满前通过现场或邮寄的方式向法院递交纸质材料。预约立案模式，是指在线立案仅仅被视为当事人提起诉讼的一个前置程序，其实质只是登记立案前的网上预约与审查，当事人通过网上立案平台填写相应资料并提交一定的诉讼材料后，仍需亲自到诉讼服务中心按照传统立案规则办理一定的手续，案件才算被法院成功受理。在线进行预约立案的当事人或诉讼代理人可直接到线下立案窗口走绿色通道优先立案。就笔者考察的A市各法院而言，虽然手机端的立案平台也有"预约立案"选项，但大多数法院基本采用直接立案模式。值得注意的是，尽管直接立案模式是实践中在线立案的主流模式，但是实践中大量案件都需要当事人在网上立案成功后，在举证期限届满前通过现场或邮寄的方式将纸质材料递交到法院。

除在具体操作方式上有所差异外，两种在线立案模式在实体法和程序法上的效果也有所区别。实体法上的效果主要涉及诉讼时效是否中断的问题。对于直接立案模式，在线立案的效力等同于传统的线下立案，实践中采直接立案模式的法院普遍都认同在线立案具有诉讼时效中断的效力。但问题的关键在于，诉讼时效具体中断在何时？对此，A市法院并未有明确规定[1]，但通常以申请立案之日为界来计算诉

---

[1] 《A市电子诉讼规则（试行）》第29条仅规定，当事人、诉讼代理人按照本规则通过电子诉讼平台提交立案申请材料，即视为向法院提出立案申请。

讼时效的中断,据考察,实践中大多数法院的做法也与之相同①。而在预约立案模式中,由于在线立案仅仅被视为当事人提起诉讼的一个前置程序,因此大多数法院都不认同"网上预约立案"产生时效中断的效力②;但实践中也有部分地方法院在满足一定条件时认可预约立案的效力,即认为当事人在线预约立案行为附条件产生时效中断的效力,并将时效中断的时间点追溯到"预约立案之日"。如《济南法院预约立案系统使用说明》就规定:"诉讼时效届满前已通过本系统向本院预约立案,并在通过审查后的规定时间内来本院正式立案的,自预约立案之日起按诉讼时效中断处理。"上述规定表明,在预约立案模式下,如果案件同时满足"在法院规定的期限内"和"到立案窗口正式立案"两个条件,预约立案也能产生时效中断的效力,时效中断的时间点追溯到"预约立案之日"。

不同立案模式在程序法上的效果差异主要体现在诉讼期间的计算、管辖权的恒定以及能否再次起诉三个方面,而这亦与在线立案模式的定位紧密相关。质言之,如果将在线立案的效力等同于传统的线下立案,那么经由在线平台提起的诉讼除产生实体法上的效果外,还理应依法发生诉讼法上的效力。其一,在线立案时间的认定关乎审限的计算。通常,自法院在线或线下向原告送达《受理案件通知书》后,便应按照相应诉讼法规定计算审限。其二,在线立案效力的确定涉及管辖权问题。根据管辖恒定原则,为保证诉讼的安定性,自案件

---

① 例如《北京法院网上直接立案工作办法(试行)》(已失效)第19条规定,对于登记立案的,诉讼时效(申请执行时效)自申请日起发生中断。《青海省高级人民法院关于网上立案的实施办法(试行)》(青高法〔2016〕134号)第8条规定,通过网上立案审核且经审查网上提交的起诉状(执行申请书)及身份信息真实的,则诉讼(申请执行)时效自申请立案之日起发生中断。天津市法院的规定较为宽松,根据《天津法院网上立案和跨域立案办法(试行)》(津高法〔2017〕165号)第28条的规定,当事人或者诉讼代理人依照本办法网上提交立案材料之日即为申请之日。从申请之日起,案件诉讼时效中断。

② 例如《陕西法院预约立案说明》"特别提醒",预约立案系统仅为一项便民措施,当事人仅通过该系统申请预约立案的,不发生诉讼时效的中止、中断等效力。

受理后,受诉人民法院的管辖权不因确定管辖的因素在诉讼过程中发生变化而受影响。据此,若人民法院受理了当事人通过在线平台起诉的案件,即使诉讼中当初确定管辖的根据发生变化,也不影响受诉法院的管辖权。另外,若原告同时在网上向两个以上法院申请立案,或同时在线上及线下申请立案,后立案法院应将案件移送先立案法院管辖。其三,一旦法院对在线立案的案件决定受理,原告便不得就同一诉讼标的、同一被告、同一事实和理由,再通过线上或线下方式向其他法院起诉,其他法院亦不得再次受理。

第二节 在线庭审的启动

按照民事诉讼的一般流程,案件被法院受理并分配至承办法官后,诉讼活动便进入审理前的准备阶段,即法官与当事人及其代理人便开始为开庭审理完成一定的实体性和程序性事项。[①] 但就民事电子诉讼而言,案件被法院受理并分配至承办法官后随即面临的一个问题便是,该案将适用何种庭审方式审理?之所以这是一个值得探讨的问题,是因为实践中电子诉讼的各个环节并非如理想状态一般,从立案到庭审再到裁判文书送达都在线上平台进行。实践中真实的情况是,在线立案的案件可能在线下审理,而线下立案的案件则有可能在线审理。表3-1是对A市五个典型基层法院2020年1月至9月在线开庭审理案件来源的统计。据统计,2020年1月至9月,笔者深入调查的五个典型基层法院共有2619件案件进行了在线开庭审理,其中仅210件案件是在线立案。这一数据表明,实践中不同诉讼环节往往存在线上线下的转换,且并非所有在线庭审的案件从成功立案那

---

① 参见姜启波、张力:《民事审前准备》,人民法院出版社2008年版,第1页。

一刻起就确定了其将要适用的庭审方式,那么,一个案件是如何确定进行在线审理的呢?换言之,在线庭审是如何启动的?对这一问题的回答不仅直接关涉在线庭审的启动,更关系到后续程序的开展,是在线庭审顺利进行的开端与首要环节。因此,观察与分析在线庭审的启动程序便具有很强的现实必要性。

表 3-1　A 市五个典型基层法院 2020 年 1—9 月在线庭审案件来源

案件来源	现场立案	邮寄立案	网上立案	其他
B 区法院	458	6	13	8
C 区法院	—	—	28	—
D 区法院	752	0	64	2
E 市法院	346	3	11	0
F 市法院	526	3	94	0
合计	—	—	210	—

一、在线庭审程序启动的制度性规定

在线庭审程序的启动在实践中并非无章可循,相关规定在 A 市法院主要体现为三个方面的规范:一是隐含于《民诉法解释》中的规定;二是此次民事诉讼程序繁简分流改革《改革试点实施办法》的规定;三是 A 市中级人民法院自行制定的制度性规范。根据《民诉法解释》第 259 条的规定,适用简易程序审理的案件,"当事人双方可就开庭方式向人民法院提出申请,由人民法院决定是否准许。经当事人双方同意,可以采用视听传输技术等方式开庭"。此次试点改革扩大了适用在线庭审的案件范围,根据《改革试点方案》的规定,"经当事人同意,适用简易程序或者普通程序审理的案件,均可以采取在线视频方式开庭"。在此基础上,《A市电子诉讼规则(试行)》又进行了更加细化的规定:"经各方当事人同意,法院可以适用本规则全程进行电子诉讼活动。对于部分当事人不同意电子诉讼或仅同意部分诉讼环节采用电子诉讼方式的,法院可以对已同意的当事人或已同意的电子诉讼环节适用本规则开展线上诉讼活动。对被告、被上诉人下落不明、适用公告方式送达的案件,不以被告、被上诉人同意为必要条件。经法院审查,案件全部或部分环节不适宜在线审理的,法院可以决定线下审理或采用线下与线上相结合的方式进行审理。"

严格来说,无论是《民诉法解释》还是《改革试点实施办法》,抑或《A市电子诉讼规则(试行)》,都未能明确规定在线庭审程序究竟应如何启动以及在这一过程中当事人与法院的定位,但我们仍可以依据上述规定推测出关于在线庭审程序启动的规则。第一,在线庭审程序的启动以当事人的同意为原则,即在线庭审程序的启动应尊重当事人的程序选择权。从诉讼理论的角度来看,对于诉至法院的案件应采用何种庭审方式进行审理,这属于当事人程序选择权的范畴。程序选择权强调当事人在民事诉讼中是程序的主体,有权根据自己的利益和判断来选择适用或拒绝适用一定的程序事项。[①] 但需要指出的是,根据《民诉法解释》的规定,此处的选择权需是双方当事人的合意选择,而根据《改革试点方案》和《A市电子诉讼规则(试行)》的规定,当事人的选择既可以是单方选择,也可以是合意选择。第二,对于当事人的同意与选择,人民法院仍具有最后的审查判断权。换言之,对于在线庭审的适用,当事人的程序选择权具有相对性,即当事人同意虽然是适用在线庭审的前提,但仅有当事人同意还不足以保证在线庭审程序的顺利启动,能否依当事人选择顺利适用在线庭审,还需经法院最终的审查判断。

---

① 参见李浩:《民事程序选择权:法理分析与制度完善》,载《中国法学》2007年第6期。

二、在线庭审程序启动的实际操作

在线庭审程序应如何启动没有统一的法律规定,对此《改革试点实施办法》也未规定明确的操作方法,当前主要是由法院内部一些不成文的试验性操作来协调进行。具体而言,在笔者调研的 A 市各法院,在线庭审程序的启动主要存在两种模式,一种是当事人主动申请适用模式;另一种是当事人经法官劝说后同意适用,也即当事人被动同意模式。

当事人的申请通常在案件分至业务庭承办法官后,在与承办法官或法官助理、书记员就案件的审理进行准备的过程中口头提出。对于仅一方当事人提出希望在线进行庭审的案件,法官助理或书记员会将这一情况告知另一方当事人以及其他诉讼参与人,询问其意愿,以便确定在线参与庭审的当事人以及其他诉讼参与人的数量。此外,对于当事人的申请,承办法官除了征求各方当事人的意见,还会对案件的整体情况进行综合评估,只有通过这一环节,案件才算正式进入在线庭审程序。

无论从司法解释的规定出发,还是从《改革试点实施办法》的内容来看,已有的感性认知告诉我们,"当事人同意"通常意味着司法解释中规定的"当事人就开庭方式向人民法院提出申请",是一种主动为之的状态,但调查却发现,实践中存在相当数量适用在线庭审的案件,并非出于当事人的主动申请,而是基于法官或法官助理抑或法院其他工作人员的劝说而同意"尝试"的。

为了能更好地描述实践中当事人是如何被劝说并同意在线参与庭审的,法院内部一批特殊的工作人员——民事电子诉讼工作小组在此值得一提。据了解,民事电子诉讼工作小组是民事诉讼繁简分流试点改革实施后,A市中级人民法院为了更好地推动电子诉讼试点改革的运行,专门成立的一个工作小组,由4位聘用制工作人员和1位技术公司驻法院的技术工作人员组成,其主要工作是负责梳理从立案庭分到各个民事审判庭的案件,从中挑选出适合在线庭审的案件,并逐一电话联系当事人,向当事人说明电子诉讼试点改革的内容以及在线庭审具有的优势,进而询问其是否愿意采用在线的方式参加庭审。此时,如果当事人同意适用,在线庭审程序便由此启动,案件也正式进入在线庭审的庭前准备环节;但如果当事人表示拒绝,工作人员通常还会继续与当事人进行沟通协商,例如,从在线庭审的优势着手鼓励当事人选择适用,若当事人依然坚持线下庭审,此环节便就此告一段落。在基层法院,当事人被动同意模式的实践操作情况基本一致,只是基层法院未专门设立民事电子诉讼工作小组,上述工作通常是由书记员或法官助理完成的。

三、在线庭审程序启动的影响因素

上述考察表明,主动申请适用在线庭审的当事人并不一定就能如愿在线参与庭审,而最初并无在线庭审意愿的当事人也有可能最终成为在线庭审的经历者。这显示出,在在线庭审程序的启动过程中,尽管当事人意愿是最关键的因素,但并不意味着其他因素就无关紧要。考察发现,除了当事人的适用意愿,案件的具体特征、法官对在线庭审的态度也在一定程度上影响了在线庭审程序的启动。此外,在试点改革背景下,法院对在线庭审适用率的追求也会对在线庭审程序的启动产生一定的影响。

首先,当事人意愿是影响在线庭审程序启动的首要因素。无论是规范性文件的规定还是实践中的具体操作,我们都不难从中发现,当事人对适用何种方式进行庭审拥有充分的程序选择权,尽管改革试点过程中单方当事人并无"一票否决"诉讼双方在线庭审的权利,但对于不愿意适用在线庭审的当事人而言,其仍拥有己方不采用在线方式参与庭审的决定权。随机抽样问卷结果显示,当事人或诉讼代理人拒绝适用在线庭审有诸多原因,主要集中在以下几个方面:其一,由于在线庭审规则尚不明确,担心在线开庭会对诉讼权利有所减损;其二,担心在线庭审无法查清案件事实,影响裁判的公正性,但如果此种情况下将庭审转换为线下开庭,又会增加诉讼成本;其三,担心在线庭审操作较为复杂或系统不稳定影响庭审效率;其四,不存在不便亲自到法院的因素,因此没有在线庭审的必要。与之相对,实践中绝大部分主动申请在线庭审的当事人都存在不便于亲自到法院开庭的因素,如当事人在外地、所处地区属于疫情中高风险地区等;此外,据访谈了解,绝大多数被动同意适用在线庭审的案件都有诉讼代理人。[①]

其次,案件的具体情况也对程序的启动有一定影响。前文的考察表明,无论是当事人主动申请,还是被动同意,案件是否适用在线庭审是法院工作人员考虑的重要因素。只是在当事人主动申请的模式中,法院工作人员为案件设立的是"过滤"门槛;而在当事人被动同意的模式中,案件的一定特征则是法院工作人员"拣选"的标杆。然而,什么样的案件适合在线庭审,也即具备哪些特征的案件才可以适用在线庭审的方式进行审理呢?结合访谈和问卷调查获取的信息,通常具备以下特征的案件被视为适合进行在线庭审:一方面,当事人对案件的事实争议不大或仅存在法律争议;另一方面,案件涉及的证据数量较少,且不存在需要证人出庭的情况。此外,有法官表示,实践中被告一方缺席审判的案件通常只要案件事

---

① 整理自《访谈笔录7》,2020年12月2日于A市中级人民法院。

实较为清楚就适合在线庭审。如果案件存在以下特征,即使当事人主动申请在线开庭,通常法官也会建议当事人线下参与庭审:其一,诉讼参与人较多的案件;其二,当事人对案件事实存在较大争议,且需要核对证据原件才能查清案件事实的案件;其三,需要证人出庭作证的案件。①

再次,法官对在线庭审的态度也在一定程度上决定了案件是否会采用在线庭审方式审理。一般认为,年轻法官相较于年纪较大的法官会更容易接受在线庭审这类与互联网科技相结合的改革措施。但如表3-2所示,对A市五个典型基层法院的调研却显示,实践中,采用网上开庭的法官绝大多数为年轻法官与资深法官,而这显然与我们的感性认知之间存在一定的差距。前文的考察显示,A市两级法院绝大部分员额法官的年龄都在31~50周岁,且在上述年龄区间中各个年龄的法官数量分布都较为均衡,这就排除了因员额法官中年轻法官或资深法官数量较多导致其办理在线庭审案件总量多这一因素,而说明另有原因。结合访谈获取的信息,之所以会出现上述现象,其背后的原因主要在于:一方面,年轻法官对新事物的适应力要强于年龄较大的法官,能在较短时间内掌握在线庭审平台的操作方法,因而成为实践中适用在线庭审的部分主力;另一方面,之所以办案年限在15年以上的"资深法官"也在线审理了相当数量的案件,主要是由于其在长期的审判工作中积累了较为丰富的审判经验,相较之下对案件的把握更为成熟,因此在面对庭审方式的转变时,也就更有底气去尝试并从容应对。从这一逻辑出发,办案年限在3年以下的法官较少适用在线庭审这一现象也就能得到一定程度的解释。由于司法活动是一种"人为理性","需经长期的学习和实践才能掌握"②,对于办案年限尚短、审判

---

① 整理自《访谈笔录3》,2020年9月23日于E市人民法院。
② 〔美〕罗斯科·庞德:《普通法的精神》,唐前宏、廖湘文、高雪原译,法律出版社2001年版,第42页。

经验不足的法官来说,担心因在线开庭无法查清案件事实导致判决出错的顾虑显得更为明显,因此其往往会选择将通过庭前阅卷就能对整个案情有十足把握的案件在线审理,故在适用数量上就显得十分有限。

表3-2　A市五个典型基层法院2020年1—9月不同资历法官在线开庭案件数

法官办案年限	3年以下	3~8年	8~15年	15年以上
B区法院	0	395	59	75
C区法院	30	265	141	62
D区法院	4	67	127	424
E市法院	65	32	49	214
F市法院	49	325	72	177
平均占比	6%	41%	17%	36%

此外,至于实践中法官为何不愿适用在线庭审,随机抽样问卷结果显示,其原因主要有如下几方面:其一,在线庭审无法对当事人的一些细微的表情等进行判断,不利于查清案件事实;其二,在线庭审导致法庭仪式感减弱,庭审秩序较难维持;其三,实践中因网速不佳造成的卡顿、退出等现象直接影响庭审效果,降低庭审效率。

最后,在调查中笔者还了解到,除了上述三大因素对在线庭审程序的启动起着决定性作用,还有更为现实的原因。详言之,在民事诉讼繁简分流试点改革背景下,法院对在线庭审适用率的追求一定程度上推动了在线庭审的适用。也正是在相关目标考核的推动下,我们才会看到实践中民事电子诉讼工作小组的出现,以及当事人被动同意适用在线庭审模式的普遍存在。

第三节　在线庭审的庭前准备

一、庭前准备的概况

"凡事预则立,不预则废"。就民事诉讼而言,庭前准备环节虽然未像《刑事诉讼法》那样专门规定了庭前会议制度来赋予该环节更多关键性的意义,但庭前准备环节所能发挥的提高庭审效率、保证庭审质量的作用,却是审判实践中的共识。对此《民事诉讼法》也用专门的一节来规定审理前需进行的准备活动①,并在司法解释中明确了庭前会议可包含的内容②。相较于传统民事诉讼,在民事电子诉讼中,庭前准备是怎样进行的?有哪些不同?为能更加生动直观地展现民事电子诉讼的庭前准备工作,在正式展开本节的论述前,笔者将利用调研期间在 A 市某法院亲身观摩的一场在线庭审的庭前准备活动作为分析民事电子诉讼庭前准备运行情况的一个样本,由此引出下文对庭前准备的内容、各方当事人的分工以及庭前准备功能的探讨,以期对民事电子诉讼的庭前准备活动予以客观深入的剖析。

上午 9:30,笔者踏入事先排期好的法庭准备观摩一场一方当事人在线上、另一方当事人在线下的庭审,却发现法庭里并没有即将开庭的景象,审判席上不见法官的身影,整个法庭只有法官助理、速录员和一名技术人员在速录员的电

---

① 参见《民事诉讼法》(2023 年修正)第 128—136 条。
② 参见《最高人民法院关于适用〈中华人民共和国民事诉讼法〉的解释》(法释〔2022〕11 号)第 225 条。

脑前调试着什么。原来,由于线下参与庭审的一方当事人的诉讼代理人迟到,庭审推迟进行。但也正是因为这个难得的契机,笔者有幸在等待的时间里近距离观察庭前准备活动的运行,了解其背后不易被发觉的问题及原因。

在等待的时间里,合议庭的 3 名法官并未到庭,而是接到一方诉讼代理人迟到的通知后分别安排了其他的工作,其中有法官调整了自己的开庭安排,将此后要开的一个庭提前进行。但因一方诉讼代理人迟到而暂缓开庭的法庭却并没有因此而显得冷清,法庭里法官助理、速录员、技术人员都围绕即将进行的在线庭审做着各自的准备。法官助理一边将当事人新提交的证据交由速录员进行扫描,一边不停联系双方当事人的诉讼代理人,协调开庭的时间并叮嘱在线参加庭审的诉讼代理人提前做好准备等待开庭前最后的设备测试。法官助理是第一次参与在线审理案件,因此庭前准备的各个环节都显得十分谨慎,并不时向技术人员请教、确认。相较之下,具有多次在线开庭经验的速录员则显得较为从容,一边扫描一方当事人新提交的证据并上传到电子诉讼平台,一边在技术人员的指导下调整证据的目录与顺序。技术人员则要协助、指导法官助理、速录员在电子诉讼平台上进行操作,还要负责调试设备。此外,技术人员的一个奇怪举动也引起了笔者的注意。其将审判席上的电脑依次拆卸下来,并重新换上了三台一体式电脑。仔细询问才知道,A 市中级人民法院自 2020 年 10 月开始通过招投标引进了某公司开发的"司法智库大数据平台",该平台着力将传统审判业务与电子诉讼的线上线下业务整合进一个统一的系统,但目前该平台还在全市法院试运行,因此相关应用尚未嵌入法院的内网系统,在线开庭时仍需使用装有该平台系统的专用电脑。

大约上午 10:00，经过近半个小时的准备，线下参加庭审的诉讼代理人匆忙赶到了法庭，见到法官助理后一边表示歉意一边又抱怨着什么。深入了解才知道，该诉讼代理人之所以会迟到是因为该案的庭前文书是由法官助理通过电子送达的方式向其送达的，但其工作习惯仍是纸质化的，通常习惯在收到开庭传票后将传票上的开庭时间记录到笔记本上，方便安排自己的日程。由于该案的传票仅送达至该诉讼代理人的邮箱，尽管法官助理表示曾电话询问过该代理人是否收悉，但代理人却称由于电话不像短信一样书面留痕，且送达时距离开庭还有一段较长的时间，故其并未将庭审时间记录在本子上，因此完全忘记了当天要开庭。要不是法官助理在庭审快要开始时电话询问该诉讼代理人，且其当天上午正好没有其他工作安排，这场庭审当天也无法顺利进行。

待该诉讼代理人坐定并与法官助理进行了一番交流后，法官助理通知另一方诉讼代理人登录平台并进行最后的设备调试，接着技术人员向线上诉讼代理人简单交待了诉讼平台的相关功能及使用方法，并回答了诉讼代理人提出的"如何放大证据"等技术性问题。

接近 10:40，合议庭的 3 名法官进入法庭，由于此次庭审的审判长系第一次在线开庭，技术人员在向审判长交待了如何点击开庭及选择法庭调查等不同环节的页面后，庭审才正式开始。①

---

① 整理自《A 市法院调研笔记》，2020 年 12 月 2 日，于 A 市中级人民法院东区二法庭。

二、庭前准备的流程与内容

根据《民事诉讼法》和《民诉法解释》的相关规定[①]，庭审前的准备活动除包括"将起诉状副本发送被告""将答辩状副本发送原告""告知当事人诉讼权利义务""告知当事人合议庭组成人员"等必须履行的程序性事项外，还包括一些选择性进行的事项，如组织证据交换、召集庭前会议等。此外，在庭前会议中，法官还可以根据案件具体情况，明确原告的诉讼请求和被告的答辩意见、归纳争议焦点、调查收集证据以及进行调解等。整体而言，为确保庭审的顺利进行，我国立法和司法解释对庭前准备活动设立了刚柔相济的规定。但相关实证研究却发现，实践中绝大部分民事一审案件在开庭前均未依照法律规定进行具有实质意义的庭前准备，仅仅完成了法律规定的必须履行的程序性事项，基本不完成法律规定的选择性事项，且对法律规定必须履行的事项往往也变通进行。[②] 那么，在民事电子诉讼中，庭前准备活动又是如何进行的呢？实践中除法律规定的必须履行的程序性事项外，是否还会有其他内容？其在具体的操作上又存在哪些不同？

根据调研情况，除上文提及的法律规定的必须履行的程序性事项外，实践中民事电子诉讼的庭前准备一般包括如下五个方面的内容，且相较于传统的庭前准备在具体的操作上存在一定的区别。

其一，电子送达庭前文书。从电子送达的含义来看，广义的电子送达是指通过电话、网络信息技术、手机短信、传真等方式将诉讼法律

[①] 参见《民事诉讼法》（2023年修正）第128—136条，《最高人民法院关于适用〈中华人民共和国民事诉讼法〉的解释》（2022年修正）第224—226条。

[②] 参见郝廷婷：《民事诉讼庭前准备程序的归位与完善——以民事庭审中心主义的实现为目标》，载《法律适用》2016年第6期。

文书送交受送达人的行为。①《民诉法解释》第135条也明确规定：电子送达可采用传真、电子邮件、移动通信等即时收悉的特定系统作为送达媒介。可见，实践中有多种送达途径都可称为电子送达，这也在一定程度上解释了上一章的考察发现②，即从广义的角度来看，电子诉讼实则涵盖了较为丰富的送达途径，因此从适用的概率来看，电子送达在实践中成为一种较为常用的送达方式也就不足为奇了。

而在此次民事电子诉讼试点改革中，电子送达的实践操作有了新的探索。实践中，电子送达的方式逐渐从各地法院自行选择电子送达途径向通过统一的电子送达平台进行送达转变。对此，《A市电子诉讼规则(试行)》也从电子送达平台、送达主体以及送达内容三个方面对庭前文书的电子送达进行了规定。详言之，随着A市法院司法智库大数据平台的成功落地，A市各个法院的电子送达实践正逐渐从各个法院自行探索送达方法的实验模式转向通过统一平台规范化送达模式；在送达主体上，实践中存在两种不同的送达主体，一种是由法官助理负责送达，另一种是法院将送达业务整体剥离，外包给专门的机构，如由公证处或电信运营商集中送达；在送达内容上，根据当事人向法院提供的手机、电子邮箱等电子码址，送达人可通过电子平台向当事人送达受理案件或应诉通知书、举证通知书、告知权利义务通知书及电子诉讼须知等诉讼文书。除此之外，法院还可以通过电子诉讼平台向前述电子码址发送案件信息、电子诉讼平台链接、案件关联码等。

但值得注意的是，上述送达程序的启动均以当事人同意为前提。对此，《A市电子诉讼规则(试行)》将当事人同意细化为明确表示同

---

① 参见郑世保：《电子民事诉讼行为研究》，法律出版社2016年版，第198—199页。
② 统计显示，2020年1—9月A市各基层法院电子送达的平均适用率超过50%。

意与默认表示同意两种情况。① 何为一次成功的电子送达？对此，《改革试点实施办法》明确了两种送达生效标准和情形：对当事人主动提供或确认的电子地址，采取"到达主义"；对人民法院向主动获取的受送达人电子地址进行送达的，采取"收悉主义"。② 尽管如此，为确保送达的成功率，实践中大量案件仍是以当事人的明确同意为电子送达的前提，具体同意的方式如在电子诉讼平台注册时以点击或勾选方式确认、在《送达地址确认书》中填写确认、在送达人员电话联系时口头表示同意等。在送达完成后，法院通常还会有一个送达告知环节，即通过电话或短信等方式告知被送达人及时查阅。此外，并非对所有同意电子送达并提供了电子码址的当事人最终都能进行电子送达，在实际送达中，送达人首先需确认当事人提供的送达码址是否能成功接收信息，若无法在线联系被送达人的电子码址，则将转用线下方式送达。

其二，审查当事人身份。诉讼参与人的适格与否直接关系到庭审程序参与人的合法性。如何审查核实诉讼参与人身份的真实性，亦是在线庭审程序顺利开展主要面临的一个前提性问题。在线下庭审中，对诉讼参与人身份的核验通常在双方当事人到庭后当庭进行，包括核对当事人、诉讼代理人身份证原件、诉讼代理人资格等，以保证诉讼参与人身份的真实性。与传统线下庭审不同的是，在民事电子诉讼中，查验当事人身份的程序往往在庭前进行，且这一操作主要通过在

---

① 《A市电子诉讼规则（试行）》第23条规定：受送达人同意电子送达的，须以明确的意思表示为之，包括在电子诉讼平台注册时以点击或勾选方式确认、在《送达地址确认书》中填写确认、在送达人员电话联系时口头表示同意等。除裁判文书外，一般诉讼材料的电子送达，受送达人虽未就电子送达明确表示同意，但符合下列情形之一的，法院可以认定受送达人已同意电子送达：(1)受送达人对诉讼中适用电子诉讼已作出过约定的；(2)受送达人在提交的起诉状、答辩状中主动提供用于接受送达的电子码址的；(3)受送达人通过回复收悉、参加诉讼等方式接受已经完成的电子送达，且未明确表示不同意电子送达的。

② 参见《最高人民法院关于印发〈民事诉讼程序繁简分流改革试点实施办法〉的通知》（法〔2020〕11号），第26条。

线诉讼平台进行智能化核验。具体而言，无论是通过移动微法院还是A市法院司法智库大数据平台进行在线庭审的当事人，只要登录电子诉讼平台进行用户注册，首先要进行人脸识别认证，平台通过与公安部联网数据进行比对，确保诉讼参与人身份的真实性，且人脸识别核验通过后，电子诉讼平台还会采集当事人签名。此外，在正式庭审开始前法官助理或书记员开庭排期后，系统会自动生成一个庭审码发送给当事人，当事人只有输入庭审码才能登录在线庭审平台进行诉讼，这一操作进一步确保了在线庭审参与人的真实性与同一性。由此可见，实践中电子诉讼平台基本形成了以人脸识别技术为主、诉讼参与人预留电子签名为辅，并以庭审码为保障的诉讼参与人身份信息智能化核验程序。

需要指出的是，考察发现，实践中仍存在大量案件，未能通过电子诉讼平台对诉讼参与人的身份进行智能化核验，相关操作仅停留在法官对诉讼参与人的身份进行形式意义上的审查。这种形式上的审查在实践中往往在庭前准备和庭审两个阶段，若身份核验在庭前准备阶段进行，具体的操作方法主要由诉讼参与人将身份证明材料以扫描件的形式上传至法院的电子诉讼平台，或将身份证明材料的扫描件上传至有承办法官及诉讼参与人的微信群，供承办法官或法官助理进行形式意义上的审查；若身份核验在庭审中进行，实践中常见的情形是诉讼参与人将自己的头部、面部与身份证或相关证明材料原件置于摄像头前，供法官进行辨认审核。由于上述人工审核仅具有形式上的意义，故在客观上存在较高的诉讼参与人身份作假的风险。但不能否认的是，试点改革常常是一个渐进的过程，就电子诉讼平台而言，平台从上线试运行到大规模推广无疑需要一定的时间，因此在试点前期诉讼参与人身份核验阶段出现大量形式化、象征性的操作方式或许只是实践日趋完善的一个必经之路，随着电子诉讼平台的完善与推广，这一现象也会逐渐减少。

其三，在线证据交换。如上文所述，当案件确定适用在线庭审后，法院将通过电子诉讼平台向当事人提供的电子码址发送案件信息、电子诉讼平台链接、案件关联码等。当事人只需登录 A 市法院电子诉讼平台，输入管辖法院分配的庭审码便能进入自己的案件。上文的考察表明，实践中案件的立案与庭审并不总是连续"在线"的，因此大多数案件在开庭审理前仍需要将相关文书和证据材料上传到电子诉讼平台。根据《A 市电子诉讼规则（试行）》的规定，"对于当事人在开庭前在线提交的证据材料，经当事人确认举证的，法院可以通过电子诉讼平台或其他适当方式送交对方当事人质证，对方当事人可以在开庭前通过电子诉讼平台进行质证并发表质证意见；当事人在线提交证据时，可一并确认对提交的证据进行举证"。实践中，当事人在上传证据材料的同时，便可以通过电子诉讼平台于开庭前进行在线证据交换。据统计，2020 年 1 月至 9 月，在笔者重点考察的 A 市五个基层法院中，有 158 件案件在法官助理的组织下于庭前进行了证据交换。

调研发现，通过 A 市法院电子诉讼平台进行证据交换的流程并不复杂，当事人只需在功能目录中点击"证据交换"，页面便会自动跳转到证据交换窗口，该窗口顶端设有"上传证据"与"下载证据"两个主要功能，页面中部将电子证据分为原告证据材料、被告证据材料、第三人证据材料、依职权调取证据材料四个板块，当事人可以根据自己的身份进入不同的板块上传证据材料。上传证据时，可在每一个证据的条目下输入材料名称和证明目的，对于上传的证据材料，办案法官和各方当事人、诉讼代理人均可查看。"下载证据"功能支持证据材料全量打包下载，办案法官和各方当事人、诉讼代理人均可据此下载全案的证据材料。每一个证据的栏目内，当事人除了可以填写"证据名称"和"证明目的"，还能在"质证意见"板块通过文字说明的形式对该证据发表质证意见。发表质证意见后，点击保存，办案法官和对方当事人、诉讼代理人便可以在电子诉讼平台上查看质证意见的内容。

但值得注意的是，由于该平台上线运行的时间并不长[①]，上述描述仅仅是平台运行后展现出的较为理想的状态，而在此之前的庭前证据交换方式通常较为随意。考察发现，实践中由法官助理或书记员建立包括承办法官和各方当事人在内的微信群，通过在微信群里发送证据目录以及证据电子版材料进行庭前证据交换的做法较为常见。法官与当事人也较为认可这一方式，一方面，通过在微信群里上传证据目录与相关证据的电子版材料，操作方式简单，能较为便捷地进行证据交换；另一方面，对于需要说明和交换意见的部分，也能通过文字或语音的形式及时在群里发表，法官以及各方当事人能同时看见，换言之，微信群实际上起到了很好的庭前交流平台的作用，调研中法官也表示通过承办法官或法官助理在微信群里的引导，当事人在庭前证据交换过程中也存在一定的庭前调解的可能。

其四，在线申请程序性事项。当事人、诉讼代理人除在线进行证据交换外，还可以通过电子诉讼平台办理财产保全、调查取证、申请证人出庭、鉴定、调查令等程序性事项。据统计，2020年1月至9月，在笔者重点考察的A市五个基层法院中，有439件案件将上述程序性事项移至庭前，通过电子诉讼平台提出申请。具体的操作方式与在线进行证据交换相似，当事人只需在电子诉讼平台找到相应的功能区，根据网页的提示提交申请并上传所需的资料，办案法官便能在平台上查收并审查当事人的申请。

其五，开庭前的设备调试。据调查了解，为保障庭审的顺利进行，对于适用在线庭审的案件，在正式开庭之前通常会进行两轮庭前的设备调试。第一轮为预测试，通常法官助理或书记员会协同技术人员提前联系当事人及其他诉讼参与人，在庭审前两日内登录电子诉讼平台进行庭前测试。测试内容包括检查当事人及其他诉讼参与人的

---

① 据了解，A市法院司法智库大数据平台由某公司开发，经过招投标程序于2020年9月正式上线试运行。

网络是否稳定、畅通,视频画面是否清晰,音频传输是否顺畅。此轮测试的主要目的,一方面,在于确保当事人及其他诉讼参与人具备在线参与庭审的软硬件条件。如果在此环节发现当事人的软硬件设备存在问题,且经过技术人员调试仍无法满足顺利在线开庭所需条件时,法官就会考虑将该案件转为线下审理,或采用线上线下相结合的方式进行审理。另一方面,预测试也能帮助当事人及其他诉讼参与人提前熟悉在线庭审平台的功能和具体操作方法,以保障庭审活动的顺利进行。据技术人员介绍,如果当事人能在预约好的时间准时上线并能较为熟练地操作手机或电脑,这一环节通常只需要花费约 10 分钟的时间。第二轮调试在正式开庭审理前。此轮调试除检查庭审所需的软硬件设备外,还涉及一系列开庭前的其他程序性准备。此环节主要由技术人员检查庭审的软硬件环境、调试好法庭设备,对法官以及各方当事人进行平台使用的庭前教学;法官助理或书记员确定当事人以及其他诉讼参与人是否已按时登录在线庭审平台,通过电子诉讼平台身份认证等功能核实诉讼参与人的身份,宣布法庭纪律,对于有证人、鉴定人等出庭的案件,还要对其身份进行核实,告知其在线等待,等候登录传唤;此外,速录员或书记员还会检查该案的证据是否已上传到在线庭审平台,并提前整理好证据目录和证据的顺序。综合笔者的观察与访谈获取的信息,此轮调试由于涉及的内容较多,平均需耗时近 30 分钟。

第四节　在线庭审

王亚新曾指出,"对于我国的民事诉讼实务,可以将其分为三个层次去加以观察,这三个层次分别为司法政策、程序改革动向和诉讼的日常运作",其中"民事诉讼程序的日常运作不仅意味着一个个法院每日处理民事案件采取的种种具体做法的总和,在这里主要是指法院在长年的民事审判业务中日积月累地形成的相对稳定的程序操作方式"。① 这在一定程度上提示我们,对民事诉讼实务的研究不仅应是多层次、立体化的,且对民事诉讼程序运作的研究除了要观察法院处理民事案件的具体做法,更要将眼光聚焦于那些相对稳定的程序操作方式上。对于民事在线庭审的观察与研究而言,上述观点无疑是一种重要的提醒。因为民事在线庭审作为一种新兴事物,在实践中推行的时间并不长,相应的实践经验亦较为有限,如何从有限的实践样本中观察、提取出相对稳定的操作方式,而不是被繁复实践中的细枝末节所遮蔽,是对民事在线庭审实践进行机制概括与理论提炼的前提。基于上述认识,下文中笔者将从在线庭审的实践操作出发,以调研期间观摩和收集到的部分典型在线庭审开庭视频为样本②,围绕在线庭审的核心阶段展开考察。在考察方式上,笔者除直接描述与概括在线庭审的实践样态外,还对传统庭审中相对稳定的操作方式给予一定的观照,希望能以此为鉴加深对在线庭审实践的认知,并立体化地呈现在线庭审的图景及其背后的机理。

一、在线庭审的外观:从对席审判到对屏审判

从民事诉讼的流程来看,其通常包含起诉、送达、审前准备、庭审、裁判等程序环节,其中庭审环节是指人民法院在当事人和其他诉讼参与人的参加下,按照法定的方式和程序对案件进行全面审查并作出裁

---

① 王亚新:《民事诉讼法二十年》,载《当代法学》2011 年第 1 期。
② 需要说明的是,此部分所分析的在线庭审样本主要由三个部分组成:一是笔者在法院调研期间观摩的在线庭审;二是整理相关案件资料时发现的具有典型意义的案件,通过输入案号在中国庭审公开网上观看的庭审视频;三是 A 市中级人民法院评选出的全市法院 2020 年"十佳网上庭审"以及 20 件"优秀网上庭审"中的民事庭审视频。

判的诉讼活动。作为民事诉讼程序中最基本和核心的阶段,庭审是当事人行使诉权、人民法院行使审判权最集中、最生动的体现。为了使法院能查明案件事实、明确当事人之间的权利义务关系,进而正确适用法律维护当事人的合法权益,开庭审理的过程分为几个既相互独立又前后相继的阶段。

在现代民主和法治化社会条件下,通常认为,民事诉讼应当采取直接、言词、公开、对席的方式。纵览我国民事诉讼改革,其以当事人主义为改革的蓝本与方向,以司法的剧场化为基本理念形塑着现代民事诉讼的场景。[①] 具体而言,在传统线下庭审中,当事人与法官呈三角形分列于诉讼场景中,法官居于法庭正中,原被告双方当事人在法官席下方对席而坐,通过提出证据来证明自己的主张,并利用不同的诉讼技巧争取有利于自己的裁判结果。在此场景中,法官则如同体育比赛中的裁判员,其职责在于听取诉讼双方的诉求与证据后居中进行裁判。对于上述司法场景背后所隐藏的诉讼结构,王亚新将之总结为"对抗·判定"的基本结构。[②] 具体而言,"对抗"是指作为诉讼当事人的双方被置于相互对立、相互抗争的地位上,在他们之间展开的攻击防御活动构成诉讼程序的主体部分;而"判定"则意味着由法官作为严守中立的第三方,对通过当事人双方的攻击防御而呈现出来的案件争议事实作出最终裁断。"在对抗与判定结构下,满足公开、对席、口头、直接等各项原则要求的程序形式对于纠纷解决过程和结果的正当化来说不可或缺。"[③]由此不难发现,传统庭审所呈现出的诉讼当事人相互"对抗"与法官居中裁判的司法场景,不仅是为了查明案件事实促进

[①] 参见舒国滢:《从司法的广场化到司法的剧场化———一个符号学的视角》,载《政法论坛》1999 年第 3 期。

[②] 参见王亚新:《对抗与判定:日本民事诉讼的基本结构》,清华大学出版社 2002 年版,第 51 页。

[③] 王亚新:《对抗与判定:日本民事诉讼的基本结构》,清华大学出版社 2002 年版,第 157 页。

纠纷的解决,其背后还蕴含着正当化纠纷解决过程与结果的功用。质言之,法庭通过特定器物摆放与庭审空间的布置来传达其正义的象征,庭审程序的仪式性和剧场化效果也凸显出庭审的庄严肃穆。例如,法庭里法官席高高在上,其后的墙上悬挂着国徽,代表法官通过国家赋予的权力行使其对案件的审判权,法官身着的法袍与手握的法槌则象征着法律的权威性。原被告双方相对而坐,法官居中裁判的空间布局则说明法律面前双方当事人的平等诉讼地位。此外,诉讼参与人的席位与旁听者席位之间以栅栏隔开,表明法官和诉讼参与人只能在这一相对封闭和固定的空间内展开诉讼活动。这些法庭的特定器物和诉讼参与人在法庭上高度仪式性的语言动作不仅造就了法庭及诉讼过程的严肃与庄严,也在潜移默化中增强了公民对于法律的敬畏。

然而,在线庭审在民事诉讼中的推广应用,极大地延伸了民事诉讼庭审活动的空间范围,这种由传统线下"面对面"的"剧场式"庭审向线上"屏对屏"庭审的转变,无疑也改变了民事诉讼庭审的外观。

一方面,在线庭审中,相对固定和封闭的庭审空间不复存在,取而代之的是诉讼参与人各自分散在不同的空间参与庭审。传统民事诉讼中,审判活动总是在特定的时空范围内进行,基于程序法定主义的要求,审判行为原则上在法院的法庭内以开庭的方式进行。① 此外,诉讼行为场所的法定化与相关审判方式和原则亦是互为表里、相互成就的。传统民事诉讼强调司法裁判的在场性,即在审判方式上强调当事人的程序参与和直接言词。上述诉讼原则的实现均以当事人在审判现场听审为前提,此种情况下,诉讼程序的参与者不得不相聚在某个特定的物理空间,无论这个空间是封闭的室内还是开放的广场,都必须以语言能够被对方听到,动作和表情

---

① 但法律另有规定的除外,如我国《民事诉讼法》(2023 年修正)第 138 条规定:人民法院审理民事案件,根据需要进行巡回庭审,就地办案。

能够被对方观察到作为诉讼活动得以进行的前提条件。① 特定的审判法庭便为此提供了专门的空间,在特定的法庭空间中,庭审得以在场性地进行。与之相对的是,庭审的在线进行突破了单一空间的限制,使庭审从固定的审判法庭变成由多维空间组成的虚拟法庭。实践中诉讼参与人只需要拥有一台能够连网的电脑或手机便能在任意地点在线参与庭审而无须亲自到法院,只是实践中法官通常仍需在专门的审判法庭进行在线审理。综上不难发现,在线庭审中,庭审空间通常由法官所在的原始法庭和诉讼参与人所在的特定空间组成,具有多维性的空间特征。

另一方面,面对面的审判活动转变为"屏对屏"的庭审,当事人眼前的丰富庭审场景转变为屏幕上的若干个窗口,这种"窗口式"的庭审方式从不同角度对庭审进行着重塑。在传统庭审中,裁判者通过与诉讼参与人面对面的诉讼行为可以从其细微的表情、语气等不同维度立体化地捕捉与感知有关案件的事实细节,从而加强心证的形成。在线庭审中,远程视频技术虽然连接起不同空间中的法官与不同诉讼参与人,庭审活动从一个"剧场式"的法庭转移到网络虚拟空间中。在这个虚拟空间,当事人看得见但摸不着,眼前事物的排列也可以依据自己的喜好自由移动窗口或放大缩小。但这也从事实上阻断了当事人当面接触的亲历感,导致在线庭审不再像传统庭审那般身临其境与立体,而只能通过有限的视频"窗口"进行相应的诉讼活动。甚至在试点实践中,由于技术的不够完善,一方当事人在线上、另一方当事人在线下进行庭审的案件,线上当事人只能看见法官而看不见法庭上的当事人的情形并不罕见。从某种意义上来说,比起传统庭审仪式化、剧场化的效果,在线庭审更像是法官与双方当事人聚在一个平台上的信息交流,只是这种信息的传递仍以各方当事人提出诉求、举证证明自己

---

① 参见段厚省:《远程审判的双重张力》,载《东方法学》2019年第4期。

的主张,而法官最终通过促使双方调解或居中裁判来定分止争为目的。

与之紧密相关的是,"屏对屏"的在线庭审方式淡化了庭审的仪式性,使庭审过程呈现出一种生活化、交流化的场景。在传统民事诉讼中,法官与原被告当事人之间"等腰三角形"的庭审构造不仅是庭审传统的延续,传达的更是法院对于双方当事人的平等对待以及程序平等的外在表现,从这个意义上来看,仪式需要场所,反过来场所也因仪式而具有了某种象征性意义。而在线庭审中,窗口化的审理外观在抹平庭审空间感的同时,也淡化了这种符号学意义上的庭审严肃性与仪式性,这较为显著地体现为,在"屏对屏"的在线庭审中,尽管法官几乎都在特定的法庭进行庭审,但在屏幕另一端的诉讼参与人却可能由于技术原因无法看到法庭的全貌,能看见的仅仅是对准摄像头的法官头像,而传统庭审所要求的法庭应悬挂国徽、摆放审判人员及席位名称等环境要素,在笔者观察到的在线庭审案件中,基本未能展现。

二、在线庭审的流程与内容

上文从比较的视角分析了在线庭审与传统庭审在外观上的差异,并概括出在线庭审在外观上所具备的特性。值得进一步探究的是,庭审外观的差异是否对庭审的流程与内容产生了影响,产生了怎样的影响?

从在线庭审的流程来看，其与传统线下庭审并无较大差异①，就在线庭审的具体操作来看，法官助理或书记员通常会在案件排期后向各方当事人及诉讼代理人发送一串庭审码，诉讼参与人需凭法院分配的庭审码在规定时间登录电子诉讼平台参加在线庭审。以 A 市法院为例，如果诉讼参与人通过电脑端参与庭审，其需要进入相应的电子诉讼平台并输入管辖法院分配的庭审码即可参与案件的在线庭审；如果诉讼参与人通过手机端参与庭审，通常其需在微信界面搜索框输入"A 市法院智能审判平台"，然后点击进入登录界面输入管辖法院分配的庭审码进入电子诉讼平台参与在线庭审。待各方诉讼参与人都进入庭审平台并将设备调试稳定后，法官助理或书记员会再次核对诉讼参与人的身份、核实庭前文书的收悉情况，随后点击播放系统自带的《在线庭审纪律》，且在各方当事人的屏幕上也会自动弹出庭审纪律文字版本。调研中笔者发现，与传统线下庭审相比，在线庭审的庭审纪律随着庭审方式的变化也作出了一定调整，明确了诉讼参与人参与在线庭审的礼仪、对诉讼环境的要求以及对在线参与庭审的行为规范。② 待上述准备事项完成

---

① 我国《民事诉讼法》(2023 年修正)第 141 条规定，法庭调查按照下列顺序进行：首先是当事人陈述，接下来是证人作证、出示书证与物证等、宣读鉴定意见和勘验笔录。此环节的实质内容应当是法庭质证，即当事人在法官的主持下对法庭上所出示的各种证据资料以及证人证言等进行对质核实。法庭调查结束后进入法庭辩论阶段，当事人双方就各自有争议的事实和法律问题陈述自己的主张，驳斥对方的主张，从而为法院正确适用法律奠定基础。法庭辩论在法庭调查的基础上进行，其主要功能是通过双方当事人及诉讼代理人的口头辩论和质证，进一步查明案件事实，分清是非责任。法庭辩论应当围绕法庭调查中所提出的问题进行，当事人应在事实和证据的基础上相互辩论。在法庭辩论终结时，由审判长按照原告、被告、第三人及其诉讼代理人的顺序，依次征求他们的最后意见，听取其最后陈述。参见段文波：《我国民事庭审阶段化构造再认识》，载《中国法学》2015 年第 2 期。

② 《A 市法院在线庭审纪律》中规定：诉讼参与人应当遵守下列在线庭审纪律：1. 选择适宜、安静的环境参与网络庭审，无关人员不得进入在线庭审；2. 不得鼓掌、喧哗、吸烟、进食、拨打或者接听电话；3. 不得在庭审过程中使用过激语言，不得相互指责、漫骂，不得做与案件事实和证据无关的陈述和提问；4. 不得在庭审过程中录像、截屏，不得使用微信、微博等传播庭审活动；5. 未经审判人员准许，不得擅自发言或者提问；6. 未经审判人员准许，不得擅自退出在线庭审；7. 不得实施其他妨害在线庭审的行为。当事人、诉讼参与人违反《人民法院法庭规则》等规定，扰乱在线庭审秩序的，可视情节依法采取训诫、责令退出庭审、罚款、拘留等措施；构成犯罪的，依法追究刑事责任。庭审录音录像可以作为追究相关人员法律责任的依据。

后,法官便敲击法槌宣布开庭。同样,在案件正式审理前,审判长会例行询问当事人对出庭人员的身份有无异议、宣布审判人员及书记员名单、告知当事人诉讼权利和义务并询问当事人是否申请回避等,此后便进入庭审核心环节。

考察发现,实践中适用在线庭审的案件按照繁简程度的不同主要可以分为三种类型,相应地,庭审的核心内容也存在较大的差异。

第一类是当事人双方在庭前便确定进行调解的案件。对于这类案件,开庭前承办法官往往已经通过庭前的准备活动对案情和双方当事人的诉求有较为清楚的了解,在线开庭的核心目的并非查明事实及正确适用法律,相反,庭审主要是为了给诉讼当事人提供一个能在法官主持下明确调解方案的平台,并在开庭过程中将调解方案固定为具有法律效力的调解书。因此,庭审的主要内容便是围绕调解协议的达成来进行。

第二类属于事实较为清楚,当事人双方争议较小的简单案件。通过观察庭审笔者发现,这类案件通常适用小额诉讼程序或简易程序进行审理,且将法庭调查与法庭辩论两个环节合并进行。就开庭的具体流程而言,通常由原告首先简要说明己方的诉讼请求,并由被告方进行答辩;随后是原被告双方的举证与质证环节。由于案件争议较小,通常举证质证环节都十分简单,随后法官通常会依职权对各方当事人进行调查。在此环节后,法官通常会根据案件情况询问诉讼参与人的调解意愿,如果当事人双方同意调解,案件则随即转入调解程序,但实践中这类案件通常会在休庭后由承办法官组织当事人重新进行协商,如果当事人不愿意调解,此次开庭便暂时告一段落,法官宣布休庭并请诉讼参与人等待书记员推送的庭审笔录,核对无误并签字后便可退庭。

第三类案件属于当事人双方争议较大的案件。在这类案件中,庭审的核心任务在于查明案件事实,正确适用法律。由于当事人双方争议较大，为了兼顾庭审的质效，此类案件通常都在庭前进行了较为实质性的庭前准备，如通常由法官助理组织控辩双方在电子诉讼平台进行证据交换与举证质证，并就案件的争议焦点进行明确，因此这类案件在开庭时法官往往会提出希望各方当事人能在庭审中围绕案件的争议焦点进行举证、质证和法庭辩论的要求。具体的庭审程序可能遵照法庭调查和法庭辩论两大核心板块分别进行，亦有将上述两个环节合并进行的情况。具体而言，原告说明己方的诉讼请求并由被告方答辩后，法官会归纳争议焦点并要求当事人确认，以确定接下来庭审的核心内容。在法庭调查环节，为提高庭审效率，实践中对于庭前各方当事人予以确认的证据通常简要出示，庭审重点在于对争议事实与新证据的调查。在随后的法庭辩论环节，法官亦会引导当事人围绕案件的争议焦点进行辩论，若在此过程中发现新的事实和证据，则将重新启动证据调查程序。通常在上述环节结束后法官便会宣布休庭，诉讼参与人核对庭审笔录并签字确认后便可退庭。此外，实践中还存在一些争议较大的案件，在适用在线庭审前已在线下进行过一次甚至多次庭审，在线开庭仅仅是因为需补充提交个别证据或对此前庭审未查明的事实继续进行调查。对于这类案件，在线庭审过程与无争议或争议较小案件的在线庭审较为相似。

同时值得关注的是，庭审结束后在线核对庭审笔录和签名的方式。通常在庭审结束后，书记员或速录员会通过在线庭审平台将电子版庭审笔录发送至各个诉讼参与人，对于需要补充和修改的地方，诉讼当事人可直接通过平台进行标注或直接口头进行说明，待庭审笔录确认无误后，书记员或速录员会向诉讼参与人发送一个二维码，诉讼参与人通过识别或扫描二维码便能在手机屏幕上进行签名。

在考察中笔者还了解到，在此次试点改革中，有部分基层法院开始试点庭审记录方式改革，即用庭审录音录像替代庭审笔录，将庭审录音录像作为记录法庭审理活动的有效载体。在庭审记录方式试点改革中,庭审不再需要书记员或速录员现场制作法庭审理笔录,法官也可以完全将注意力集中在当事人的陈述上,着重审理案件的争议焦点问题,不再需要考虑书记员的记录速度、准确性,甚至分心向书记员转述或概括当事人的意见,从而使庭审进程更为流畅,也免去了核对签署庭审笔录的步骤。据了解,A市法院庭审录音录像替代庭审笔录的这一改革措施目前需征得诉讼参与人各方的同意方可适用,庭审结束后庭审录音录像将最终自动保存在电子卷宗系统中。此外,通过相关报道还可以发现,在庭审记录方式改革上,实践中一些法院还有不同的探索,如上海市普陀区人民法院就在适用庭审录音录像替代庭审笔录的案件闭庭后,通过系统自动检测庭审录音录像的完整性,并自动生成《庭审录音录像文件元数据记录》,当事人核对无误后需在该表上选择复用庭前签名或重新签字确认。[①]

三、在线庭审如何查明案件事实——基于个案的观察分析

一般认为,我国民事庭审程序由于极具刚性,因此实践中各法院做法之间具有较高程度的同质性,为此有学者就指出:不论就立法还是实务而言,我国庭审构造皆呈现出阶段化的外观,即在法庭调查的基础上实施法庭辩论,并以最后陈述作结。[②] 但上文的考察却表明,对于繁简程度不同的案件,尽管庭审都依照大致相同的流程渐次展开,但庭审的核心内容却存在较为显著的差异。对此笔者认为,上述差异背后的主要原因在于,对于繁简程度不同的案件而言,其庭审的

---

① 参见《无书记员全程录音录像!普陀区法院敲响庭审记录改革试点"第一槌"》,载新民晚报百家号(https://baijiahao.baidu.com/s?id=1663402263718449489&wfr=spider&for=pc),访问日期:2020年12月19日。

② 参见段文波:《我国民事庭审阶段化构造再认识》,载《中国法学》2015年第2期。

核心目标亦存在较大差异,换言之,庭审欲解决的核心问题不同直接导致庭审操作与内容的分殊。

根据我国《民事诉讼法》的规定,民事庭审程序的实质性阶段包含法庭调查和法庭辩论两个环节,从整体上而言,庭审的核心和主要任务在于查明案件事实,故无论是法庭调查还是法庭辩论都是围绕案件事实的查明来进行的,只是运用的手段和方式不同。从诉讼理论的角度来看,法庭调查阶段的实质内容是举证、质证,主要解决的是事实认定和证据评价问题;法庭调查结束后进入的法庭辩论阶段则通常解决的是法律适用问题。① 当前司法实践中,绝大多数适用普通程序审理的民事案件庭审亦基本遵循上述程序进行。那么,在线庭审是如何查明案件事实的?对于不同繁简程度的民事案件来说,其庭审的核心目的与庭审的方式究竟存在怎样的联系?为能更加生动、立体地展现在线庭审核心环节的实践图景,笔者将利用调研期间记录的一些庭审案件作为分析在线庭审中法庭是如何查明案件事实的样本。

案例1:侵害作品信息网络传播权纠纷②

案件基本情况:

原告杨某诉称,A公司在未经其许可的情况下,擅自在其微博宣传中使用了其创作的一幅电子图片且未标注图片的出处与创作者,这一行为侵害了其作品信息网络传播权。请求法院判令被告A公司停止侵权行为并登报致歉,赔偿经济损失及维权合理开支25041.7元。原告杨某在案件审理过程中将赔偿经济损失及维权合理开支的请求变更为10000元,法院予以准许。A公司辩称,第一,杨某的请求权已经超过诉讼时效;第二,案涉微博点击量低,A公司没有从转发中

---

① 参见段文波:《庭审中心视域下的民事审前准备程序研究》,载《中国法学》2017年第6期。

② 整理自《B区法院旁听笔记》,2020年9月16日于B区人民法院民事审判庭。

获益,且早已在微博上删除了这一图片。

该案通过 A 市法院智能审判平台适用简易程序进行审理,原被告双方分别委托诉讼代理人通过电脑端在线参与诉讼,开庭前原被告双方在智能审判平台上上传了相关证据,被告上传了书面答辩状。

庭审的主要过程:

开庭前的程序性事宜结束后,庭审便进入开庭审理阶段。首先是原告代理人宣读起诉状,与此同时,法官从材料目录中点开起诉状并在屏幕上进行展示。因原告起诉内容与提交的起诉状内容基本一致,只是变更了诉讼请求中的赔偿金额,法官要求原告代理人仅就诉讼请求以及变更的请求进行重点陈述。原告的诉讼请求有二:其一,请求法院判令被告停止侵权,在侵权微博首页置顶位置、《××日报》首版显著位置连续 30 天登致歉声明消除影响;其二,请求法院判令被告赔偿原告经济损失及维权合理开支人民币 10000 元。由于原告将赔偿经济损失及维权合理开支的请求由 25041.7 元变更为 10000 元,原告诉讼代理人对变更后的金额构成额外进行了说明。

接下来是被告答辩环节,此时承办法官将被告代理人在庭前提交的答辩状在平台上调出进行展示,并主动对被告的答辩状要点进行宣读,在宣读过程中法官还使用了平台自带的标注功能对重点部分进行标注。随后,法官询问被告代理人答辩意见是否与书面答辩意见一致,被告代理人表示一致后,法官就被告答辩状中提及的被告方已删除图片这一情况向双方代理人进行核实,并就原告提出的赔礼道歉这一诉讼请求询问被告方是否予以接受以及能够接受的方式。对此,被告代理人提出,被告可以进行书面道歉,但是对赔偿金额不予认可,原因在于被告人并没有实际获利,除非原告有证据证明其据此受到了实际的损失。

随后法官就本案的争议焦点当庭进行了归纳:其一,原告的起诉是否超过了诉讼时效;其二,赔礼道歉的方式;其三,被告是否需要承担赔偿责任。值得注意的是,在此过程中,法官曾停下来提示原告诉讼代理人不要埋着头,要求其保持将面部正对摄像头。

接下来法官在征得原被告双方代理人同意的情况下宣布该案采取法庭调查与法庭辩论合并进行的方式进行审理,并提示双方代理人根据法庭归纳的焦点进行举证质证以及发表辩论意见。原告代理人为证明己方主张共出示了两组证据:第一组是公证书,用以证明原告发现被告侵权的时间为2017年6月21日,其于2020年1月起诉至A市中级人民法院,根据现行《民事诉讼法》关于3年诉讼时效的规定,据此可以说明原告的主张没有超过诉讼时效。第二组证据是侵权图片和原告创作的图片原件,用以说明案涉图片系原告创作,被告未经原告同意使用图片,且在使用时未标注原告的姓名。至于上述两组证据的出示方式,观察发现,两组证据都是通过图片的形式粘贴在了同一个word文档里,并未将不同证据分开,因此原告代理人点击"在线示证"后打开该粘贴所有证据的word文档,并将页面滑动到需要展示的图片处,法官以及被告代理人的屏幕上也同时出现了该图片,其便完成了证据的举示。特别值得注意的是,原告代理人在举证时仍习惯性地一边埋头翻看纸质材料,一边口头陈述证据的证明目的与证明内容。

两组证据出示完毕后,法官指示原告代理人对权利人(原告)的情况进行说明。原告代理人此时将word文档滑动到原告作品的原件底稿的位置,截图底稿在电脑属性栏里显示的创作时间为 2010 年 5 月 6 日;另一幅截图表明了原告对作品的发表情况,包括首次上传到网页的认证时间、姓名以及身份证号码。对此,法官询问原告代理人作品的上述认证情况是否可以当庭登录网址进行确认,原告代理人表示同意后便通过共享屏幕的形式对证据进行核实。由于原告代理人提前登录了原告发布作品的网页,故屏幕共享后法官和被告代理人直接看到的便是显示作品详情的网页。此时,法官提醒原告代理人应全部退出后重新登录网页再将该作品的发表记录呈现出来,亦即应向法庭展示调出发表记录的全过程。但对于这一要求,原告代理人明显准备不足,退出后重新登录几次均无法按照法官的要求分步骤展示出作品的认证时间、创作者信息等,于是原告代理人申请休庭几分钟待其研究一下如何展示。面对庭审出现的状况,法官并未批准原告代理人的申请,而是告诉原告代理人对于开庭可能出示的证据在开庭前就要充分准备好,随后直接让被告代理人对原告方当庭出示的证据进行质证。

　　针对原告代理人提出的证据,被告代理人提出如下质证意见:第一,对于公证书的真实性被告方无法确认,请求法官确认公证书的真实性;第二,对原告提及的被告所发的微博图片的真实性予以认可,但被告所发微博仅仅是一种科普知识宣传,并没有因此获利。

　　就在被告代理人开始质证时,由于原告代理人一直没有将正脸对准屏幕认真参与庭审,于是便有了法官与原告代理人的如下对话:

　　法官:原告代理人,不要做与庭审无关的事情!

　　原告代理人:我在确认网址怎么打开。

法官：你在庭前就应该准备好，而不是现在才来研究怎么打开。

紧接着，法官针对被告代理人的质证意见询问其出于什么原因无法确认公证书的真实性，是否需要核对原件，并向被告代理人解释，在庭审平台上出示的公证书是原件的拍照版本属于电子化的材料，询问被告代理人是否需要把原件交予其核对。被告代理人表示不需要查看原件并请法官代为确认其真实性。于是法官当庭表示：对于上述无争议的证据材料予以采信，对于作品的发表情况还有待登录网址进行进一步核对。

就在此时，原告代理人表示已经调试好原始网址记录，可以进行在线示证，在征得法官同意后，原告代理人通过屏幕共享的方式逐步打开网站进入原始图片的发表页面进行展示。在这一过程中，法官远程指导原告代理人点击浏览器的缩放比例将屏幕共享页面放到最大，确认了图片的最初发表时间，并向原告代理人核实了该图片未曾在其他平台发表过。

此后，由于原被告双方没有新的事实和证据需要出示，也无新的意见需要发表，故庭审进入最后陈述阶段。在双方代理人进行了简要的最后陈述后，法官再次询问双方是否愿意在宣判前进行调解，双方同意在宣判前进行调解，故法官宣布休庭，案件转入庭后调解程序。

案例评析：

本案之所以给笔者留下深刻印象，并非因为法庭调查有多精彩、原被告双方辩论有多激烈，而是整个庭审过程中法官掌控全场的角色特征，以及由此带来的庭审查明案件事实方式的转变。

本案系一件原被告双方争议较小的案件,庭审全程仅由原告通过在线庭审平台出示了三份证据,原被告双方的争议也较为集中。如果严格地从法条主义的角度来观察该案例①,可以对其作出这样的分析:由于原被告双方的争议焦点集中在原告的起诉是否超过诉讼时效、被告赔礼道歉的方式以及被告是否需要承担赔偿责任,故接下来的法庭调查环节便应围绕这三个争议焦点进行举证质证,听取原被告双方的意见。但纵览庭审过程我们可以清楚地看到,除了原告所举的第一组证据是围绕争议焦点进行的,即证明原告的起诉未超过诉讼时效,其余证据的出示几乎都是按照法官的指示和要求进行的,尤其值得注意的是,在法官的指示下,庭审耗费了较长时间对图片的作者、发表时间以及原始网址进行核对,但原被告双方对上述内容均不存在异议。无论是按照《民诉法解释》对法庭审理的规定还是从庭审调查的目的来看,上述事实都不值得且不应该占用庭审较多的时间来核实。对此,一个稍显合理的解释是,尽管当事人双方对图片的作者不存在争议,但法官却可能对此存疑,此外,通过登录网站查看图片的原始发表状态除了能核实图片的作者,还能对图片的最初发表时间等其他情况有一个全面的了解,进而对案件的全貌有更为整体性的把握。

通过上述庭审我们不难得出,整个法庭调查的流程和思路几乎完全掌握在法官一人手上,在不到30分钟的庭审过程中,诉讼参与人仅仅是根据法官的思路和提示走完了庭审的全部流程,在被告答辩环节法官甚至代替被告代理人宣读

---

① 根据《最高人民法院关于适用〈中华人民共和国民事诉讼法〉的解释》(2022年修正)第228条的规定,法庭审理应当围绕当事人争议的事实、证据和法律适用等焦点问题进行。

了被告的答辩意见。

如果从庭审的功能着眼分析庭审过程,与其说庭审是从当事人的举证质证或辩论中发现案件事实,毋宁是法官根据自己的思路引导当事人双方发表各自意见,进而不断强化自己的认知或通过当事人的诉讼活动来不断填补认知漏洞的过程。推动整个过程不断前进的是法官的思路和对事实认知的需要,而本应是庭审核心内容的当事人举证质证相比之下不如法官依职权进行的调查重要,甚至有时还有流于形式之感。

但需要指出的是,这种流于形式的证据调查又不同于此前学者在分析二阶段庭审模式时指出的庭审所呈现出的"走过场"特征。在二阶段庭审模式中,由于案件处理核心的事实提出和证据调查实际上已经被前置于审前阶段完成,故正式的开庭往往是在案情已彻底查清而调解未果的情况下,为下判决所走的"过场"。① 相比之下,对于本案这样争议不大的简单案件,在开庭前通常仅由双方当事人在在线庭审平台上传案件的电子化材料,而查明案件事实等审理的实质过程仍在庭审中完成。换言之,庭审发挥的依然是查明案件事实的核心作用,只是在争议较小的案件中,事实的查明基本嵌入法官依职权进行的调查中。

案例2:劳动争议②

案件基本情况:

原告马某诉称,其在 A 公司担任项目管理人期间,A 公

---

① 参见王亚新:《社会变革中的民事诉讼》(增订版),北京大学出版社 2014 年版,第 107 页。

② 整理自《F 市法院旁听笔记》,2020 年 9 月 28 日于 F 市人民法院民事审判庭。

司未支付其事先约定好的工资,且未与其签订劳动合同,侵害了其合法权益,故请求法院判令被告 A 公司与公司负责人何某支付其工资 84200 元并要求二被告支付其因未签订劳动合同产生的双倍工资差额 84200 元。二被告辩称,第一,原告与被告不存在劳动关系,原告系以项目合伙人的身份参与公司的管理;第二,原告所提交的银行转账记录系其自己操作公司账户进行的,其之所以如此操作是因为双方在此前项目合作中出现了亏损,被告欠其一定的欠款。

该案通过"云上法庭"电子诉讼平台适用简易程序进行审理,原被告双方在线参与诉讼,其中原告通过手机端参加庭审,二被告在同一台电脑前一同参与庭审。由于原被告双方对事实的争议较大,故法官在庭前组织双方进行了证据交换并确定了争议焦点。

庭审的主要过程:

在开庭审理阶段,因原告起诉内容与提交的起诉状内容一致,故承办法官要求原告就诉讼请求进行简要陈述,主要内容为:第一,要求被告支付所欠工资 84200 元;第二,要求被告支付其因未签订劳动合同产生的双倍工资差额 84200 元。对此,被告答辩称,原告与被告不存在劳动关系,原告所提交的银行转账记录系其自己操作公司账户进行的,转账备注的"工资"也是原告自己添加的,此外,对原告提供的其与公司财务人员微信聊天截图的真实性表示怀疑。

此后,法官根据原告的陈述与被告的答辩归纳了本案的争议焦点并要求当事人确认。争议焦点为:其一,原被告双方是否存在事实劳动关系;其二,被告是否拖欠原告工资 84200 元;其三,被告是否需要支付原告因未签订劳动合同产生的双倍工资差额 84200 元。对于法庭归纳的争议焦点原被告双方均表示认可。

随后进入法庭调查与法庭辩论环节,为提高庭审效率,法官在具体内容开展前提醒原被告双方接下来的庭审活动应围绕法庭归纳的争议焦点进行。由于该案在庭前进行了较为充分的证据交换,二被告亦在庭前发表了质证意见,故法官在当庭了解到原被告双方无新的证据和质证意见需要提交、发表后,便直接进入庭审询问环节。

对于原被告双方是否存在事实劳动关系这一争议焦点,法官首先询问原告提出诉讼请求的理由,即为什么仅仅主张2019年2月到2019年12月期间的工资,并询问原告是否与公司签订过劳动合同,公司是否给其缴纳过社保,以及原告是否填写过入职表。对此原告讲述了其与A公司负责人何某认识并合作的经过,称其2019年春节过后便到何某担任负责人的A公司负责管理工作,入职时有填写入职表,且直到2019年12月26日何某失联,才离开公司未去上班,在此期间公司未与其签订劳动合同也未为其缴纳社保。对于原告提到的入职时填写的入职表,法官令其在庭后提交到法庭。随后法官为查明原被告双方是否存在事实劳动关系连续询问了原告是否有证明员工身份的物件,如工作证、考勤表,在公司担任何种职务、具体的工作任务、是否有规定的上班场所、一起工作的同事以及每个月的具体工资等问题。对上述问题原告表示当初正是因为公司管理制度不完善,公司负责人何某才请其到公司负责管理运营工作,因此没有工作证和考勤表,具体的工资双方商议的是2019年2月工资为6000元,从3月开始每月工资为9000元。对于原告的上述回答,二被告表示否认,并称原告是以项目合伙人的身份到公司的,因此双方是合伙关系并非劳动关系;此外,原告提交的转账 10000 元截图显示的转款备注为"工资"系原告自行操作的,因为原告掌握着公司账户的 U 盾。

对于被告当庭提出的双方系合伙关系,法官就此询问原告是否为公司出过资,担任过公司的股东。对此原告表示否认,但二被告指出原告此前办理过退股手续,但是是通过财务公司代为办理的,因此不存在其亲笔签名的文件。

围绕转账记录是否系原告自行操作这一争议,法官对被告进行了询问。首先法官询问被告是否有直接的证据证明该笔款项是原告自己转的,对此被告认为向法庭提交的微信聊天记录可以证明。而原告则辩称 U 盾在何某妻子手里,仅凭自己一人是无法完成转账的。

在双方就这一问题僵持不下时,法官又将询问的焦点转移到原被告双方是否存在事实劳动关系这一争议上,并询问被告关于原告提供的其与张某和郭某的微信聊天截图中存在公司的开支明细表,张某和郭某是否是公司的财务人员。对此被告回答称,张某和郭某不是公司的工作人员。对此,法官要求 A 公司于庭后 5 个工作日内提供社保备案的职工名册以及职工工资支付凭证。

最后法官询问原被告双方是否还有需要说明的地方,法庭调查和法庭辩论环节便结束。由于原被告双方争议较大且不同意调解,故法官宣布休庭,若双方还有补充意见需庭后书面提交。

案例评析:

本案系一件原被告双方在事实方面争议较大的案件,但由于该案在庭前进行了较为充分的证据交换,二被告亦在庭前发表了质证意见,在线开庭时法官基本跳过了原被告双方的举证环节而径直进入争议焦点的归纳和依职权进行的庭审询问环节。因此，纵览整个庭审过程，给人一种强烈的感觉——庭审没有原被告双方的直接对抗。详言之，由于庭审跳过了举证环节，被告的质证和庭审的询问都是在法官的主导下进行的，原被告双方并没有直接的交锋，整个庭审几乎都是法官围绕争议焦点听取双方当事人的意见，进而从双方当事人的回答中认定案件事实。此外，法官在对原被告双方进行询问的过程中，如果认为案件中的部分事实还需查看或核对某项证据后才能认定，通常不通过当庭出示证据进行调查，而是令相关当事人在庭后向法院补充提交材料以便法官在庭后进行审查。

上述庭审过程在笔者观看到的案情较为复杂的在线庭审案件中并不少见。综合访谈获取的信息，其背后的原因，一方面，或许在于对于在线庭审这一新型庭审方式，不仅对当事人来说是一种全新的庭审体验，对主审法官而言亦是一种考验。由于庭审方式的改变，尤其在审理较为复杂的案件时，法官或多或少都对庭审效果存在一定的顾虑，典型的如担心证据过多、当事人争议较大导致庭审混乱无法查清案件事实。因此对于较为复杂的案件，在线庭审开庭前通常都进行了较为实质性的庭前准备，如证据的开示、质证意见的发表以及争议焦点的梳理。甚至有法官坦言，对于案情较为复杂的案件，只有完成了上述准备活动，开庭时心里才"有数"，在线开庭通常也才能达到较为满意的效果。另一方面，尽管当前绝大多数法院采用的在线庭审平台均开发了在线庭审过程中补充提交证据的功能，但实践中运用的效果并不理想，出于对庭审效率的考虑，以及担心系统不稳定而影响庭审的流畅度，通常即便有当庭调查、核对新证据的需要，法官也尽量选择在庭后进行。

案例 3：民间借贷纠纷①

案件基本情况：

原告庞某起诉称，其应被告徐某要求为被告垫付款项，请求法院判令被告归还其垫付款项本息共计 37 万余元。

该案通过"云上法庭"电子诉讼平台适用简易程序进行审理，原告方由原告本人及其代理人一同出庭，被告方由代理人出庭。当事人双方均通过电脑端参与庭审，其中原告及其代理人共同位于同一电脑前。承办法官在庭前组织双方进行了证据交换，但双方均未将证据原件提交至法院。

庭审的主要过程：

在开庭审理阶段，因原告的诉讼请求没有变化，故法官令被告直接就原告的诉讼请求进行答辩。针对原告的起诉被告代理人提出如下答辩意见：其一，原告提供的证据不能直接证明其与被告徐某之间存在借贷关系，双方不存在任何借款的合意，也不存在原告向被告借款的记录。其二，被告作为案涉项目施工方 A 建设工程公司的员工，没有义务承担分公司债务的偿还责任，其只是总公司任命到分公司的负责人。其三，就原告诉称的 37 万余元借款，原告曾经向 B 市 A 区人民法院提出过诉讼，法院以其提交的证据不能证明款项用于分公司以及相关项目，并且未提供足以证明诉求的发票和合同等依据为由，裁决驳回诉讼请求。综上，被告方认为原告的诉讼请求无事实和法律依据，依法应予以驳回。

接下来是举证与质证环节。原告代理人为证明己方主张共出示了六组证据：第一组证据是原被告的身份信息；第二组证据为 A 建设工程公司某分公司的营业登记信息，证明

---

① 整理自《D 区法院旁听笔记》，2020 年 12 月 15 日于 D 区人民法院民事审判庭。

被告为逃避债务清偿于 2018 年 11 月 14 日注销了 A 建设工程公司某分公司；第三组证据为 A 建设工程公司出示的关于 C 项目现阶段情况工作指示，任命原告负责现场全面施工管理工作，在此期间被告驻扎工地督促整改；第四组证据为费用统计表、报销单，证明原告在 2017 年 3 月 7 日至 2018 年 6 月 4 日期间，按被告的要求为其垫付了 37 笔款项，共计金额 376606.6 元，款项主要用于代付材料款、购买办公用品等，报销单有借款人与出借人的签字、借款用途、金额、时间以及财务人员的核算和签字；第五组证据为微信支付转账凭证，证明被告曾向原告陆续归还借款，共计 9500 元；第六组证据为 B 市 A 区人民法院的判决书，证明原告垫付费用系原被告双方的个人行为，与 A 建设工程公司无关。

  针对原告代理人提出的证据，被告代理人在提出具体质证意见前表示，原告代理人在举证环节仅仅就证据目录和证明目的进行了阐述，但未能展示证据原件，故希望可以看到第三组至第六组证据的证据原件。对此法官同意被告代理人要求原告展示证据原件的申请。随后，原告代理人将相关证据原件对准摄像头，在摄像头前当庭展示了费用报销单等证据原件，在此过程中，被告代理人还就费用报销单是属于发票还是收据向原告代理人进行了核实，并发表了如下质证意见：对于第一组证据的真实性无异议，但是该证据无法证明原被告双方就是借款关系的当事人。对于第二组证据，被告注销分公司不是为了逃避债务，也不是由被告一人能决定的。对于第四组证据，由于报销单没有原件，且报销收据不符合公司的管理规范，不能证明相关款项是原告为被告的垫付款，且费用统计表是原告单方制作的，不符合 A 建设工程公司的规定，不应认定为被告向原告借款的依据。对于第五组证据,被告代理人要求原告方当庭展示微信转账凭证。原告将微信转账凭证从微信软件中调出并在摄像头前进行展示后,被告代理人发表了如下质证意见:其认为该转账凭证只显示了转款数额,未备注为归还借款,不能证明该款项与案涉款项具有关联关系。

结合原告的举证和被告的质证情况,法官随即请原告说明第四组证据中报销单的原件在何处。对此原告回答称发票的原件在被告处,当时被告在报销单上签字以后就把发票原件收走了,且被告签字确认的费用报销单原件已经足以说明项目的明细与金额。但被告代理人却当庭表示,如果没有收据就无法证明被告收走了发票原件。

随后是被告方举证,第一组证据是建设工程施工合同、A建设工程公司某分公司承包责任书以及工程项目内部承包经营责任书原件,证明张某作为分公司的项目承包人,自主经营自负盈亏,应承担工程项目施工的全部责任,包括清偿与工程项目有关的债务;第二组证据为被告与A建设工程公司签订的劳动合同原件,证明被告作为A建设工程公司员工,无义务承担分公司的债务;第三组证据是B市A区人民法院民事判决书,证明原告垫付的工程款、工人工资等费用不是原告向被告的借款;第四组证据为原告的社保明细单,证明原告作为A建设工程公司的普通员工,未按总公司的财务审批程序,事前也未经公司同意便向分公司项目部垫付相关款项近40万元,与常理不符。上述书证,被告代理人在摄像头前当庭进行了展示,并重点展示了书证的鲜章页与签字页。

针对被告代理人提出的证据,原告代理人发表如下质证意见:第一,前三组证据涉及的主体并无原告,对上述证据的关联性不予认可;对于第四组证据,恰恰可以证明原告向被告垫款的行为属于个人行为而不是单位行为。

由于原被告双方都无新的证据需要提交,法庭随后进入法官询问原被告双方环节。首先,法官对亲自参与诉讼的原告进行发问,询问其垫付款项的缘由、垫款时的具体情形以及垫付款项采取的方式。对此原告称,被告因为工程上资金周转困难,让其临时垫付一部分以便将工程向前推进,等资金松动了就把款项全部归还,垫付款项的方式是通过购买工程需要的材料来实现的,且每笔报销单上都有被告的签字认可。① 此外,法官还对一部分费用报销单上除有被告的签名外,领导审批一栏还有张某签名这一情况向原告进行了调查。其次,法官向被告代理人发问,询问其举证时提出的 A 建设工程公司与被告之间的诉讼中主张的 800 多万元垫付费用是否包含本案原告主张的费用在内。对此被告表示不包括,提出该证据的目的仅仅是证明本案的垫付款项应由承包人张某承担,因为分公司的项目由张某自负盈亏、自行管理。

接下来的法庭辩论环节,法官提示双方当事人应围绕本案原被告之间是否成立借贷关系以及原告主张的诉讼请求人民法院是否应支持进行。

原告代理人认为,报销单上的每一笔项目都是由被告签字确认过的,原告的垫付行为应被视为原告与被告之间的个人行为,但现在被告又将上述行为推脱给 A 建设工程公司显然无任何法律依据。报销单上的签字说明实质已形成了被告请原告帮助垫款的借贷关系,原被告双方的借贷关系是明确的。现有证据都证明,被告系单方面向原告进行借款再用

---

① 其间,原告试图将整个借款的来龙去脉当庭进行梳理,但被法官及时制止,并要求其"直接说结果不要谈过程,问什么答什么"。

于 A 建设工程公司的工程项目，相关借款完全是被告的个人行为。被告提出的分公司承包人张某自负盈亏等主张实际上不影响被告对原告的还款义务，被告可以归还原告借款后再向张某进行主张，而不能以内部协议来对抗作为借款方的原告。

被告代理人表示因已提交书面代理词，故仅针对庭审情况发表几点补充意见：其一，被告因资金困难要求原告垫付的主张不成立，A 建设工程公司属于国有企业，资金困难也不会让员工垫付工程款。其二，从报销清单可以看出，被告个人并未使用该款项，签字只是履行职务的行为。原告诉称的相关款项，双方既没有借贷的任何合意，也无款项交给被告的任何证明，且原告提供的相关票据具体金额无法确定，其诉讼请求应依法予以驳回。

值得注意的是，在双方当事人法庭辩论后最后陈述前，法官还就法庭调查中显示的被告向原告的几次转款行为性质询问被告代理人，对此被告代理人表示，由于转款未能注明转款目的，所以无法证明其关联性。由于双方不存在调解的基础，法官在当事人进行最后陈述后向当事人确定宣判时间并宣布闭庭。

案例评析：

本案同样系一件原被告双方在事实方面争议较大的案件，但与案例 2 不同的是，本案在庭前并未进行实质性的庭前准备活动，仅由原被告双方通过在线庭审平台上传电子版证据进行庭前证据交换。因此，从庭审的内容和方式上来看，本案与案例 2 的庭审过程存在相当程度的差异。相比案例 2 基本跳过原被告双方举证质证环节而径直进入争议焦点的归纳和依职权进行的庭审询问环节，本案基本依照民事普通程序的庭审流程按照法庭调查和法庭辩论的顺序依次进行,庭审过程显得更为冗长。由于庭前仅进行了简要的证据交换,且承办法官也未收到当事人提交的相关证据的原件,故法庭调查环节开展得较为仔细,尤其在进行书证原件的核实时,举证方还依次将相应书证的鲜章页与签字页对准摄像头请法官和对方当事人进行核验,故此环节耗费了大量庭审时间。法官从当事人双方的举证质证中当庭对案件事实有了初步了解与判断,并在随后的法庭辩论和依职权对双方当事人的询问中作出相应的事实认定。整体而言,与案例2中庭审主要体现为法官依职权对原被告双方进行调查不同,本案的庭审过程则基本围绕对证据的调查进行,在证据的举证质证以及庭审询问过程中,案件事实被逐渐查清。

之所以耗费大量篇幅对在线庭审的核心环节进行几乎场景化的详细展示,原因在于审判活动作为一种"人为理性"[①],除了要依循程序法的规定,亦由于不同案件的案情差异、承办法官的差异等主客观因素导致庭审活动的复杂性与多样性,而恰恰在庭审活动的复杂性与多样性之中,隐藏着有关庭审审理机制的核心要义。由此可见,仅仅考察在线庭审的程序性试点规定或简要描述在线庭审的开庭流程已无法了解在线庭审的真正问题,唯有从生动、复杂的庭审实践出发,才是逼近在线庭审审理机制的有效路径。需要指出的是,尽管笔者选取的三则案例,还远远不能覆盖在线庭审实践所包含的丰富内容,但其也在一些重要方面代表并反映了在线庭审方式的适用可能给庭审实践在不同层面带来的变化或冲击。

其一,与传统庭审相比,在线庭审的证据调查形式发生了较大变

---

① 〔美〕罗斯科·庞德:《普通法的精神》,唐前宏、廖湘文、高雪原译,法律出版社2001年版,第42页。

化。在传统庭审中,证据调查是法庭调查的核心环节,《民事诉讼法》对证据调查的方式与证据的规格都进行了相应的规定,明确了证据应当在法庭上出示并由当事人互相质证的调查方式;对当庭出示的证据规格提出了以原物、原件为原则的要求。① 与之不同的是,通过对样本法院在线庭审的观察,我们可以清楚地看到法庭调查方式发生的转变。一方面,实践中存在相当数量的案件,庭审证据调查流于形式,部分案件甚至跳过了证据的举证质证环节直接进入法庭询问环节。另一方面,在证据调查较为完整的在线庭审中,证据调查的方式因庭审平台的不同呈现出多元化的特征。在示证方式上,部分庭审平台支持通过平台直接对电子化证据材料进行当庭展示,但也有部分庭审平台只能由当事人将证据置于摄像头前进行展示。对于证据出示的顺序,尽管《民事诉讼法》对此予以明确规定②,但在笔者观察到的在线庭审中,大量案件都从当事人按法定的举证顺序举证转换为按争议焦点分组举证。此外,在线质证也演变出除口头形式之外的书面形式,如案件通过支持在线举证质证的平台进行审理时,当事人不仅可在庭前准备环节通过勾选"真实性、合法性、关联性"等选项,并就其证明力有无、大小进行文字说明并上传,且在庭审进行中,当事人亦可在对方举证的同时通过"质证意见"栏对己方的质证意见进行记录或形成完整的文字说明并上传。

其二,庭审重心由举证质证转移到法官依职权调查。在我国审判实践中,法庭调查是查明案件事实最重要的环节,而法庭调查的过程又主要是证据调查的过程。所谓庭审证据调查,通常是指法庭在对当事人提出证据并相互质证的基础上,为了查明案件的待证事实,通过听取双方当事人的意见,并就有关人证如当事人本人、证人、鉴定人、专家辅助人进行调查询问等方式,对当庭出示的证据进行庭审调

---

① 参见《民事诉讼法》(2023年修正)第66—84条。
② 参见《民事诉讼法》(2023年修正)第141条。

查,以便作出相应的事实认定。① 据此不难得出,传统庭审的证据调查大致可分为两个环节:第一个环节是一方当事人出示证据并由另一方当事人对此发表己方意见,此即证据调查的举证质证环节,该环节主要由原被告双方当事人围绕当庭出示的证据进行交锋;第二个环节可以视为法官在当事人举证质证的基础上为进一步查明案件事实对当事人以及有关证人进行的调查询问。

从庭审查明案件事实的方式来看,原被告双方通过举证证明己方诉求或通过质证驳斥对方观点,是现代当事人主义诉讼模式在庭审方式上的直接体现②,也是法庭查明案件事实的基础,因而构成法庭调查的重心。但就笔者观察到的大量在线开庭的案件而言,庭审重心似乎由举证质证,即诉讼两造的积极对抗,转移到法官依职权进行调查。这种转变在实践中主要体现为本应由原被告双方围绕当庭出示的证据进行交锋的举证质证环节被虚化甚至被忽视,而法官对相关证据主动进行调查或听取当事人对相关诉求发表意见的环节却得到明显的强化。

上述转变主要与在线庭审平台的多元化以及在线庭审案件普遍进行实质性的庭前准备活动密切相关。据考察,尽管 A 市中级人民法院于 2020 年 10 月 15 日正式上线了全市统一的电子诉讼平台,但在改革试点初期尤其是疫情期间,各个基层法院的在线庭审依然经历了多种平台并用的探索过程,并在各个基层法院内部形成了一定的平台使用偏好。③ 由此带来的一个后果便是,试点过程中在线庭审平台的研发事先并未有一个统一的标准,而是根据实践的需求边适用边调整

---

① 参见毕玉谦:《电子数据庭审证据调查模式识辨》,载《国家检察官学院学报》2016 年第 1 期。

② 参见肖建华主编:《诉讼证明过程分析——民事诉讼真实与事实发现》,北京大学出版社 2018 年版,第 158—159 页。

③ 如部分基层法院常用华宇的云上法庭,也有部分基层法院习惯使用公道互联智慧庭审平台,此外移动微法院以及疫情期间各基层法院临时开发的在线庭审平台也得到各法院较为频繁的使用。

优化,故不同在线庭审平台所开发的功能以及操作方式也存在较大的差异。典型的差异之一便是举证方式的不同,如上文所述,如在具备在线示证功能的庭审平台开庭,证据往往被转化为电子化的材料通过庭审平台直接进行展示;而对于未开发在线示证功能的庭审平台,当事人举证则需要将欲出示的证据对准摄像头进行远程展示。

此外,实践中较为普遍进行的实质性庭前准备活动在一定程度上对庭审结构和举证顺序产生了影响。一方面,通过不支持在线示证的在线庭审平台参与诉讼时,当事人仅能在摄像头前出示证据,但此种示证方式不仅在操作上较为不便,且示证效果也无法保证,因此实践中为兼顾庭审的效率并确保案件事实能及时查明,通常承办法官会组织当事人开展实质性的庭前准备活动,如开示证据目录以及在庭前会议中提前完成对案涉证据的举证与质证,故在正式开庭时,当事人举证质证环节反而被弱化了。另一方面,与上述情况相类似,出于对庭审效果的顾虑,即使通过支持在线示证的平台进行开庭,承办法官通常也会提前组织双方当事人进行证据交换,并明确案件的争议焦点,提示当事人在正式开庭时的举证质证等诉讼活动都应围绕争议焦点进行,这便在一定程度上解释了为何大量在线开庭案件的当事人都未按法定的举证顺序出示证据而是按争议焦点进行分组举证。

四、小结:初具雏形的在线庭审方案

上文从庭审外观、不同繁简程度案件的庭审流程与内容等方面对在线庭审进行了几近全景式的描述与分析,通过上述不同板块的考察,我们不仅逐渐"拼凑"出在线庭审的实践样态,有关实践中在线庭审的两种不同庭审方案也在前述全景式的描述中逐渐清晰起来。

在上文的分析中,无论是举证顺序的变化还是庭审重心的调整,其背后都有一个共同的影响因素,即较为实质化的庭前准备程序。相应地,大量在线庭审的实践也表明,是否对案件进行实质化的庭前准备程序对庭审的流程和内容都将产生较大的影响,且实质化的庭前准备程序亦成为在线庭审实务操作中较为突出的一大特征。由此出发考察在线庭审,可以发现当前在线庭审实践基本形成了两种较为有代表性的庭审方案,如表 3-3 所示,两种方案在庭前准备的程序、法庭调查方式、庭审结构、庭审理念方面均存在一定的特征。

表 3-3　两种在线庭审方案

庭审模式	庭前准备的程序	法庭调查方式	庭审结构	庭审理念
先法庭调查后法庭辩论	非实质性的庭前准备	按法定程序依次进行	二元阶段划分	裁判中心主义
法庭调查与法庭辩论合并进行	实质性的庭前准备	围绕争点进行	无阶段化	裁判中心主义

第一种方案为先法庭调查后法庭辩论的庭审模式。从在线庭审的实务操作来看,此种庭审模式与传统线下庭审的"阶段化"审理模式基本一致,严格依循我国《民事诉讼法》中关于庭审流程的规定,将庭审分为法庭调查和法庭辩论两个实质性阶段,并在法庭调查的基础上进行法庭辩论,且在法庭调查与法庭辩论两个环节内部也严格按照《民事诉讼法》规定的顺序进行。据观察,此种庭审模式主要适用于未进行实质性庭前准备的案件,详言之,此类案件的庭前程序主要进行"事务性"工作或简单的证据开示,其核心目的并非着眼于整理案件的争议焦点。

第二种方案为法庭调查与法庭辩论合并进行的模式。通常适用此种庭审模式的案件均在庭前开展了实质化的庭前准备活动,即除了进行"事务性"的准备,当事人还在法官或书记员的组织下进行了庭前的举证质证以及案件争点的整理。在正式开庭过程中,法庭通常将法庭调查与法庭辩论程序合并进行,故在庭审结构上便不存在阶段化的区分。早在 2001 年就有学者撰文指出前后分置法庭调查和法庭辩论的两阶段庭审构造过于僵化，硬性地割裂了事实调查与事实问题、法律问题辩论的关联性，并提出"去阶段化"的建议①，此后《民诉法解释》采纳了"去阶段化"的建议，创设了法庭调查和法庭辩论合并进行的庭审模式②，但对庭审实践中应如何合并法庭调查和法庭辩论并未予以明确的规定。对此，在线庭审实践中常见的情形是，由于庭前准备程序已进行较为详细的举证质证以及争点整理，正式开庭中如果原被告双方均无新的证据提交，庭审便往往跳过举证质证环节，直接进入法官主导的法庭询问环节，在这一环节，法庭围绕争议焦点进行的调查和辩论往往交织融合，共同为查明案件事实服务。

尽管两种庭审方案在庭前准备程序、法庭调查方式以及庭审的结构等方面存在较大的差异，但我们仍能通过观看大量庭审发现两种庭审模式的共同之处——法官对整个庭审有绝对的主导权，即庭审以裁判者和裁判思维为主导，呈现出裁判中心主义的实践样态。③

需要说明的是，上述庭审模式在实践中的适用与案件的繁简程度并不存在必然的关系，实践操作中既有争议不大的简单案件适用法庭调查与法庭辩论分别进行的庭审模式，也存在简单案件的庭审过程合并了法庭调查与法庭辩论环节的情形。此外，之所以单独对庭审方案进行归纳分析，不仅仅因为上述两种庭审方案在试点实践中逐渐形成了王亚新所言的"相对稳定的程序操作方式"④，更在于上述庭审方式

---

① 参见张卫平：《法庭调查与辩论：分与合之探究》，载《法学》2001 年第 4 期。
② 《民诉法解释》(2022 年修正)第 230 条规定："人民法院根据案件具体情况并征得当事人同意，可以将法庭调查和法庭辩论合并进行。"
③ 对于裁判中心主义的理解，有学者指出：审判中心主义在民事诉讼中主要表现为庭审中心主义，而庭审中心主义又分为当事人主导的庭审中心主义和法官主导的庭审中心主义；裁判中心主义便是以裁判者和裁判思维为主导的庭审模式。参见张济坤：《民事审判庭审实质化问题研究》，载《法学杂志》2020 年第 7 期。
④ 王亚新：《民事诉讼法二十年》，载《当代法学》2011 年第 1 期。

的转变从某种程度上来看已初步具备重构诉讼过程以及逐步促进庭审结构转变的方向性。

第五节 电子送达裁判文书

一、电子送达裁判文书的试点规范

根据《改革试点工作决定》,此次试点改革突破了 2017 年《民事诉讼法》对电子送达的相关规定①,明确了经受送达人明确表示同意采用电子方式送达判决书、裁定书以及调解书的法律效力②。但对于实践中电子送达裁判文书的具体操作方法,《改革试点工作决定》与《改革试点实施办法》并未予以详细明确,因此实践中适用电子送达裁判文书的条件与方式也存在较大的解释空间。例如,如何判断送达生效的标准与情形以及电子送达裁判文书可以采取哪些具体的方式? 对此,最高人民法院《问答口径(一)》对上述问题进行了较为详细的解答,为实践提供了相应的规范性指引。③

根据上述规范性文件的规定,对于电子送达裁判文书,有如下几个方面值得注意:其一,电子送达裁判文书,需要受送达人的明确同

---

① 《民事诉讼法》(2017 年修正)第 87 条规定:"经受送达人同意,人民法院可以采用传真、电子邮件等能够确认其收悉的方式送达诉讼文书,但判决书、裁定书、调解书除外。采用前款方式送达的,以传真、电子邮件等到达受送达人特定系统的日期为送达日期。"

② 《民事诉讼程序繁简分流改革试点实施办法》第 25 条规定:"经受送达人明确表示同意,人民法院可以电子送达判决书、裁定书、调解书等裁判文书。"后该条被 2023 年修正的《民事诉讼法》第 90 条所采纳。

③ 参见《最高人民法院关于印发〈民事诉讼程序繁简分流改革试点问答口径(一)〉的通知》(法〔2020〕105 号)。

意,至于上述文件提及的其他同意方式,电子送达裁判文书时均不适用。其二,明确了两种送达生效标准。对当事人主动提供或确认的电子地址,采取"到达主义",即送达信息到达受送达人特定电子地址的时间为送达生效时间;对向能够获取的受送达人电子地址进行送达的,采取"收悉主义",即以"确认收悉"的时间点作为送达生效时间,具体包括回复收悉时间、系统反馈已阅知时间等。上述时间点均存在时,应当以最先发生的时间作为送达生效时间。① 其三,电子送达文书的具体方式包括通过中国审判流程信息公开网、全国统一送达平台、即时通信工具等多种方式进行,采取即时通信工具送达的,应当通过人民法院的官方微信、微博等账号发出,并在审判系统中留痕确认,生成电子送达凭证。尤其值得注意的是,《问答口径(一)》特别强调,实践中要注意避免分散和多头送达,同一文书原则上只采取一种电子送达方式,如果送达后无法确认该种方式送达效力的,可以继续采取其他电子送达方式。②

二、电子送达裁判文书的流程与方式

从调研的情况来看,实践中电子送达裁判文书通常有以下几个环节:首先,是征求当事人的同意,常见的情形是在庭审结束前,承办法官会主动询问当事人是否愿意接受电子送达裁判文书,同时向当事人释明电子送达裁判文书的效力,并请书记员将此问答的过程记录进庭审笔录。其次,对于当事人明确表示同意电子送达的,承办法官随即

---

① 参见《最高人民法院关于印发〈民事诉讼程序繁简分流改革试点实施办法〉的通知》(法〔2020〕11号)第26条。
② 参见《最高人民法院关于印发〈民事诉讼程序繁简分流改革试点问答口径(一)〉的通知》(法〔2020〕105号)。

会向当事人明确送达的地址。最后,裁判文书进行电子送达后,书记员通常还要再次联系当事人确认其是否收悉,并在线签署确认书。

显然,上述过程仅仅是实践中最优状态下的电子送达裁判文书的流程,是一种近乎理想的状态,实践中电子化的裁判文书送达方式已然在各方的合力下相当程度地丧失了其应有的功能,背离了制度设置的本意。一方面,考察发现,尽管实践中有不少当事人都明确同意电子送达裁判文书,但与此同时也提出了邮寄裁判文书的原件的需求。另一方面,对于一些无法立即确认是否已成功送达的,书记员通常也会在电子送达后再通过传统送达方式进行第二次送达。毋庸置疑,无论是当事人对邮寄裁判文书原件的要求还是书记员通过传统送达方式进行的二次送达,其实质都无异于在电子送达外又进行了一次送达,而电子送达便捷高效与低成本的初衷也在重复送达的实践中不见踪影。

面对现实与规范之间的断裂,笔者对部分办理过电子送达裁判文书案件的法官和书记员进行了访谈,受访法官和书记员基本上一致表示,法院在送达裁判文书时,其最关注的与其说是送达的效率与成本,毋宁说是送达的效力问题。换言之,如果通过电子送达的方式无法成功送达,即无法产生送达的效力,那么对于承办法官和负责送达的书记员来说无疑是"白忙活了",因此在实践中书记员为了确保送达的成功率,即使当事人未要求送达纸质裁判文书,也会在进行电子送达裁判文书的同时适用传统送达以确保送达效果的"双保险"。此外,受访法官和书记员还谈到,《改革试点实施办法》既然明确规定了当事人提出需要纸质裁判文书的,人民法院应当提供,那么对于当事人同意电子送达裁判文书但又要求提供纸质裁判文书的,无异于又进行了多次送达,所以在实践中许多法官和书记员对于此项改革的适用热情都不算高。①

---

① 整理自《访谈笔录1》,2020年9月14日于C区人民法院。

第四章　民事电子诉讼的效果评价

前文用相当的篇幅对民事电子诉讼的适用情况和运行过程进行了宏观考察与微观呈现,其目的是较为立体地展现实践中民事电子诉讼做了些什么以及具体是怎样做的。此外,前文的考察与分析还向我们揭示了包括但不限于如下三个方面的基本问题:其一,此次由全国人大常委会授权最高人民法院开展的民事诉讼繁简分流改革试点工作将健全电子诉讼规则作为试点改革的重要举措,无疑改变了民事电子诉讼的探索模式和地位,进而也对其在实践中的适用情况产生了较为显著的影响;其二,民事电子诉讼在民事司法中的应用覆盖了从立案、庭审到裁判文书的送达几乎整个诉讼流程,对传统民事诉讼的各个环节均产生了不同程度的影响;其三,在试点改革与新冠肺炎疫情的助推下,民事电子诉讼的各个环节在短时间内实现了跨越式的广泛适用,尽管随着疫情防控形势的好转其适用率出现了明显下降的趋势,但民事电子诉讼各环节的适用数量仍维持在一定的水平。由此不难得出,民事电子诉讼在试点改革的背景下已然成为一种不容忽视的诉讼方式,并在当下的民事司法实践中扮演着日益重要的角色。因此,对民事电子诉讼试点改革近一年来的运行实效作出一个较为客观的评价具有重要的意义。

关于民事电子诉讼的试点目标,《改革试点方案》并未对此作出单独的说明,但改革的整体目标指出,要"全面提升司法质量、效率和公信力……推动完善民事诉讼程序规则,优化司法资源配置模式,不断激发制度活力,全面提升司法效能……促进审判体系和审判能力现代化,服务国家治理体系和治理能力现代化"①。由此可以窥见,提升司法效能、优化司法资源配置是各项具体改革措施的基本方向,也是电子诉讼改革的应有之义。此外,针对民事电子诉讼实践运行中存在的不当认识,改革决策者亦从相关文件的起草原意出发,进一步阐明,电子诉讼并非以"效率"为唯一价值导向,而是拟通过技术变革,实现优化司法流程、盘活司法资源、增进司法参与,全方位提升诉讼便利度、法律统一度和司法透明度的目标。② 据此不难看出,从改革的立场或原意出发,民事电子诉讼的改革目标是多元的,既有提升司法效率的维度,也有促进法律统一适用和司法透明的面向,整体而言系以提升司法能力为改革的基本着眼点。③

此外,信息技术还应赋予民事电子诉讼在接近正义方面的比较优势亦是学界对电子诉讼改革目标的另一共识。④ 接近正义是司法的本质属性,意大利著名法学家莫诺·卡佩莱蒂曾指出:"一种真正现代化的司法裁判制度的基本特征之一必须是,司法能有效地为人接近,而

---

① 《最高人民法院关于印发〈民事诉讼程序繁简分流改革试点方案〉的通知》(法〔2020〕10号)。

② 参见李承运:《正确把握推进电子诉讼的四个维度》,载《人民法院报》2020年4月2日,第8版。

③ 对于司法能力,顾培东将其解析为八个方面;其一是司法覆盖各类社会纠纷、受理各类案件的能力;其二是高效审理案件、快速处理纠纷的能力;其三是正确适用法律、公正解决纠纷的能力;其四是实质性化解纠纷的能力;其五是低成本、便利化解决纠纷的能力;其六是引导和推动多元纠纷解决机制的能力;其七是彰显立法精神、正确引导社会行为的能力;其八是推动社会发展、促进社会文明进步的能力。参见顾培东:《人民法院改革取向的审视与思考》,载《法学研究》2020年第1期。参照这一分析框架,就改革的原意来看,民事电子诉讼的改革目标无疑以提升司法能力为基本着眼点。

④ 参见王福华:《电子法院:由内部到外部的构建》,载《当代法学》2016年第5期;张兴美:《电子诉讼制度建设的观念基础与适用路径》,载《政法论坛》2019年第5期;王琦、安晨曦:《时代变革与制度重构:民事司法信息化的中国式图景》,载《海南大学学报(人文社会科学版)》2014年第5期;等等。

不是仅仅是在理论上可以接近。"①自20世纪六七十年代开始,西方国家针对保障公民利用司法和法院而进行接近司法/正义运动②,在该运动中出现了"六次浪潮",最近的一次便是在民事司法与技术革新的互动过程中,法院利用技术工具改革本国司法,由此掀起以"电子司法"为目标的"第六波"接近正义运动。换言之,在民事司法与技术融合的语境中,接近司法意味着通过技术在民事司法中的运用进而降低公民接近司法和法院的难度。整体而言,我国的民事电子诉讼试点改革无疑也始终围绕如何在实现正义的过程中完成司法便民、近民的核心议题。

上述分析表明,在应然层面,无论是改革决策者还是理论界,都认识到信息通信技术应用于民事诉讼程序后应带来司法能力的提升,换言之,通过信息技术的加持,民事电子诉讼应达成提升效率、降低公民接近正义的难度以及降低诉讼成本等方面的目标。然而,实践运行中民事电子诉讼是否达成了上述目标,又在何种程度上达成了上述目标呢?

第一节　民事电子诉讼的运行成效

一、各环节适用率显著提升

通常而言,要评价一项改革措施的适用情况,适用率几乎是所有文献或各种官方统计资料中衡量改革成效的重要参考指标之一。通过对某项改革措施的适用数量及其适用率等指标进行统计,可以较为直观地对相关改革措施的运行效果进行评价。如果根据这一框架来

---

① 〔意〕莫诺·卡佩莱蒂等:《当事人基本程序保障权与未来的民事诉讼》,徐昕译,法律出版社2000年版,第40页。
② 参见范愉主编:《ADR原理与实务》,厦门大学出版社2002年版,第723—725页。

评价民事电子诉讼在 A 市的适用情况,那么利用前文的统计数据,对 A 市法院改革试点以来民事电子诉讼各个环节的适用数量与传统线下诉讼的情况进行一个简单的对比,或许就能较为直接地说明问题。但需要指出的是,从适用数量的层面对民事电子诉讼的运行效果进行评价始终存在无法克服的局限性。因为从本质来看,无论是电子诉讼还是传统的线下诉讼,对于民事纠纷的当事人而言,其仅仅是诉讼的一种方式,而每起案件的性质、当事人的条件、案件所处的特定背景等因素的不同,都可能对诉讼过程产生重大影响,这也意味着不同诉讼方式在处理不同案件的过程中所能发挥的优势各不相同。从这一点上来看,对诉讼方式进行效果考量的特殊性就在于,诉讼方式的运用并无一个统一的标准,更没有普遍意义上的优劣之分,这也决定了对民事电子诉讼整体适用效果评价的困难。

但同样必须说明的是,尽管从适用数量的层面对民事电子诉讼的运行效果进行评价存在一定程度的缺陷,但由于适用数量仍能从某些方面较为客观地反映出民事电子诉讼在实践中的运行特征,故笔者不得不首先从适用数量上对民事电子诉讼的运行情况进行一个简要的分析,并通过对比改革试点前后民事电子诉讼的运行情况以及改革试点后民事电子诉讼与同一时期传统诉讼的适用情况,从而对 A 市民事电子诉讼的运行效果作出初步的评价。此外,由于民事电子诉讼涵盖了从立案到裁判文书送达等不同诉讼环节,故对各个环节的适用率以及适用成功率进行考察亦能从较为客观的视角对民事电子诉讼的运行情况予以更具体深入的判断。

(一)适用率

诚如前文所言,民事诉讼程序繁简分流试点改革标志着电子诉讼开始从各地的零星探索转变为国家层面的战略推进,为民事电子诉讼的推广适用注入了强劲的动力。从试点改革文件的内容来看,此次改革的着力点主要集中于在线立案、在线庭审以及电子送达三个方面。①但需要指出的是,对于上述三个环节,司法实践此前的探索无论从时间上还是探索的力度上来看都存在较大程度的差异,具体而言,在线立案与电子送达在司法实践中已进行了较长时间、较大范围的先期探索②,相较而言,在线庭审的实践运用便可谓"罕见",因此,若笼统地将三个环节合并进行评价,便容易忽略其因"起点"的不同而导致相关结论的偏差。故在下文中,无论是对试点前后民事电子诉讼运行情况的对比还是试点改革过程中不同诉讼方式适用数量的对比,都基本依循各个环节单独进行的方式,以期能尽量客观地凸显不同环节在试点改革中的运行效果。

表4-1和表4-2分别显示的是试点改革前后一年内,A市全体基层法院和A市S5法院民事电子诉讼各环节的案件适用情况对比。在此必须说明的是,之所以仅选择S5法院的详细数据进行呈现,除因全市范围内数据收集困难外③,还有一个特殊的原因即S5法院于2018年6月成立了A市首个互联网法庭,集中管辖辖区内的一审涉互联网民商事案件,故在此次改革试点前,S5法院已对电子诉讼的各个环节开启了较为全面的实践,尤其是在线庭审的实践暂时走在了全市其他基层法院的前列。S5法院在A市各基层法院中属于二圈层的近郊区法院,辖区内社会经济条件和法院的各项指标都基本能代表A市各基层法院的平均水平,故以S5法院作为参照样本可对A市基层法院的

---

① 参见《对〈关于授权在部分地区开展民事诉讼程序繁简分流改革试点工作的决定(草案)〉的说明》,载中国法院网(https://www.chinacourt.org/index.php/article/detail/2019/12/id/4749386.shtml),访问日期:2021年2月2日。

② 法院对在线立案的探索可以追溯到2009年,最高人民法院出台《关于进一步加强司法便民工作的若干意见》,倡导基层法院采用网络等方式预约立案。而早在2003年12月1日起施行的《最高人民法院关于适用简易程序审理民事案件的若干规定》中,"电子送达"便已初见端倪。2012年《民事诉讼法》修改,电子送达正式成为一种法定的送达方式。

③ 试点改革前,A市绝大部分基层法院未对电子诉讼各个环节的适用数量进行细致的统计,仅由A市中级人民法院对各个环节的适用率进行了统计。

整体性数据予以进一步检验与修正。此外,将民事电子诉讼各个环节的适用率与具体的适用数量相结合加以分析,能较为全面地反映试点改革对电子诉讼各个环节带来的影响。

表 4-1　A 市基层法院 2019 年与 2020 年民事电子诉讼各环节适用率

	在线立案率	在线庭审率	电子送达率
2019 年	35.2%	0.5%	31.6%
2020 年	41.3%	6.1%	51.2%
增幅	17.3%	1120.0%	62.0%

表 4-2　A 市 S5 法院 2019 年与 2020 年民事电子诉讼各环节适用案件数

	在线立案数	在线庭审数	电子送达数
2019 年	1024	262	2449
2020 年	3627	618	6871
增幅	254%	136%	181%

从统计数据来看,试点改革对民事电子诉讼各个环节的推广适用都起到极大的助推作用,不仅案件的绝对数量呈现出明显的上升趋势,各个环节的适用率也增幅明显。从全市基层法院的整体情况来看,在线庭审环节的适用率增幅最为显著,可能的原因在于 A 市绝大多数法院在试点改革前尚未进行过在线庭审,故试点改革后适用在线庭审的案件数量相较于试点改革前可谓是绝对值式的发展。但对于 S5 法院而言,增幅最为明显的是在线立案环节[1],相反在线庭审的案件量增幅在三个环节中却处于末位。

除能从纵向对比的角度一窥试点改革的适用情况之外,同一时期不同诉讼方式的适用比例亦能反映出试点改革过程中电子诉讼的适用

---

[1] 这在一定程度上也印证了访谈中获取的信息——实践中在线立案是适用率以及适用效果最好的环节。

效果。

表4-3显示的是2020年A市各基层法院两种诉讼方式在各诉讼环节的适用数量占比,通过此表,我们可以直观地看出试点改革过程中,不同诉讼方式在各个诉讼环节的适用占比情况。其中,在立案和送达两个环节,传统的线下诉讼方式和电子诉讼方式几乎"平分秋色";而与之形成鲜明对比的是,在庭审环节,实践中绝大部分的案件仍采用线下开庭的方式进行,在线庭审的适用率还不到开庭案件总量的一成。这一数据无疑印证了上一章的判断,即电子诉讼在实践中呈现出板块化的适用模式,不同环节在实践中的适用数量存在较大的差距。

表4-3 2020年A市基层法院两种诉讼方式在各诉讼环节的适用比例

	立案	庭审	送达
线下诉讼	58.7%	93.9%	48.8%
电子诉讼	41.3%	6.1%	51.2%

从实践中民事电子诉讼不同环节的适用比例存在显著差距这一事实我们可以发现,一方面,民事电子诉讼试点改革在各个环节产生的效果参差不齐。尽管我们不能简单地将适用率当作衡量运行效果的唯一标杆,且诚如前文所述,民事电子诉讼的各个环节处于不同的"起跑线"上,但仅从"成本—收益"的角度来看,在线立案和电子送达的实践运行效果显然优于在线庭审。因为从确保改革措施正常运转需投入的技术和资金来看,在线庭审的技术需求和资金需求无疑是最高的,统计表明其适用率却是最低的。因此从制度运行的效能来看,在线庭审的实践相较之下无疑面临"入不敷出"的窘境。另一方面,要实现民事电子诉讼全流程运转的构想仍还有较长的路要走。从改革试点的整体推进方式来看,当前的改革试点似乎正在将大量的人力和物力资源朝适用率最低的环节倾斜,导致改革资源与改革成效之间并未形成一个合理有效的配置模式,从而在客观上限制了电子诉讼

试点改革的整体效果。

(二)适用成功率

如果说民事电子诉讼的适用率体现的是法院以及诉讼当事人对民事电子诉讼各个环节的适用意愿与态度,反映的是民事电子诉讼各个环节在启动意义上的推行效果,那么对各个环节适用成功率的考察展现的便是适用结果意义上的效果。

从在线立案环节来看,实践中存在相当数量的案件适用了在线立案的方式但未成功立案。数据显示,在线立案的成功率并不算高,A市基层法院2020年1月至9月有171720件案件通过网上申请立案,其中仅有116562件立案成功,在线立案成功率仅67.88%,即仍有相当数量的案件尽管通过网上平台申请了立案,但却未能成功(见图4-1)。据考察,实践中主要存在两大因素影响在线立案成功率:一是申请人的专业程度,通常律师申请在线立案的成功率高于普通当事人,普通当事人往往会在案由选择、被告身份材料的提供、管辖等环节出现错误,导致立案不成功;二是操作系统的便利性,如输入内容的多少、输入方式的便捷性等都会影响当事人的操作体验,并在相当程度上决定了当事人是否会跟随在线立案系统的提示完成立案程序的所有步骤。

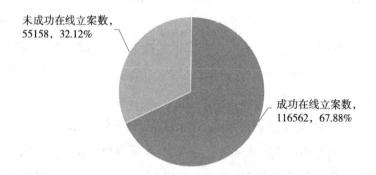

图4-1 A市基层法院2020年1—9月在线立案效果

与之相似,电子送达环节的适用成功率似乎也不尽如人意,如图4-2所示,在适用电子送达的案件中,有四成案件都未能成功送达,这一统计结果也从一个侧面解释了上文考察发现的一个特殊现象——实践中电子送达的同时通常还会伴随着传统送达方式一并进行的"双保险"、二次送达现象。此外,根据访谈了解到的信息,实践中送达效力无法确认和系统故障是影响电子送达成功率的两大原因,详言之,由于电子送达确认书尚未普及导致的送达效力无法确认、送达平台出现故障导致相关文书无法查看等情况是实践中电子送达失败的主要原因。①

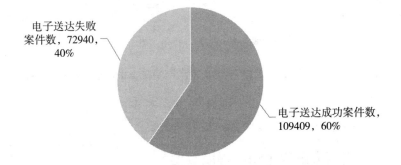

图4-2 A 市基层法院 2020 年 1—9 月电子送达效果

上述考察表明,实践中在线立案和电子送达两个环节似乎都存在较高适用率但较低成功率的现象,但正如任何新事物的成长都会经历一个渐进的过程,在对电子诉讼各个环节的适用效果进行评价时,也应考虑到其在推行过程中的"发展性"。图 4-3 展示的便是 A 市基层法院 2020 年 1 月至 9 月与 2019 年同期在线立案与电子送达成功率的对比图,从历时性的维度来看,上述两个环节的适用成功率相较于去年同期均有较为明显的提高,这表明,随着实践经验的积累和试点改革的推进,在线立案和电子送达的适用效果也取得了较为明显的改善。

---

① 整理自《访谈笔录 1》,2020 年 9 月 14 日于 C 区人民法院。

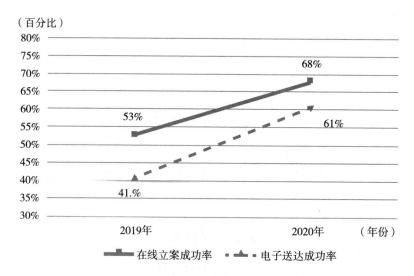

图 4-3　A 市基层法院 2019 年与 2020 年同期在线立案与电子送达效果

二、当事人解纷主动性得以激发

作为民事电子诉讼实践的核心,电子诉讼平台不仅是诉讼各个环节具体功能得以发挥的载体,而且在实质上构成了当事人双方以及当事人与法官之间双向交互的枢纽与理性对话的平台。诚如有学者指出的,诉讼程序既是一种信息系统,也是一种沟通系统[①],前文对民事电子诉讼的实践考察也进一步印证了这一判断。民事电子诉讼各个环节的实践表明,通过搭建电子诉讼平台作为诉讼程序的载体,当事人以及法官在整个诉讼程序中的信息传递和沟通方式均发生了改变。在这一平台上,当事人之间以及当事人与法官之间的交往方式由传统诉讼模式中的面对面交往转变为通过平台进行的多向沟通。详言

---

① 参见洪冬英:《司法如何面向"互联网+"与人工智能等技术革新》,载《法学》2018年第11期。

之,当事人与法院之间的信息传递方式与沟通方式由线下的单向传输变为在电子诉讼平台上的信息共享,这典型地表现为开庭之前,双方当事人在电子诉讼平台上传案涉证据材料、质证意见供法官与对方当事人查看,对此,另一方当事人亦可对相关证据材料发表己方意见。这样的多向沟通有助于增强当事人参与整个诉讼程序的主动性与积极性。在这个意义上,电子诉讼平台便不仅促使诉讼方式发生改变,更为当事人与法官以及当事人之间进行理性对话创造了一个透明、便捷的平台。

民事电子诉讼的这一特征亦契合了井上治典提出的审判的本质要素,并使得其所主张的当事人借助第三方实现衡平且实质化的对话性争论在技术上成为可能。井上治典曾从纠纷解决体系的整体构造出发提出纠纷解决的"第三波"理论,其认为各种纠纷解决程序的共同作用在于"创造理性对话",提供激发纠纷主体解决能力,产生利用自己的主动性和选择去自律性解决的场所。其中,审判程序最为慎重而且严肃的特征也不是绝对的,公开和附理由判决等并不是审判的本质和不可或缺的要素,审判的本质"只有当事人间借助第三方实现的——衡平且实质的——对话性争论这一要素"[1]。在民事电子诉讼的过程中,当事人双方借助电子诉讼平台围绕案件进行的证据材料提交、质证意见发表以及在法官的主持下进行争点的梳理,无疑体现出当事人借助第三方进行对话性争论,此时民事诉讼也在某种意义上转化为"讨论与交涉论坛"。如果说,民事诉讼的功能不仅见于作为最终产物的判决,还见于判决之前的程序开展过程,且判决形成和程序进行不仅期待法官而且还期待双方当事人的主体性参与[2],那么在这个

---

[1] 〔日〕田中成明:《现代社会与审判——民事诉讼的地位和作用》,郝振江译,北京大学出版社 2016 年版,第 74—76 页。
[2] 参见〔日〕田中成明:《现代社会与审判——民事诉讼的地位和作用》,郝振江译,北京大学出版社 2016 年版,第 246 页。

意义上,民事电子诉讼中因当事人自主参与性扩大从而导致的纠纷解决主动性的提升,便具备了更为深远的意蕴。

此外,电子诉讼平台附带的诉讼风险评估、典型案例查询等功能,不仅为当事人主动寻求纠纷解决方案提供了参考,也为我国多元化纠纷解决体系的发展注入了新的动力。例如,当事人通过电子诉讼平台进行在线立案时,平台内置的诉讼风险评估程序、典型案件推送以及与立案平台关联的在线调解、仲裁等平台都在当事人进行每一步操作时不断提示其纠纷解决机制的多样性。质言之,无论是案件风险的评估、相关法律依据的提供,还是对其他纠纷解决方式的关联,电子诉讼平台都为当事人切实提供了通往其他纠纷解决方式可能且必要的通道。更重要的是,这些多元的选择通道与电子诉讼平台一起为促成当事人的理性对话、全面激活我国多元化纠纷解决机制提供了可能。

三、庭审结构得以优化

民事电子诉讼通过强化审前程序从而促进庭审程序的高效运转,亦对审判结构产生深远的影响。从民事诉讼的改革趋势来看,根据不同案件的繁简程度对其进行程序分流,利用简易程序、速裁程序等简化于普通程序的审理方式以提高纠纷的处理效率,是我国法院应对民事案件激增的主流做法。[1] 前文对民事电子诉讼实践操作的考察表明,有别于传统民事诉讼,实质性的庭前准备活动是民事电子诉讼的一大突出特征,实质性的庭前准备活动有助于提高法庭调查的针对性,从而提高庭审效率。

---

[1] 参见傅郁林:《迈向现代化的中国民事诉讼法》,载《当代法学》2011年第1期。

在庭审中心主义视域下,有学者指出,我国庭审方式的首要问题是缺乏审前程序的争点整理功能,进而造成证据调查无的放矢,在此情形下,庭审不仅难以集中地进行证据调查以发现真实,也无法确保庭审程序的高效运转。① 相关实证研究也发现,实践中绝大部分民事一审案件在开庭前均未依照法律规定进行具有实质意义的庭前准备。② 据访谈得知,之所以民事案件在实践中较少进行实质性的庭前准备,其中的一大主要原因在于,线下审前准备的程序启动会耗费大量人力物力,特别是组织一次庭前会议的工作量无异于一次开庭,导致大部分法官的适用积极性不高;另外,许多法官认为既然当事人都来了,不如直接开庭,这也使得证据交换、争点归纳等本应在庭前完成的事务全部集中到庭审,导致庭审出现难以高效准确地查清事实、多次反复开庭的现象,严重阻碍了民事庭审实质化的实现。③

对此,民事电子诉讼中的电子准备程序正好从实际上满足了高效、集中庭审对实质化庭前准备的需求。考察表明,电子准备程序基本均在线上完成,无需各方到法院,甚至无需法官或法官助理亲自组织各方开展审前准备工作,而只需由平台设置的相应功能引导便能帮助当事人自行完成证据交换、归纳争点、固定无争议事实等,最后由系统自动生成一份庭前准备报告供庭审使用。这种便利的庭前准备方式,一方面,可使诉讼参与各方更加容易接受审前准备程序,进而激发审前准备程序的活力;另一方面,实质化的庭前准备活动也有利于争点整理的具体化,从而有助于庭审调查的针对性与高效化。

不仅如此,实质性的电子庭前准备活动还对庭审的构造予以一定程度的优化。前文对民事电子诉讼实践操作的考察表明,对于进行了

---

① 参见段文波:《庭审中心视域下的民事审前准备程序研究》,载《中国法学》2017年第6期。

② 参见郝廷婷:《民事诉讼庭前准备程序的归位与完善——以民事审判中心主义的实现为目标》,载《法律适用》2016年第6期。

③ 整理自《访谈笔录6》,2020年11月9日于A市中级人民法院。

实质性庭前准备的案件,其庭审方案往往有别于传统未进行实质性庭前准备的案件。详言之,此种案件的庭审通常围绕庭前整理的争议焦点进行,并将法庭调查与法庭辩论合并进行,亦即法庭围绕争议焦点进行的调查和辩论往往交织融合,共同为查明案件事实服务,庭审结构呈现出无阶段化的特征。

在此有必要提及的是我国民事庭审构造的问题。长期以来,我国民事庭审结构大致呈现出法庭调查与法庭辩论前后分列的两个阶段。从立法者的意图来看,前者属于证据调查程序,后者主要解决法律适用的问题,即立法者意图在法庭调查阶段解决事实认定问题,而在法庭辩论阶段解决法律适用问题。但实际情况是,人们通常很难将事实问题与法律问题完全割裂开来,两者往往交织在一起,故在法庭辩论环节,当事人双方发表的大多数意见仍是对法庭调查阶段的补充。此外,进行证据调查的逻辑前提在于双方当事人对案件事实存在争议。因为根据辩论主义的要求,双方当事人没有争议的事实将排斥法官的事实认定权,换言之,对于当事人之间无争议的事实,便无需进入证据调查程序。①

对此,早在 2001 年就有学者撰文指出前后分置法庭调查和法庭辩论两阶段的庭审构造过于僵化,硬性割裂了事实调查与事实问题、法律问题辩论的关联性,并提出"去阶段化"的建议。② 亦有学者指出前后分置法庭调查与法庭辩论的两阶段庭审构造实属功能错置,宜对调我国现行庭审两阶段。③ 就现行立法来看,《民诉法解释》采纳了"去阶段化"的建议,创设了法庭调查和法庭辩论合并进行的庭审模式。④ 但由于上述规定并不具有刚性,且对于庭审实践中应如何合并

---

① 参见段文波:《我国民事庭审阶段化构造再认识》,载《中国法学》2015 年第 2 期。
② 参见张卫平:《法庭调查与辩论:分与合之探究》,载《法学》2001 年第 4 期。
③ 参见段文波:《我国民事庭审阶段化构造再认识》,载《中国法学》2015 年第 2 期。
④ 《民诉法解释》(2022 年修正)第 230 条规定:"人民法院根据案件具体情况并征得当事人同意,可以将法庭调查和法庭辩论合并进行。"

法庭调查和法庭辩论并未予以明确的规定,故在传统庭审中"去阶段化"的庭审构造并不普遍。此外,一个更重要的原因还在于,当下我国民事诉讼的实践中,在庭前对当事人双方的争议焦点进行整理的做法并不普遍,所谓的庭前准备程序主要限于"事务性"准备,故在正式开庭时往往也很难做到对案件进行合并法庭调查与法庭辩论的集中审理。

而民事电子诉讼中实质性的庭前准备程序恰好为庭审的合并集中审理创造了必要条件,由于案件的争议焦点已在庭前进行了梳理明确,因此庭审通常直接围绕争点进行调查和辩论。需要指出的是,这并不等同于有学者提出的将法庭辩论提前,即对调法庭调查和法庭辩论的顺序。因为在法庭调查与法庭辩论合并进行的庭审方案中,围绕争点进行证据调查后,并不意味着法庭调查的结束,双方当事人仍有进行法庭辩论的可能。从司法实践的效果来看,这种"去阶段化"的庭审结构,由于争点明确,并将证据调查与辩论结合起来共同为查明案件事实服务,不仅有利于当事人质辩意见的充分发表进而更加准确地查明案件事实,也提高了庭审的效率。

第二节 民事电子诉讼的运行限度

如果把诉讼视为正义的最后一道防线,那么采取怎样的方式进行诉讼对当事人而言始终只是解决纠纷的一种手段而已。这也为我们评价民事电子诉讼的实践效果提供了另一种视角,即将其视为定分止争、案结事了的一种手段和过程。

相关研究表明,社会条件的变化对审判提出了新的要求,相关改革实则可被理解为在诉讼程序和审理结构上对来自社会的特定内在要求以及人们意识变化的一种回应。① 我们从各种有关诉讼方式改革与创新的材料和报道中也不难看到类似的表达:"为进一步满足人民群众多元司法需求,中国法院充分利用互联网开放、快捷、高效的特点,拓展纠纷化解渠道,优化纠纷解决方式,健全一站式多元解纷平台和一站式诉讼服务平台,不断提升诉讼便利程度,降低当事人诉讼成本;截至2019年10月31日,杭州、北京、广州互联网法院受理互联网案件在线庭审平均用时45分钟,案件平均审理周期约38天,比传统审理模式分别节约时间约五分之三和二分之一,一审服判息诉率达98.0%,审判质量、效率和效果呈现良好态势。"②抛开类似的表达可能存在的问题不论,这一表达至少可以从以下方面给我们提供一定的启示:在评价民事电子诉讼的效果时,我们除了可以考察其在实践中的适用率以及适用的成功率,还可以将民事电子诉讼在回应司法实践需求上所做出的努力及其带来的后果作为评价指标。就此而言,如果将电子诉讼视为一种解纷方式,那么实践中其在以下几个方面的运行效果较为有限。

一、诉讼效率提升有限

在经济高速增长极大地改变着社会面貌的时代背景下,民商事案件程序运行的高效率对于中国人来讲,几乎成了一种不言而喻或不证自明的现实需求。③ 然而,在上述背景下,纠纷数量激增、种类日趋复杂,民事司法领域"诉讼爆炸"的景象却是不争的事实,不少法院"案多人少"

---

① 参见王亚新:《社会变革中的民事诉讼》(增订版),北京大学出版社2014年版,第112页。
② 中华人民共和国最高人民法院编:《中国法院的互联网司法》,人民法院出版社2019年版,第6—9页。
③ 参见王亚新:《社会变革中的民事诉讼》(增订版),北京大学出版社2014年版,第170页。

的矛盾更是十分突出。① 如何应对激增的纠纷并予以妥善、高效的处理,是近年来我国法院面对的重要挑战,也是此次民事诉讼繁简分流试点改革的核心要旨。根据诺斯的观点,制度创新必须能够改变某种"次优"状态,并能增进主体的利益②,据此民事电子诉讼的适用能否对民事程序的运行效率带来一定的增益,便是评价该制度效果的一大切入点。

通常,庭审时长和案件审理周期是衡量诉讼效率的两大标准,对此我们也可以从 A 市五个典型基层法院适用在线庭审的案件开庭时长和审理周期来对 A 市法院电子诉讼试点改革在诉讼效率方面的效果进行一个初步判断。如表 4-4 所示,五个典型基层法院适用在线庭审审理的案件其平均庭审时长为 60 分钟,平均审理周期为 56 天,这一数据与传统庭审中适用简易程序审理的案件持平。换言之,与传统审判方式相比,民事电子诉讼无论是在线庭审环节还是整体程序运转,其效率都有所提高。③

表 4-4　2020 年 1—9 月五个典型基层法院在线庭审时长与平均审理期限

	在线庭审平均时长	平均审理期限
B 区法院	56 分钟	77 天
C 区法院	72 分钟	52 天
D 区法院	40 分钟	34 天
E 市法院	42 分钟	58 天
F 市法院	88 分钟	57 天
平均值	60 分钟	56 天

① 参见左卫民:《"诉讼爆炸"的中国应对:基于 W 区法院近三十年审判实践的实证分析》,载《中国法学》2018 年第 4 期。

② 参见〔美〕R. 科斯、〔美〕A. 阿尔钦、〔美〕D. 诺斯等:《财产权利与制度变迁——产权学派与新制度学派译文集》,刘守英等译,上海三联书店、上海人民出版社 1994 年版,第 275—276 页。

③ 全国试点法院的数据也印证了这一判断,数据显示,试点一年来,全国试点法院在线庭审平均时长为 46 分钟,较线下庭审缩短 60%。参见《最高人民法院关于民事诉讼程序繁简分流改革试点情况的中期报告》。

这一方面与在线开庭审理的案件中简单案件占比略多于传统庭审存在一定的关联①，另一方面，民事电子诉讼各个环节的相关创新措施对此亦有贡献：其一，民事电子诉讼中实质化的庭前准备活动，如证据交换、归纳争议焦点等措施，为庭审的集中高效进行提供了保障；其二，电子送达的大量适用对审理周期的缩短也有一定的帮助。

上述分析无疑提醒我们这样一个事实：相较于传统诉讼方式，民事电子诉讼在各具体诉讼环节的不同操作方式决定了有关诉讼效率的考察不能仅仅将目光局限于某一环节的某项指标，而应以更加整体的视角进行观察。因为在线庭审作为电子诉讼流程的一个中间环节，其效率的提高往往有赖于其他环节的辅助，甚至是以牺牲其他环节的"效率"作为代价的。如调研发现，为确保在线庭审的顺利进行，正式开庭前除了进行实质化的庭前准备活动，还有大量事务性的准备工作需要完成，如指导当事人下载并使用相关软件、联系当事人调试设备等。这些看似简单琐碎的工作往往会耗费审判辅助人员大量的时间和精力，在调研中甚至有审判辅助人员用开玩笑的语气抱怨，很多在线庭审的案件都是"庭审十分钟准备两小时"。尽管是一句夸张的玩笑话，但据此我们仍不难发现，庭审效率的提高很大程度上是以繁复的庭前准备为代价的。此外，对于在线立案和电子送达而言，实践中大量存在网上立案后仍需到法院现场提交纸质材料、电子送达环节通过二次送达以确保送达效果的"双保险"等现象，据此也很难认为相较于传统诉讼方式民事电子诉讼的确实现了诉讼效率的提升。

通过前文的简要考察，我们必须正视的是，尽管民事电子诉讼的核心环节在线庭审的效率有所提高，且适用在线庭审进行审理的案件其平均审理期限也有所缩短，即表面上电子诉讼对民事程序的运行效

---

① 前文的考察发现，实践中有接近85%的在线庭审案件适用简易程序(含小额诉讼程序)审理，略高于传统庭审中近八成的简易程序适用率。

率的确有所增益,但如果从程序的整体出发便不难发现,庭审环节的高效往往是以加倍的庭前准备活动为前提,而对于整个诉讼程序而言,不同环节运行效率的此消彼长却很难用单一的判断标准来进行统一的评价。或许,一个折中的结论是,民事电子诉讼的适用一定程度上有助于提升民事程序部分环节的效率,但考虑到诉讼程序的整体性,这种提升效果无疑是有限的。

二、诉讼成本降低有限

近年来,围绕司法或司法改革进行的考核与评价,已成为实务部门及理论界共同关注的主题,对此实践中也涌现了不同版本的评价体系。[1] 但受评估主体视角的影响,相关考核体系有关考核指标及权重的设计较多倾向于对形式化要件的偏重[2],反映在对司法改革的评估上,较为突出的问题便是缺乏对诉讼成本与改革资源耗费的关注。但对于当事人而言,诉讼成本的耗费不仅意味着处理纠纷所需的投入,更关乎纠纷解决的最终结果;对于改革主体而言,如果改革措施所耗费的资源与产出的效益无法匹配,那么其推行改革方案的积极性将会大幅下降,进而影响改革措施的实施效果。因此,如果将民事电子诉讼视为一种纠纷解决方式,在对其运行效果进行评价时就不能忽视纠纷解决过程中所产生的诉讼成本和诉讼耗费。

从狭义的角度来看,诉讼成本主要是指能用货币形式进行计算的

---

[1] 参见朱景文:《人们如何评价司法?——法治评估中司法指标的分析》,载《中国应用法学》2017年第1期;胡昌明:《司法体制改革评估的衡量标准及方法》,载《中国法律评论》2018年第3期;孙笑侠:《用什么来评估司法——司法评估"法理要素"简论暨问卷调查数据展示》,载《中国法律评论》2019年第4期;等等。

[2] 参见顾培东:《人民法院改革取向的审视与思考》,载《法学研究》2020年第1期。

成本①,通常由司法机关投入的司法资源与当事人耗费的成本构成。具体而言,法院的诉讼成本主要包含为确保其功能的发挥以及诉讼的顺利运转所消耗的司法资源,如技术设备、人力资源投入等;当事人的诉讼成本则主要涉及时间成本与金钱成本,如诉讼费及往返法院所需的时间、金钱等。

从当事人的诉讼成本这一评价角度观察实践可以发现,民事电子诉讼通过运用信息技术,突破了传统诉讼模式对于时间或空间的限制,进而在一定程度上降低了当事人的诉讼成本。详言之,在立案环节,在线立案打破了空间和时间上的限制,大大节约了传统立案模式中因地理、时间等因素产生的立案成本。例如,当事人仅需登录相应的诉讼服务平台,足不出户就能在手机或电脑上实现在线立案咨询、提交材料、交纳诉讼费用等,不仅不受法院工作时间的限制,还大大节约了往返法院的时间和经济成本。尤其是当下到诉讼服务中心立案常常需要"大排长龙"的情形下,在线立案节约的时间成本就显得更为突出。与之类似,在线庭审也极大地降低了当事人往返法院的成本,尤其是对于不在当地的诉讼参与人而言,登录在线诉讼平台便能实现亲自到法院参与庭审的效果。调研也发现,样本法院适用在线庭审的不少案件中都存在一方或双方当事人在外地甚至国外,不便到法院亲自参加庭审的情况,在线庭审的适用不仅为当事人参与庭审提供了极大的便利,也在降低当事人诉讼成本的同时保障了其相关诉讼权利的行使。同样,电子送达也借助信息技术方便了法官与当事人之间的联系,当事人无需再到法院领取相关诉讼文书且电子送达"一键即时到达"的特征也大幅缩短了文书送达的周期,进而降低了送达环节的诉讼成本。

---

① 学理上,根据不同的分类标准,诉讼成本有不同的分类,从是否必然支付可分为必然性成本与非必然性成本;根据是否可用货币计算分为经济性成本和机会性成本等。参见刘晓东:《简论诉讼效率与程序公正之契合》,载《黑龙江社会科学》2009 年第 3 期。

与当事人诉讼成本的降低形成对比的是，从法院的立场出发，民事电子诉讼的适用似乎反而加重了法院案件办理的成本。依照上文的界定，在民事电子诉讼运行中，法院的办案成本主要包含技术设备与人力资源投入两个方面，据此可从技术产品的重复开发导致的资源浪费较大，以及民事电子诉讼加重审判辅助人员的工作任务两个方面来证明上述判断。

一方面，由于民事电子诉讼尚处于试点探索阶段，相关平台建设与功能设置都远未达到可复制、可推广的水平，仍需要在实际的运作中不断改进与完善。故无论是电子诉讼的平台建设还是相关软件的研发，最高人民法院在改革之初并未进行统一规定，而是给予试点法院充分的探索空间。但这也导致实践中由于科技公司的商业利益与试点法院工作创新的双重激励，不同层级的法院均涌现了大量功能雷同但效果参差不齐的电子诉讼平台或软件。考察发现，仅就 A 市两级法院而言，能进行在线立案的平台就至少有四个，而在线庭审的平台除 A 市中级人民法院开发的在线庭审平台外，各基层法院常用的还有"云上法庭""公道互联""移动微法院"等。由于可供当事人选择的平台数量众多且功能大致相同，故实践中必定有部分平台利用率不高甚至处于"闲置"状态。此外更不能忽视的是，由于不同平台之间并不连通，故平台间的数据交互存在壁垒，这意味着要想对案件进行归档，通常还需将相关数据导进内网系统。概言之，当前电子诉讼的平台建设存在重复开发以及数据整合困难的现状，在导致资源浪费的同时也增加了法院审判管理的成本。

另一方面，民事电子诉讼加重了审判辅助人员的工作任务。据考察了解，要想顺利完成一场在线庭审，审判辅助人员需要在开庭前进行至少如下四个步骤的工作：第一，案件从立案庭分至各个承办法官处后，法官助理或书记员通常会主动联系诉讼当事人，询问其是否愿意适用在线庭审，与此同时还会向当事人交代电子诉讼的优势及诉讼效力;第二,对于当事人同意适用在线庭审的案件,法官助理或书记员需要通过电话或微信指导当事人进行 App 的下载或在线庭审平台网页的登录、注册账号并进行身份验证等初始性工作,这一过程通常伴随着法官助理或书记员的指导、当事人的反馈等多轮沟通;第三,诚如前文多次提及的,为保障在线庭审的效果,通常在正式开庭前,法官助理或书记员会单独或协助承办法官组织当事人进行庭前准备活动,尽管与正式的庭审相比,庭前进行的证据交换等准备活动在形式和内容上都较为简洁①,但也仍是一项不可忽视的工作;第四,在临近开庭时,通常是开庭前半小时,法官助理或书记员需要提前通知当事人登录平台,在线核对当事人身份并测试当事人的设备与网络条件。对此,几乎所有受访的书记员或法官助理都表示,为保障电子诉讼的顺利运行,"庭审十分钟准备两小时"并不是某些案件的特例,而是在线庭审的工作常态。更关键的问题还在于,到法院参与诉讼的经历对于普通当事人而言几乎都是第一次且最后一次,这也意味着审判辅助人员需要对不同的案件当事人一一进行在线庭审操作方式的指导,从长远的角度来看,这一环节的边际成本似乎无法因案件数量的增加而呈现出递减的趋势。

综合上文的分析可以发现,民事电子诉讼在信息技术的加持下于特定诉讼环节打破了时间与空间的限制,在一定程度上降低了当事人的诉讼成本,但与此同时也应看到技术赋能的有限性,即从法院的角度来看,民事电子诉讼的适用在不同层面反而加重了法院的办案成本。

---

① 对于适用 A 市中级人民法院研发的在线庭审平台进行开庭的案件,庭前准备活动仅需法官助理或书记员指导当事人学会相应的操作方法后即可由当事人自行在平台上上传证据材料、发表质证意见;但对于适用其他庭审平台审理的案件,实践中常见的庭前准备方式是由审判辅助人员建立工作微信群,组织双方当事人在工作群里交换证据材料、发表各方意见。

三、诉讼体验的两极化

诚如有学者指出的,司法是一种制度构建的产物、一种公共产品,且任何司法产品都不只是司法机关单方面行为的产物,而是各诉讼主体共同作为、合力形成的结果,因此对司法的评价应尊重"消费者体验"。① 就民事电子诉讼而言,"消费者"主要是指参与电子诉讼的各方主体,即电子诉讼的"用户",具体包括纠纷各方当事人、承办案件的法官、参与案件办理的审判辅助人员等,他们不仅是让制度"落地"的主体,其在诉讼过程中的体验感受也直接影响制度预期效果的实现。因为就制度创新的效果而言,其实质必须是诉讼参与主体所实际感受到的"效果",而非法院统计或考核意义上体现出的"效果"。从这一点来看,对民事电子诉讼的"用户体验"进行的考量就具有十分重要的意义。

需要说明的是,"用户体验"是各方参与主体对电子诉讼的主观感受,具有很强的主观性,受制于调查资源的限制,笔者无法对各方参与主体进行大量的走访调查,故本部分的考察主要采用深度访谈与问卷调查相结合的方式,对被访者在适用民事电子诉讼过程中的一些感受与评价进行尽可能客观中立的呈现。通过对问卷调查和访谈结果的分析总结,一个基本的结论是,当前民事电子诉讼的"用户体验"存在较为明显的两极化趋势,这可以从以下两个方面来说明。

一是不同参与主体的体验感存在较大差异。在当事人层面,律师对电子诉讼的整体体验感优于普通当事人。在问卷调查方面,笔者向律师提出了"您认为电子诉讼的哪些阶段适用效果较好"的问

---

① 参见顾培东:《人民法院改革取向的审视与思考》,载《法学研究》2020年第1期。

题,在回收的 39 份有效问卷中,有 32 名律师选择了电子送达,占受访律师的 82%,有 26 名律师选择了在线立案,占受访律师的 67%。值得关注的是,尽管仅有 12 名律师,即 31% 的受访律师认为在线庭审适用效果良好,但在问及"您是否愿意进行线上庭审"这一问题时,有 33 名律师,即 85% 的受访律师表示愿意通过在线庭审进行开庭。由此不难看出,实践中律师对电子诉讼普遍持较为支持的积极态度,且对电子诉讼大部分环节的运行效果也较为认可。访谈的情况也进一步证明了问卷调查的结果,受访的绝大部分律师都对民事电子诉讼的试点改革表示支持,尤其对于需要到外地开庭的案件,受访律师普遍认为民事电子诉讼的推广无疑在节约办案成本、提高诉讼的便利性方面发挥了相当重要的作用。此外,尽管大部分律师都谈到了当前电子诉讼平台尚待进一步完善的问题,但平台的操作对其而言普遍都不成问题,一些在互联网法院有过办案经验的律师甚至表示在普通法院参加电子诉讼基本轻车熟路,无论是诉讼流程还是平台操作都能够快速适应。①

相较之下,当事人的适用体验则不那么理想。② 对参与过民事电子诉讼的当事人进行访谈后发现,大多数当事人都是在到达法院后在相关工作人员的引导下才参与到民事电子诉讼中来的。由于第一次接触电子诉讼,无论是用户注册还是 App 的下载或平台的登录,都是"从零开始",对此有受访的当事人坦言:"对这些东西(电子诉讼平台)不太懂,又怕出错,用起来还是不如直接到法院当面办理来得清楚直接。"③此外,部分受访法官在谈及自身工作体验时也透露,一定程度上当事人的体验感较差。如受访法官普遍谈到,

---

① 整理自《访谈笔录 9》,2021 年 1 月 15 日于 A 市中级人民法院。
② 由于无法对参与过电子诉讼的当事人进行精准的问卷调查,故此部分的研究结论主要结合对参与过电子诉讼的当事人的访谈与办案法官以及审判辅助人员的访谈分析而来。
③ 整理自《访谈笔录 10》,2021 年 1 月 15 日于 A 市中级人民法院。

一方面，很多当事人一生可能就打这一次官司，对于司法活动的认知普遍来自媒体宣传或艺术作品的呈现，而电子诉讼对于普通当事人而言几乎都是陌生的，许多在法官看来为当事人提供便利的措施，如在正式开庭前在线进行证据交换、发表质证意见等，由于当事人并不能很好地理解法官的用意而导致预期目标不仅无法实现，反而还让当事人产生重复做功的错觉。此外，当事人的设备状况在一定程度上也影响了其参与诉讼的体验感，如在线庭审中，未聘请诉讼代理人的普通当事人通常使用手机参与庭审，但由于手机屏幕的大小以及像素通常不如电脑端，因此使用手机参与庭审活动的当事人不仅只能通过几寸的手机屏幕观看分割成几个板块的视频图像，且操作的便捷程度也受到一定的影响，手机信号、网速的问题也直接影响庭审的流畅度，故诉讼参与的整体体验感相较于线下庭审也大打折扣。①

在法院内部，法官对电子诉讼的态度普遍比审判辅助人员更为积极。访谈中发现，大部分法官都坦言，尽管民事电子诉讼的实践运行可能或多或少还存在一定的问题，但就目前适用的整体感受来看，电子诉讼在提升办案便捷度和效率方面依然发挥了不小的作用，尤其是在线庭审较为顺利的案件，由于庭前准备展开得更充分，因此极大地提高了庭审的效率。与之形成鲜明对比的是，访谈中法官助理或书记员在谈到民事电子诉讼的适用体验时，普遍流露出较为无奈的神情。究其原因，受访的法官助理或书记员谈到，民事电子诉讼对于审判辅助人员来说往往意味着更多的工作，最明显的工作增量来自与当事人的频繁沟通，即无论是电子送达还是在线庭审的准备环节，相较于传统庭审，电子诉讼都将耗费审判辅助人员大量的时间和精力去联系诉讼当事人，指导其正确操作相关平

---

① 整理自《访谈笔录8》，2021年1月15日于A市中级人民法院。

台、确认各个步骤的运行效果。①

二是不同环节给参与主体带来的体验感受较为悬殊。尽管上文的考察表明,不同类型的"用户"对电子诉讼的实践运行存在不同的认知与评价,但如果抛开"用户"类型的划分,从"用户"体验的"最大公约数"着眼可以发现,在线立案与电子送达环节的适用体验远优于在线庭审。

在问卷调查方面,对于"民事电子诉讼的哪些环节让你觉得适用效果良好"这一问题,除了上文提及的,绝大部分受访律师都选择了在线立案和电子送达环节,而仅有近三成的受访律师认为在线庭审环节的运行效果良好。对法院内部发放的问卷调查也与上述调查结果基本一致。在回收的45份有效问卷中,有38名法官及审判辅助人员选择了在线立案,占到受访总人数的84%;有32名法官及审判辅助人员选择了电子送达,占到受访总人数的71%;仅有15名受访者,即33%的受访法官及审判辅助人员认为在线庭审环节适用效果良好。与律师群体的问卷调查结果稍有不同的是,法官及审判辅助人员普遍认为在线立案的适用体验要优于电子送达环节。

访谈的情况也有力地印证了问卷调查的结果,绝大部分受访者都表示,其从在线立案和电子送达环节切实体会到了电子诉讼带来的便捷,如在线立案不仅省去了当事人到法院起诉的时间与路途成本,更减少了"大排长龙"等待立案的怨气,电子送达在实践中也体现出便捷、及时的特征。而对于在线庭审,受访者普遍谈到,或许是由于各方面尚不完善的原因,在线庭审的效果并不理想,因此如果要给电子诉讼各个环节的适用体验感从高到低进行排序的话,在线庭审无疑是排在最后的环节。此外,从访谈获取的信息来看,之所以问卷调查显示

---

① 整理自《访谈笔录1》,2020年9月14日于C区人民法院;《访谈笔录2》,2020年9月16日于B区人民法院;《访谈笔录5》,2020年10月15日于D区人民法院;《访谈笔录7》,2020年12月2日于A市中级人民法院。

法官及审判辅助人员普遍认为在线立案的适用体验要优于电子送达环节,而律师群体的普遍感受恰恰与之相反,这与二者在不同诉讼环节的角色定位有关。在电子送达环节,审判辅助人员扮演的是主动实施行为的一方,前文的考察表明,为确保送达的效力,审判辅助人员有时会二次送达以达到"双保险"的目的,但也因此增加了其工作量。而对于被动接收文书的诉讼当事人而言,评价电子送达的适用体验时,只需考虑接收送达的方式是否便宜即可,故后者对电子送达的体验感通常也相对更好。①

毋庸置疑,制度的顺利运转有赖于参与主体的积极配合,与之相应,参与者的体验感受便成为评价制度成效的一大重要标准。对于改革而言,"只见制度不见人"不仅很难达到制度设计的预期,甚至可能对实践造成某些负面导向。上文的考察表明,民事电子诉讼的实践因参与主体的差异及其所参与诉讼环节的不同产生了截然不同的诉讼体验,而这一事实似乎也在某种程度上提示我们,当前民事电子诉讼的推广或许并不适合采用"齐头并进"的方式,而从尊重"用户体验"的现实出发,在充分了解各类主体利益诉求的基础上,区分适用范围和适用对象的渐次推进,可能才是一种更优的路径。

第三节 反思:民事电子诉讼的定位

上文从不同层面对民事电子诉讼的适用效果进行了考察,总的来看,在试点改革以及新冠肺炎疫情的推动下,民事电子诉讼各个阶段的适用率均实现了跨越式的增长,且民事电子诉讼的适用使某些诉讼环节的效率亦有所提高。但由于在线庭审受各方设备、网络环境等技

---

① 整理自《访谈笔录7》,2020年12月2日于A市中级人民法院。

术条件的限制,其效果始终无法完全保证如面对面庭审一般流畅、及时。或许正是由于上述局限,反而促使法官组织各方当事人在庭前进行证据交换与争点梳理,在庭审时尽量直接、明了地提出己方诉求、发表相关意见,并采用各方诉讼参与人更容易理解的表达方式。可以看到,为了确保庭审的顺利进行,法官及各方当事人这种看似不经意又稍显无奈的改变,不仅在一定程度上改进了庭审的结构、激发了庭审的效率,更孕育着合作解纷的理念。

但不能忽视的是,一方面,法官工作习惯、当事人对新诉讼方式接受的渐进性等因素仍决定了其推广过程的长期性,即民事电子诉讼的推广与适用远非一朝一夕就可以实现的,因此当下对其短期适用率的考察便可能仅是一种暂时的状态;另一方面,尽管民事电子诉讼起到了提高某些诉讼环节的效率的作用,但这往往是以牺牲其他环节的效率为代价的,因此对于整个诉讼程序而言,难以绝对地作出提高效率与否的两分判断。此外,如果按照萨斯坎德的观点,将法院视为一种提供服务的机构[1],对于民事电子诉讼的参与者而言,因参与主体类型的差异和参与诉讼环节的不同,其诉讼体验亦很难有一个统一的评价。综合以上分析,如果要对当前民事电子诉讼的运行效果作一个整体的评价,一个似是而非的结论或许是,民事电子诉讼在实践中的运行已初见成效,但这种效果是有限的,且与改革目标之间仍存在一定的距离。

面对实际运行效果与改革目标之间的距离,或许更值得我们进一步思考的,不是下一步应如何追赶这一距离,而是从实践运行中把握住民事电子诉讼真正的特质及其定位。因为无论从何种角度审视当前民事电子诉讼的实践,我们都需要正视的是,当前民事电子诉讼的改革目标仅是一种初步的建构,可能暗含了我们对民事电子诉讼种种不合理的预设与偏见,以及缺乏对电子诉讼可以发挥怎样的优势以

---

[1] 参见〔英〕理查德·萨斯坎德:《法律人的明天会怎样?——法律职业的未来》(第二版),何广越译,北京大学出版社 2019 年版,第 127—129 页。

及如何发挥其优势的深入了解。指出这一点并不是要否定前文对民事电子诉讼实践运行效果的初步判断,而是希望从电子诉讼与传统诉讼关系的视角更多地思考民事电子诉讼在当下中国民事审判系统中的具体位置,并在此基础上思考其潜在的价值。

一、与传统诉讼方式相互嵌入

根据前文对当前民事电子诉讼实践面貌的考察,我们可以对其基本特征作出如下概括:首先,电子诉讼是以信息科技为内核,以电子诉讼平台为载体,功能覆盖从立案、庭审到裁判文书送达几乎整个诉讼流程,具有自治性的新型诉讼方式。换言之,电子诉讼各个环节的顺利运行与功能发挥均以信息科技的保障为前提,甚至可以认为,电子诉讼的中枢便是电子诉讼平台,且从外观上来看,电子诉讼通常表现为各方当事人在各自所在地通过登录电子诉讼平台进行的系列诉讼活动。其次,信息科技的运用使得民事电子诉讼各个环节的运行都拥有超越特定空间甚至时间限制的特性,详言之,当事人只需通过电子诉讼平台便能在适宜的地方完成线下诉讼中需要在法院的工作时间亲自到法院才能完成的诉讼活动。最后,无论在哪一环节,民事电子诉讼的适用均以当事人的选择为前提,即当事人对电子诉讼的启动具有决定性权利。

如果将具有上述特征的民事电子诉讼与传统线下的民事诉讼相比较,不难发现两者相去甚远。根据萨斯坎德的考察,现代司法工作的核心有三个部分——法官、正式的司法程序以及被称为法院的地方①,详言之,传统诉讼方式的核心基本可以概括为诉讼当事人遵循特定的司

---

① See Richard Susskind, *Online Courts and the Future of Justice*, Oxford University Press, 2019, p. 55.

法程序到法院提起诉讼并由法官作出裁决的过程。为了便于比较,这里概要性地指出传统民事诉讼具有的与本研究相关的突出特征:诉讼行为方式的法定主义。具体而言,诉讼行为方式的法定主义中的诉讼行为不仅是指相关诉讼环节的展开方式,如言词的方式、书面的方式,直接的方式、间接的方式,也包含对诉讼行为的时间、场所的要求。此外,对于特定诉讼行为,法律往往要求其必须以一定的方式实施,否则就可能影响其法律效果。① 如民事一审的庭审程序通常就应当采取直接、言词、公开、对席的方式,于法定的期间内,在法院的法庭内以开庭的方式实施。② 从制度的发生原理来看,诉讼行为方式的法定主义一方面建立在对民事诉讼程序正当化的基础之上,另一方面也是对民事诉讼程序安定性与效率的保障。但不能忽视的是,除了上述两大因素,相关研究亦表明,不少法定的诉讼行为其实只是长期的民事诉讼实践经验与规律的总结。③ 显然,与民事电子诉讼相比,在传统的民事诉讼中,诉讼行为的方式与诉讼行为所在的时空都具有相当程度的刚性,尤其是对于诉讼行为发生的时间与空间而言,基本没有变动的空间。

　　以此为参照,我们不难发现,民事电子诉讼的实践与传统诉讼方式存在如下不同之处:一方面,法院与当事人的交往方式因互联网技术的运用而发生了改变。传统诉讼中面对面接触变为通过网上虚拟平台的沟通,承载着案件信息传递功能的卷宗也从纸质的印刷品演变

---

① 参见肖建华主编:《诉讼证明过程分析——民事诉讼真实与事实发现》,北京大学出版社 2018 年版,第 82—83 页。

② 但法律另有规定的除外,如根据我国《民事诉讼法》第 138 条的规定,人民法院审理民事案件,根据需要进行巡回审理,就地办案。

③ 王亚新的研究指出:"无论存在还是不存在就程序展开样式作出明确规定的诉讼法规,只要纠纷处理的实务持续足够长的时间,多半会自然地形成某种操作上的习惯或不断同样反复的程序运作样式。诉讼法规的不少规定在许多情况下其实就是这种习惯性的操作样式在书面上的记叙或表达而已。"参见王亚新:《对抗与判定:日本民事诉讼的基本结构》,清华大学出版社 2002 年版,第 157 页。

为基于数字化技术的电子卷宗。另一方面,随交往方式一同改变的是,当事人诉讼权利如辩论权和到场权的行使方式、庭审形式以及具体的程序内容等,概言之,在民事电子诉讼中,信息技术改变着上述权利的性质与行使方式。

那么,值得进一步追问的是,这种与传统民事诉讼方式极为不同的电子诉讼,在整个民事审判系统中可能处于一个什么样的结构性地位呢?对于其与传统诉讼方式之间的关系又应如何看待呢?对于上述问题,学术界并未有直接的回答,而是通过总结电子诉讼的实践提炼出了其与传统诉讼方式的两种适用模式——辅助性模式与并列性模式。就前者而言,主要强调民事电子诉讼仅仅是传统诉讼方式的辅助手段,无论是在单一阶段适用电子诉讼还是全流程地适用,民事电子诉讼都仅仅是传统诉讼方式的一种补充,其核心都旨在填补传统诉讼方式在特定情况下的缺陷或提高审判活动的效率以及便利性。就后者而言,这一模式通常意味着案件当事人对诉讼方式的排他选择,某一诉讼方式要么全用,要么全不用,即在程序上确保诉讼方式的全面性与体系性,体现的是特定诉讼方式的独立性。①

毫无疑问,学术界针对民事电子诉讼的实践运行所提炼出的两种适用模式存在一定程度的合理性,但这样的判断难免过于粗略,既没能从诉讼法的角度对民事电子诉讼进行明确的定位,也未能从我国法治建设的大背景出发探究民事电子诉讼可能占据的重要结构性位置。究其原因,笔者认为是由于有关论者在审视民事电子诉讼的实践时,有意无意地将其与传统诉讼方式对立起来。换言之,将电子诉讼与传统诉讼方式的差异进行刻意区分甚至放大,实际上潜在地构成了大部分论者讨论两种诉讼方式的关系与可能所处的位置时的背景性前提。因此,无论是在辅助性模式还是在并列性模式中,民事电子诉

---

① 参见侯学宾:《我国电子诉讼的实践发展与立法应对》,载《当代法学》2016年第5期。

讼要么呈现出一种超越性的姿态,即因其存在某种优于传统诉讼方式的特征而承载着对传统诉讼方式进行补充与完善的功能,要么以一种独立性、排他性的面貌示人。总体而言,民事电子诉讼与传统诉讼之间似乎存在一条分界线,对其进行了明确的区分。

然而,问题在于,上述看法是否真正照全了电子诉讼的实践面貌,逼近了问题的实质呢?答案或许是否定的。黄宗智在论述社会科学应如何认识当今中国时曾指出,"'转型'一词用于中国,不应理解为目的先导的从一个类型转成另一个类型,而应认作是一种持久的并存的以及产生新颖现象的混合"①。基于此种启示,我们可以追问的是,此前我们对于民事电子诉讼的认识是否存在由于理念先行而产生的某种偏见,亦即,当我们在将民事电子诉讼视为一种新型的诉讼方式时,是否也有意无意地为其戴上了由一种诉讼方式转向另一种诉讼方式的有色眼镜?如果抛开我们为制度预设的目标,实践中民事电子诉讼的原本面貌中又隐藏着其与传统诉讼方式之间怎样的关系?

根据前文的讨论,其实不难发现,传统民事诉讼方式的核心基本可以概括为诉讼当事人遵循特定的司法程序,通过到法院提起诉讼并由法官最终作出裁决的过程。如果以此为参照反观民事电子诉讼的实践,可以发现,尽管其在实践中呈现出分板块适用的碎片化特征,但从各个环节的适用情况来看,其实质性的功能并未发生根本性改变,改变的只是当事人与法院的交往方式和其权利的行使方式。换言之,电子诉讼只是利用信息技术对诉讼的实现方式进行了扩充,整体而言并未从实质上改变诉讼的结构与基本原则。② 此外,从民事电子诉讼的启动方式来看,实践中无论在哪一环节,其适用均以当事人的

---

① 黄宗智:《认识中国——走向从实践出发的社会科学》,载《中国社会科学》2005年第1期。
② 参见张兴美:《电子诉讼制度建设的观念基础与适用路径》,载《政法论坛》2019年第5期。

同意为前提,且在程序实施过程中可以根据实际情况和需要,与传统诉讼方式进行切换。

据此不难发现,无论是辅助模式还是并列模式,两者都仅是对实践现象的简单概括,而未能触及诉讼方式的原理问题。电子诉讼于传统诉讼而言,既不是非此即彼的并列模式,也非处于辅助模式中的从属性辅助地位。尽管电子诉讼相较于传统诉讼方式存在其独有的优势和特征,但从诉讼功能的发挥来看,两者并非完全对立与割裂的,而是相互嵌入的。从长远的视角来看,当前民事电子诉讼实践中呈现出的分板块、碎片化适用的特征,恰恰意味着两种诉讼方式的互补与融合。甚至可以认为,未来的诉讼方式可能以一种混合形式的面貌示人,在此背景下,诉讼程序将被逐一分解,诉讼案件的每一环节将被分配给最适当的方式进行处理,两种诉讼方式也将相互融合与平衡,但在此之前,电子诉讼与传统诉讼方式无疑会处于一种相互嵌入而又变动不居的发展状态。

二、在线庭审不宜作为第三种庭审形态

尽管从整体而言,民事电子诉讼与传统诉讼方式并非完全对立与割裂,而是相互嵌入、功能等价的,但诚如前文分析所指出的,民事电子诉讼与传统诉讼方式存在两大不同之处,即交往方式以及随之一同改变的当事人诉讼权利的行使方式。据此,有学者指出,电子化的庭审方式在当事人的程序保障方面低于口头主义、高于书面主义,因此是介于口头主义与书面主义之间的第三种形态。[①] 但值得我们进一步思考的问题在于,庭审作为民事诉讼程序中最为核心与关键的环

---

① 参见高翔:《民事电子诉讼规则构建论》,载《比较法研究》2020 年第 3 期。

节,其形式的改变对当事人的权利义务产生了怎样的影响,这种改变是否意味着在线庭审能被视为现有庭审形态之外的第三种庭审方式呢?对于这一问题的回答有助于我们从当事人诉权保障的角度锚定在线庭审在现有庭审形态中的位置,对理解在线庭审的特征与功能具有十分重要的意义。

就既有的庭审形态来看,我国民事庭审主要存在口头主义和书面主义两种形态,顾名思义,口头主义是指当事人和法院的行为均以言词的方式进行,而书面主义则是指当事人和法院的行为均以书面的方式进行。两种庭审就形式而言,各有优劣。具体而言,口头审理的方式具有表达灵活的优点,有利于裁判者直观、迅速地获取案件信息,对于审理过程中尚未查明的,地方裁判者亦可立即进行追问,为判定案件事实形成心证的基础。此外,口头审理方式通常与直接、公开和对席的审理原则相结合。根据现代民事司法理论,满足公开、对席、口头、直接等各项原则要求的庭审程序形式,不仅满足了对当事人的程序保障,也是纠纷解决过程和结果的正当化所不可或缺的。[①] 但口头审理的方式也可能由于言词的流动性和庭审过程的偶然性使得庭审内容不够聚焦,不利于庭审的效率。相比之下,书面审理的优势在于,一方面,能详细地阐明当事人的观点和意见,且以文字的形式为载体,准确并不易遗忘;另一方面,通过书面材料一次性表达完己方意见,能大大提升庭审的效率。但上述优势在某种程度上也暗示了书面审理的不足之处,即书面审理呈现在裁判者面前的是两份或许观点截然不同的材料,当事人双方各执一词,由于信息的交换难以在同一时空进行,因此即便形成了争议的焦点,也很难及时通过书面材料对争议事实进行查明。

除上述特征以外,口头主义与书面主义两种庭审方式还在保障当

---

① 参见王亚新:《对抗与判定:日本民事诉讼的基本结构》,清华大学出版社2002年版,第157页。

事人诉权的程度上存在较大差异。从本质来看,审判可以被看作一种信息传递的过程[①],即当事人处于相互对立的两端,实施向法官提出请求和主张事实等诉讼行为。因此,如何保障诉讼两造有相同的机会,平等地向法庭传递己方请求和主张,是选择采用何种庭审方式前需首要考虑的问题。从上述的特征分析来看,口头审理方式通常与直接、公开和对席的审理原则相结合,而书面审理通常意味着法官非公开地对案件的间接材料进行独立判断,据此不难认为口头审理的方式更有利于保障当事人平等的程序参与权与程序控制权。基于此,我国民事庭审在原则上采口头主义,只在法律规定的若干例外情况下才使用书面方式审理。[②]

如果将具备上述特征的两种审理方式与民事在线庭审的实践相比较,可以发现,民事在线庭审既具备口头审理的整体效果,即主要通过双方当事人的口头陈述来提出请求和主张事实,也在一定程度上融合了书面审理的外观,如当事人在举证质证环节,除进行口头陈述以外,亦可将证明目的、质证意见通过文字的形式发表在电子平台上,且这些书面意见将与当事人的口头陈述一并作为法官定案的依据。换言之,从庭审的外观来看,在线庭审采取的是口头与书面方式相结合的审理方式。但我们是否就能据此认为在线庭审是一种介于口头主义与书面主义之间的第三种庭审形态呢?答案显然是否定的,因为尽管在线庭审中当事人能够采用书面的形式发表己方观点,但这种方式

[①] 参见〔美〕杰罗姆·弗兰克:《初审法院:美国司法中的神话与现实》,赵承寿译,中国政法大学出版社 2007 年版,第 201 页。

[②] 具体而言,以下案件可以不进行言词审理:其一,二审人民法院对上诉案件,经过阅卷、调查和询问当事人,没有提出新的事实、证据或者理由,合议庭认为不需要开庭审理的,可以不开庭审理;其二,人民法院按照二审程序审理再审案件,双方当事人已经其他方式充分表达意见,且书面同意不开庭审理的;其三,特别程序、督促程序、公示催告和破产程序;其四,作出不涉及实体问题的财产保全、先予执行、证据保全的裁定等。参见《民事诉讼法》(2023 年修正)第 176 条,《最高人民法院关于适用〈中华人民共和国民事诉讼法〉审判监督程序若干问题的解释》(2020 年修正)第 22 条等。

仅仅是一种补充，整体而言，庭审中各方信息的传递仍然是通过口头陈述的方式。也就是说，从庭审外观的角度来看，在线庭审仍主要表现为口头审理的形式。

那么，从保障当事人诉权的角度入手，在线庭审是否就如有关学者指出的那样，系一种程序保障低于口头主义、高于书面主义的第三种形态呢？对于这一问题，仍然需要回到在线庭审的实践场景中进行解答。

一方面，诚如前文考察所指出的，尽管在线庭审的绝大部分时间都是通过当事人的口头陈述进行的，但通过电子诉讼平台进行的庭审却并非与传统口头审理的效果完全一致，因为在线庭审时通过电子屏幕传递的信息量始终是有限的。从当事人的主观感受来看，在线庭审在认定事实的准确性和及时性上不及线下庭审，且不容易使对方获得直观、鲜明的印象，对于一些重要的事实也可能因为网络环境不佳等原因而遗漏，尤其在一些案情较为复杂的案件中，参与在线庭审的一方有时甚至很难当场使对方充分理解己方的意见并作出适当的反应。从这个意义上来看，在线庭审对当事人程序权利的保障似乎的确不如传统的口头审理。但亦不能忽视的是，电子诉讼平台为当事人提供的书面意见表达通道，便是对可能因技术条件限制而削减当事人诉讼权利的一个补充机制，通过书面意见的发表，能有效对口头陈述遗漏的内容进行补充，从而缓解在线庭审因技术局限带来的不利影响。

另一方面，从判决的形成机制来看，口头审理的要旨在于裁判法官需当庭直接听取当事人辩论、亲自进行证据调查，从而在此基础上形成裁判的依据；而书面审理的关键则在于裁判者在庭后根据当事人提供的材料进行推理或经验性判断。对此，在线庭审的实践表明，其仍是以裁判法官直接听取当事人辩论、亲自进行证据调查的审理方式所得之结果作为裁判基础的，即在线庭审并未阻碍直接审理要素的实现。只是在线庭审中诉讼参与人之间的交往方式是借助电子诉讼平台来实现的,故从本质上来看,这与口头直接式审理的裁判机制并无差异。

上述分析表明,无论是基于在线庭审的外观,还是从当事人诉讼权利保障的角度以及判决结果的形成机理来看,在线庭审在本质上都与口头审理的方式并无二致,仅在庭审的呈现形式上存在一定程度的差异,因此也很难将在线庭审视为一种介于口头主义与书面主义之间的第三种庭审形态。

三、小结

上文的分析揭示出,在当下的民事司法语境中,相比民事电子诉讼所发挥的较为有限的"工具理性"或"效率理性",其发挥的重塑民事司法的性格特征以及优化审判结构这类潜在成效似乎更值得我们重点关注。但也必须看到,无论是"效率理性"还是潜在成效的发挥,都离不开技术的"支持"。这里的"支持",既具有"技术赋能"的应有之义,也暗含了因技术带来的某种局限从而激发出的民事诉讼程序的某种潜能。这典型地体现为,一方面,"效率理性"的发挥和当事人积极主动推进诉讼程序的运转都离不开电子诉讼平台提供的可供当事人顺利在线完成诉讼程序的功能平台与理性对话空间,换言之,如果电子诉讼平台无法体现上述特性,民事电子诉讼的优势则无法彰显。另一方面,由于在线庭审受各方设备、网络环境等技术条件的限制,其效果始终无法完全保证如面对面庭审一般流畅、及时,但正是由于上述局限,反而促使法官组织各方当事人在庭前进行证据交换与争点梳理,在庭审时尽量直接明了地提出己方诉求、发表相关意见,并采用各方诉讼参与人更容易理解的表达方式。可以看到,为了确保庭审的顺利进行,法官及各方当事人这种看似不经意又稍显无奈的改变,不仅在一定程度上改进了庭审的结构、提高了庭审的效率,更孕育着合作解纷的理念。因为从另一个角度而言,民事诉讼的顺利完成离不开法院和当事人的共振,只有确保法院和当事人在诉讼过程中良性互动,才能更好地实现纠纷解决效果的最大化。

指出上述要点的关键,并非是对"技术决定论"的拥护,而是提醒我们思考如何在既有技术条件下,通过程序或制度的设计,尽可能地发挥民事电子诉讼除显见的、可量化的效果外,还孕育着的一些尽管不容易察觉,但却并非不重要的潜在功能。因为"司法程序、流程设计以及某些程序手段的运用,对司法产品的产出,尤其是对审判效率的影响,在某些情况下可能并不亚于改革所涉及的体制或机制,很多制约审判运行能效的瓶颈在于一些不经意的程序、流程以及惯习化的程序手段中"①。其实早在 20 世纪末,苏力在《法律与科技问题的法理学重构》中,就明确指出了法律与科技的相互关系中所触及的现代性问题:"许多实体法与程序法的规定,都是特定物质技术条件下追求相对公正的产物,而不是绝对、抽象的正义命令。"②因此,在苏力看来,科技于司法而言不是一成不变的,而是特定时代状态下的一种反映。从这个意义上来看,源于现代社会的科学技术对诉讼而言无疑是一件紧身衣,随着社会的发展与成长,其提供的价值与意义也并非一成不变。

不言而喻,我国法治建设的语境和社会宏观背景不仅具有一定的复杂性且仍处于发展变化的阶段,这决定了评价民事电子诉讼运行效果的标准并非一成不变,而是具有一定的发展性,民事电子诉讼所要应对的现实问题和制约其功能发挥以及适用范围的因素也不能简单通过改革制度本身来解决。正如前文试图阐明的,民事电子诉讼作为一种新型的诉讼方式,本身可能承载一定的社会功能和价值取向,并

---

① 顾培东:《人民法院改革取向的审视与思考》,载《法学研究》2020 年第 1 期。
② 苏力:《法律与科技问题的法理学重构》,载《中国社会科学》1999 年第 5 期。

成为纠纷解决方式与理念的一种风向标。正因为如此,民事电子诉讼本身所蕴含的许多可以被积极利用的价值,便不能因为暂时的运行效果不佳而被轻易否定。随着试点改革的深入以及相关制度、技术的完善,民事电子诉讼在促成纠纷主动解决等方面的意义会日益凸显,其价值和功能也会得到更新的解读。在这一过程中,民事电子诉讼的适用效果或许会经历一定程度的波动,但毫无疑问的是,电子诉讼为当事人提供了一个新的诉讼环境和选择空间,从而为法院与当事人之间的互动引入了变化。在新的技术条件和社会背景中,如何准确地发现民事电子诉讼的潜在价值,并尽可能为之创造适当的条件,仍值得我们进一步探索。

第五章　民事电子诉讼的困境与破解

　　行文至此，笔者已就民事电子诉讼的试点运行概况、实践运行模式与具体操作过程进行了较为详细的阐述，并分析了民事电子诉讼的运行效果及其背后潜在的功能与价值。从实践运行的样态来看，当前民事电子诉讼在纵向层面呈现出随疫情的好转其适用率日益下降的趋势，在横向层面表现出各地区的适用情况并不均衡，民事电子诉讼的各个环节呈现出板块化、碎片化适用的特征。相对于实践中已经过长期摸索并已形成某种习惯性运作样态的传统诉讼方式而言，民事电子诉讼无疑属于一种尚处于发展阶段且远未达到完善的诉讼方式。故通过民事电子诉讼的实践运行，我们除了应发现其潜在的功能与价值，还不能忽视对其面临困境的发掘与解围，其中既包含制度运行本身面临的挑战，也涵盖改革推进过程中需要克服的困难。本章的目的正是要揭示民事电子诉讼在实践运行中暴露出的问题和面临的困境，并将其置于更为宏观的制度发展逻辑中加以充分把握，进而对困境背后的原理进行必要的理解与反思，为探索民事电子诉讼可能的发展方向奠定基础。

第一节　民事电子诉讼面临的困境

作为一种与信息科技紧密结合的新型诉讼方式,民事电子诉讼既具有利用信息技术超越传统诉讼局限的一面,但又在诉讼的核心功能方面万变不离其宗。从技术与司法的融合来看,民事电子诉讼通过信息技术嵌入民事诉讼程序,使司法借助信息通信的优势从而实现提质增效的目的。从民事电子诉讼与传统诉讼之间的关系来看,前文的分析表明,二者之间是相互嵌入、功能互补的,且民事电子诉讼的实践运行也基本以传统诉讼规则为背景。但由此产生的问题在于,民事电子诉讼虚拟化、在线化的特征,营造出与传统诉讼迥异的司法环境,改变了当事人与法院的交往方式,在此条件下,现行民事诉讼程序框架下的诉讼规则不仅滞后于实践需求,面临诸多制度瓶颈,且民事电子诉讼作为一种新事物,与传统司法原理之间出现的不同程度的冲突也亟须理论回应。此外,诉讼程序与信息技术融合之初遭遇的运行机制困境与技术性难题亦是阻碍民事电子诉讼发挥固有功能的重要因素。

一、运行机制之困:各行其是与重复运行

(一)各行其是:自主性选择与差异性适用的实践路径

众所周知,民事电子诉讼的试点改革很大程度上是决策者为了适应社会发展与司法情势变更而主动作出的必要调整。从制度的变革路径来看,此项改革采取"试点先行—立法认可"的试验立法模式,由全国人大常委会授权并由最高人民法院统一部署实施,解决了既有试

点改革通常伴随的合法性缺位问题。值得注意的是,试点先行改革模式的既有逻辑决定了改革决策者不可能像立法修律模式一般事先进行理性构建并制订详细的实践操作方案,而是赋予试点法院一定的探索空间。①

从契约理论的角度来看,这种由最高人民法院统一部署、试点法院将改革方案具体实施的改革方式,类似于最高人民法院与各试点法院之间达成一种契约,但作为改革决策者的最高人民法院与作为改革方案实施者的试点法院之间由于存在信息不对称,因此容易产生改革方案实施者的隐蔽行为。② 对应到本次试点改革实践,这种由信息不对称带来的消极影响主要体现为,试点法院根据自身的情况对试点改革方案有选择性地进行实施,以及各试点法院在落实试点方案的具体操作时存在不同程度的差异。

一方面,试点法院并未依照改革决策者的部署,对试点方案全方位地进行贯彻落实,而是进行了有选择性的实施。从制度实践的原理来看,诉讼程序本是不同环节前后相继、环环紧扣的连贯过程,因此对诉讼程序的创造性改革也应注重实践方案的整体性与系统化。根据《改革试点方案》的规定,此次改革的基本实施原则包括"实现改革系统集成、协同高效"③,即各试点法院应遵照《改革试点实施办法》的规定对本次试点改革进行全面启动。

然而,调研中却发现,尽管从最高人民法院到各地中级人民法院都对此次试点改革进行了整体性部署并提出了较为全面的实施办法,但当具体方案落实到基层法院的司法实践时,往往体现为一种选

---

① 有关诉讼制度发展的不同模式及其特点,参见郭松:《刑事诉讼制度发展的三种模式:一个概要性的分析》,载张仁善主编:《南京大学法律评论》(2014年秋季卷),法律出版社2014年版,第236—252页。
② 参见周雪光:《组织社会学十讲》,社会科学文献出版社2003年版,第52—53页。
③ 参见《最高人民法院关于印发〈民事诉讼程序繁简分流改革试点方案〉的通知》(法〔2020〕10号)。

择性适用的推进模式。需要指出的是,在试点改革月报制度的督促下①,这种选择性适用并非对某些改革措施的绝对排斥,但在改革投入的资源上却是有所偏好与侧重的。具体而言,实践中法院对电子诉讼各个环节所倾注的精力也并非平均,而是根据法院自身的情况有选择性地对电子诉讼的不同环节进行推广适用。以笔者重点调研的五个典型基层法院为例,不同法院均依据自身情况扬长避短,有所侧重地对不同环节进行了探索。

如处于三圈层地区的 E 市基层人民法院,立足于其前期无纸化办案的改革基础以及送达业务整体外包的实践优势,在此次试点改革中投入了大量精力推动电子送达的实施。从数据来看,无论是其电子送达的适用率、电子送达的成功率,还是电子送达裁判文书的数量,都在全市法院位列前茅。而对于需要较高水平技术支持以及对当事人自身素质要求较高的在线庭审,该法院除了在疫情期间"被迫"进行了一定数量的尝试,此后便基本停止了探索。相反,位于一圈层的 C 区法院,则因案件数量庞大且担心电子送达的成功率不高反而影响法官与审判辅助人员的工作效率,几乎未对电子送达进行主动性探索。从每月报送的数据来看,其电子送达的适用率也基本位于全市基层法院的末位。此外,同样位于一圈层的 B 区法院则在在线庭审方面进行了重点探索,其背后较为重要的原因同样在于该法院对其身处经济发达地区,且法院整体的信息化水平优于全市其他基层法院这一优势的把握。

需要指出的是,这与前文指出的民事电子诉讼的碎片化适用特征存在本质性区别。碎片化适用指的是民事电子诉讼各环节在实践中

---

① 为激励试点法院有序推进相关改革措施,以及方便最高人民法院及时掌握试点改革的实践动态,最高人民法院于 2020 年 3 月建立了民事诉讼繁简分流改革试点工作月报机制,对每项具体的改革措施均设计了相应的统计口径,要求试点法院对试点数据进行统计后上报至最高人民法院。参见《最高人民法院关于建立民事诉讼繁简分流改革试点工作月报机制和开展试点数据统计工作的通知》(法〔2020〕76 号)。

的适用情况不均衡,体现的是当事人与法院在诉讼程序中的共振结果,亦是改革措施在具体实施场景中被相关主体自主选择的结果。如果说民事电子诉讼试点实践所呈现出的碎片化适用特征是一种客观结果,那么各个法院对试点措施加以选择、有所侧重的推行方式则属于有意而为之。即尽管这种选择性推行方式在某种程度上受到客观条件的限制,但主观上的排斥心理也是不容忽视的因素。此处指出的困境在于,由于诉讼程序本是一个连贯的整体,各个环节之间前后相继、环环紧扣,如果仅仅因为不同改革措施推行难易的不同便对此加以区别对待,这不仅人为阻碍了其在实践中不断发展完善的可能性,还进一步加剧了不同环节之间的适用差异,进而可能导致不同环节之间因衔接不畅而产生程序运作的溢出问题。此外,重点着眼于某一环节的试点改革路径,无疑也不利于整体改革目标的实现。

另一方面,各试点法院在落实试点方案时的具体操作存在不同程度的差异。在立案环节,实践中存在两种模式——直接立案模式与预约立案模式。诚如前文分析所指出的,两种不同的立案模式不仅在具体的操作方式上不同,对当事人而言,更为关键的问题还在于,不同立案模式在实体法和程序法上的效力有所区别,甚至在同一立案模式中,不同法院对相同诉讼行为的效力也存在不同的判断。前文的考察表明,大多数法院都不认同"网上预约立案"产生时效中断的效力;但实践中也有部分地方法院在满足一定条件下认可预约立案的效力,即认为当事人的在线预约立案的行为附条件产生时效中断的效力,并将其时效中断的时间点追溯到"预约立案之日"。

在庭审环节,各试点法院之间的区别主要体现为适用不同在线平台进行审理所带来的差异。一方面,不同的在线庭审平台存在不同的庭审外观。考察发现,各地法院当前的在线庭审所适用的平台并不统一,最为直观的差异便体现为在线庭审时不同平台呈现不同的庭审界面和外观。部分在线庭审平台将屏幕分为三个固定的板块,庭审时仅仅能通过参与者面前的摄像头看到三方参与者近距离的头像。而有的在线庭审平台的页面设计就显得更为合理,不仅设置了各方诉讼参与者近距离头像的界面,还能通过法庭内远距离的摄像头看到法庭的全景。此外,有的在线庭审平台还设置了单独的证据材料展示框。上述看似细微的差异带来的却是诉讼参与人不同的庭审观感和体验。如果诉讼参与人在庭审时仅能看到各方参与人的头像,这样的庭审似乎和在线会议区别不大,缺失了法庭的庄严场景给当事人带来的庭审严肃感。另一方面,不同在线庭审平台内设的功能亦存在差异,如有的在线庭审平台开发了在线举证、质证的专门界面,诉讼当事人可以在该平台上完成证据出示、在线及时补充上传证据材料等操作,而有的在线庭审平台并不支持上述功能,当事人双方在法庭调查环节只能将证据材料对准摄像头进行简要的展示。

在送达环节,关于如何判断电子送达是否成功,《改革试点实施办法》明确了两种送达生效标准和情形:对当事人主动提供或确认的电子地址,采取"到达主义",对人民法院向主动获取的受送达人电子地址进行送达的,采取"收悉主义"。[①] 对此,不同法院在实践中采取不同的做法。例如,为确保送达的效力,有的法院对当事人主动提供或确认电子地址的案件,仍会在电子送达相关文书后通过电话或微信等方式询问当事人是否收悉,即并未区分案件的不同情形统一适用"收悉主义"。此外,也有的法院严格遵循《改革试点实施办法》的意见,对不同案件进行了区别对待。

综合上述分析不难发现,当前民事电子诉讼的实践操作在不同环节均存在一定程度的差异,其中部分差异关乎不同诉讼环节效果的发挥,有的差异甚至直接影响到当事人诉讼权利的行使。同时,这种不同法院之间迥异的操作方式还不利于程序的安定性,进而也一定程度

---

① 参见《最高人民法院关于印发〈民事诉讼程序繁简分流改革试点实施办法〉的通知》(法〔2020〕11号)第26条。

上影响了相关改革措施的正当性。

(二)重复运行:实践操作与功能预期的背离

从经济学的角度来看,只有实现了资源的优化配置,才能带来制度的高效运转。对民事司法而言,司法资源的优化配置不仅体现在"程序相称"①原理的具体实践中,更意味着要确保每一环节实际投入司法资源及其功能的切实发挥,杜绝程序"空转"以及重复运行带来的资源浪费。但当前民事电子诉讼的实践运行情况却恰好与之相反,存在与传统诉讼方式双轨并行的重复现象——在某一诉讼环节既采取电子诉讼的行为方式亦同时适用传统的诉讼方式,且这种现象在民事电子诉讼的各个环节均有所体现。

首先,电子诉讼行为与传统诉讼行为双轨并行的现象广泛存在于立案环节。前文对在线立案的实践考察表明,实践中存在两种不同在线立案模式——一种是直接立案模式,另一种是预约立案模式。在预约立案模式中,在线立案仅仅被视为当事人提起诉讼的一个前置程序,其实质只是登记立案前的网上预约与审查,当事人通过网上立案平台填写相应资料并提交一定的诉讼材料后,仍需亲自到线下的诉讼服务中心,遵循传统立案规则办理一定的手续,案件才算被法院成功受理。不难发现,在预约立案模式中,虽然名为在线立案,且通过此种方式立案的案件也将被纳入在线立案的司法统计中,但这实际上与现场立案差异不大,甚至可能比直接到现场立案更耗费精力。因为当事人在网上提交立案申请时,仍需要进行个人账号注册、填写当事人身份信息进行身份认证并填写案件信息,这无疑徒增了当事人的负担。

---

① "程序相称"原理是指程序的设计应当与案件性质、争议金额、争议事项的复杂程度等因素相适应,我国民事诉讼程序中简易程序、小额诉讼程序等制度的设计是根据"程序相称"原理构建的,其有利于实现司法资源的合理利用,避免诉讼成本的无限攀升。参见刘敏:《论我国民事诉讼法修订的基本原理》,载《法律科学(西北政法学院学报)》2006年第4期。

此外,直接立案模式在实践中还可以分为全程在线立案与"线上受理+线下递交材料"两种方式。尽管直接立案模式属于实践中在线立案的主流模式,但笔者考察的大量基层法院均要求当事人在网上立案成功后,在举证期限届满前通过现场或邮寄的方式将纸质材料递交到法院,而此时人民法院不免还要对当事人的起诉材料进行审查,不仅在线立案的便捷、经济优势未能体现,对当事人和法院而言甚至可谓对同一件案件做了两次功。相关研究也显示,在线立案环节这种二次做功的现象,即双轨制立案方式在同一案件中共存的情况并非样本法院所独有,而是在全国范围内都较为常见的现象。①

其次,在庭审环节电子诉讼行为与传统诉讼行为双轨并行的现象,主要体现为诉讼参与人对纸质材料的依赖,上传到电子诉讼平台的电子材料通常沦为一种"摆设",庭审的整个过程几乎没有对其进行实质性利用。笔者通过观看大量在线庭审视频后发现,在线庭审在法庭调查环节通常会出现类似以下略显奇怪的场景:在需要进行陈述时,法官和当事人往往抬头面对摄像头,随后又将头埋下继续翻阅纸质版的证据材料。概言之,一方面,实践中多数进行在线庭审的案件,尽管当事人双方在庭审前均将与案件有关的材料转化为电子档上传至电子诉讼平台,但相关材料仅在示证环节被象征性地在平台上予以展示,更有甚者,对于双方无争议或争议较小的证据或者就干脆不进行展示。另一方面,法官或当事人在法庭调查过程中,如果需要查看或核实相关证据时,往往依旧习惯性地翻看事前准备的纸质材料。

之所以将这一现象视为电子诉讼行为与传统诉讼行为的双轨并行,是因为对于适用在线庭审审理的案件而言,其在庭前对相关诉讼证据进行电子化并上传到电子诉讼平台这一过程所耗费的时间和人

---

① 参见马登科、唐豪:《我国网上立案制度研究》,载《广西社会科学》2018 第 2 期;安晨曦:《法院立案程序的电子化构造》,载《海南大学学报(人文社会科学版)》2020 年第 1 期;等等。

力成本并不容小觑。而这一行为的最终目的无非是希望能够借助电子诉讼平台,使法官和当事人在线庭审时能够方便、快捷地举证、质证以及审查判断证据。但如果前期耗费的时间和人力成本无法有效地转化为对庭审效率的优化,那么上述行为无疑将成为民事电子诉讼运行中的沉没成本。对于这一现象,受访的法官和诉讼代理人较为一致地表示,除非证据本身就是以数据为载体的,否则无论如何,电子化的材料还是没有纸质材料查阅起来方便。除了有阅读习惯的惯性,转化过的证据材料效果不佳、借助电子屏幕的阅读不如翻阅纸质材料直观准确,以及这种多经过一道人工程序上传证据材料的做法增大了卷宗缺页出错的可能性等,也是法官和当事人不太愿意阅览电子诉讼平台上的电子化证据的重要因素。

最后,在电子送达裁判文书环节,实践中常见的"二次送达"或重复送达表明,电子化的裁判文书送达方式在诉讼各方的合力下,亦在相当程度上丧失了其应有的功能,背离了制度设置的本意。前文的考察指出,一方面,尽管实践中有不少当事人都明确同意电子送达裁判文书,但与此同时也提出了邮寄裁判文书原件的需求。另一方面,对于一些无法立即确认是否已成功送达的案件,书记员通常也会在电子送达后再通过传统送达方式进行二次送达。毋庸置疑,无论是当事人对邮寄裁判文书原件的要求还是书记员通过传统送达方式进行的二次送达,其实质都无异于在电子送达外又进行了一次传统方式的送达。甚至可以认为,电子送达裁判文书在实践中正逐渐成为一种"华丽的装饰"抑或改革数据的增长点,而电子送达便捷高效与低成本的初衷也在重复送达的实践中不见踪影。

毋庸置疑,无论上述哪一环节出现电子诉讼行为与传统诉讼行为双轨并行的现象,都昭示了民事电子诉讼的实践操作与其预期功能的背离。一方面,程序的重复运行无疑是对司法资源的一种浪费,另一方面,上述现象也使得改革措施在重复的程序运转中被传统诉讼方式变相架空,进而导致试点改革的意义大打折扣。

二、法理之困:对传统诉讼理论的挑战

从实用主义的角度来看,信息技术对民事司法的嵌入在一定程度上取决于其本身具备的工具价值,即利用信息技术民事司法得以更好地实现诉讼目的。前文的考察也指出,民事电子诉讼与传统诉讼方式不仅是功能等价的,亦是相互融合、互为补充的。从这个意义上来看,电子诉讼并未对传统司法的性质产生根本性转变,因此信息技术的实用性价值便是有限的,无法取代传统诉讼中基本诉讼原则的优先地位。① 但以实践观之,嵌入信息技术的电子诉讼却在很大程度上为传统司法的价值与原理带来了新的挑战。

其一,民事电子诉讼的运行需解决司法权威的问题。在传统线下诉讼中,庭审通过严格的程序来达到查明案件事实、促进纠纷解决的目标。此外,法庭还借助一系列由符号构成的司法仪式展现司法理念与司法过程的内在逻辑,并由此构成公众对司法的固定认知和司法权威的重要来源。具体而言,司法仪式由一系列符号构成,法院的特定的空间如法庭,特定的程序,法庭的装备如法槌、法袍等,传达出法律程序的威严,法庭的布局象征着法律面前人人平等的原则与法官的居中公正裁判。概言之,法院将司法仪式的象征意义和形式性相结合,传达了法律程序的庄严性与司法的权威性。

然而,在电子诉讼的虚拟环境下,司法固有的仪式性与严肃性面临极大的挑战。对于当事人而言,传统庭审需要其亲自奔赴法院,经历安全检查等一系列程序后来到特定的审判庭,就坐于特定的席位等

---

① 参见王福华:《电子诉讼制度构建的法律基础》,载《法学研究》2016 年第 6 期。

待法官宣布开庭。但不能忽视的是,这一系列行为却潜移默化地向当事人传递了法律程序的严肃性。相反,在在线庭审的虚拟环境中,当事人实际上却可能瘫坐在家中甚至坐在汽车里,甚至蹲在路边便能参与庭审。从庭审的观感来看,这无疑是一种对法庭的不尊重。此外,在线庭审中当事人看到的界面也很难传达出法庭的庄严性,诚如前文指出的,在线庭审平台通常将屏幕分为三个固定的板块,庭审时仅仅能借助参与者面前的摄像头看到三方参与者近距离的头像,无法体现线下庭审时法庭布局以及法庭装备中暗含的象征意义。在这种情景下,法庭审判几近一种多方当事人参与的信息交流,虽然可能在一定程度提升诉讼当事人获取诉讼服务的便捷程度,但是也在相当程度上丧失了诉讼程序的正统性、权威性与严肃性。[1]

其二,民事电子诉讼需直面其对直接言词原则的冲击。传统诉讼理论强调司法裁判活动必须依循某种特定的方式进行:一方面,裁判者必须在特定的空间内,通常是在法庭上,且在当事人各方同时参与下进行审判活动,在法庭审理中,裁判者还必须始终在场;另一方面,裁判者必须亲自接触当事人各方提交的证据原件,直接听取各方当事人以口头方式进行的举证、质证和辩论。这种裁判方式一般称为"裁判者的亲历性",在诉讼法上又可称为"直接言词原则"。[2] 这一原则有两项基本的要求:一是诉讼程序的展开必须以程序参与者的共同在场为前提,此即司法裁判的在场性;二是裁判者必须以口头方式进行裁判活动,当事人之间相互的对抗也应当以言辞方式当场展开。基于此,传统诉讼理论所强调的直接言词原则,其实就具备两种意涵:不仅强调审判活动的"言辞性",更需具有"直接性",也即不通过其他媒

---

[1] 参见王禄生:《司法大数据与人工智能技术应用的风险及伦理规制》,载《法商研究》2019年第2期。
[2] 参见陈瑞华:《司法体制改革导论》,法律出版社2018年版,第28—30页。

介传递信息而直接在场表达立场、进行论辩。①

以此为基点反观在线庭审实践可以发现,一方面,在线庭审在一定程度上打破了物理意义上的"裁判者的亲历性"与"当事人的在场性",即法官和当事人"在场"的形式发生了改变。信息技术对民事诉讼程序的嵌入改变了法官与当事人之间的交往方式,在电子诉讼的虚拟平台上,法官虽然仍是亲自进行法庭调查、听取法庭辩论,但却无法在特定的物理空间接触到各方当事人及其提交的实物证据。从这个角度而言,直接言词原则背后暗含的裁判者可以通过线下对当事人流畅对质、询问并观察其微表情来加强心证的功能受到了限制。此外,当事人也不得不通过其他媒介传递信息,以此来代替直接在场通过言辞表达观点的方式。综上分析,无论是从裁判者还是当事人的角度出发,从某种程度上在线庭审实践都弱化了传统诉讼中的直接言词原则。

之所以认为在线庭审仅是从某种程度上弱化了直接言词原则但并非对该原则的悖反,是因为从另一个角度来看,在线庭审在某种意义上依然遵循了传统诉讼理论对庭审言词辩论和亲历性的要求。在电子诉讼的场域,尽管在线庭审平台提供了当事人书面发表质证意见的窗口,但这仅作为诉讼参与人口头意见的补充,庭审的核心仍是围绕各方当事人的口头陈述与辩论进行,对裁判者而言,其也只有亲历整个庭审过程,方能对该案件作出裁判。故由此观之,传统诉讼理论强调的直接言词原则在在线庭审中也以其特有的方式得以遵循。

或许问题的关键在于,民事电子诉讼对直接言词原则的冲击并非如理论预设般显著,实践表明,庭审场景与交往方式的改变对直接言词原则带来的影响,很大程度上在于其实现方式与程度的转变。因此,如果在线开庭方式对直接言词原则的冲击不是原则本身,而是其

---

① 参见段厚省:《远程审判的双重张力》,载《东方法学》2019年第4期。

实现方式与程度,那么当前民事电子诉讼面临的困境便可以表述为,如何才能在民事电子诉讼中最大化地实现直接言词原则背后所蕴含的制度运行机理及其保障的诉讼权利,并以制度的张力去容纳现代科技对此带来的挑战,而不是在"价值理性"的口号下裹足不前。

其三,民事电子诉讼要弥合其与传统证据规则间的冲突。与直接言词原则紧密相关的,是传统诉讼奉行"最佳证据规则",这通常意味着证据只有以最直接的状态在法庭上出示,才更具可信性。质言之,法庭调查的对象原则上应当是证据的原件或原物,而非经过转化的复制品。对此,我国《民事诉讼法》以及相关司法解释对庭审证据的规格及其调查方式进行了明确规定,确立了庭审证据调查与审查判断以证据原件为原则,以复制件为例外的原则。①

与这一原则相反,亦即电子诉讼在实践中饱受诟病的是,在线庭审无法实现裁判者与争讼双方当庭审查核验证据原件的诉讼权利。由于庭审方式的限制,在线庭审在实践中常见的情形是,在法庭调查环节,争讼双方仅能围绕庭前上传至电子诉讼平台的电子化证据进行举证质证,或通过摄像头向各方手动展示己方的证据原件。但由于当事人或诉讼代理人无法当庭接触到证据原件,因此通常也无法对证据的真实性进行判断。故在质证环节,一方当事人往往请求法官代其对证据的真实性进行认定,对此不再发表质证意见。此外,如果出现当事人对证据的真实性存在异议并要求核对证据原件,或法官在法庭调查需要核对证据原件才能作出判断的情况下,法官通常会要求当事人向法院邮寄或亲自提交证据原件。对于前一种情况,可视其为当事人在既有条件限制下对质证权的无奈放弃;至于后一种情况,尽管在庭审后对当事人的相关诉讼权利进行了补救,但却是以有损在线庭审经济便捷的优势为代价的。而更要紧的是,无论采取上述何种处理方

---

① 参见《民事诉讼法》(2023 年修正)第 73 条;《最高人民法院关于民事诉讼证据的若干规定》(法释〔2019〕19 号)第 11—12 条,第 87—93 条。

式,都无法达到传统庭审对法庭调查应直接且连贯的要求,进一步而言,也不利于法官对证据的审查判断。因此,如何弥合在线庭审实践遭遇的与传统证据规则间的冲突,进一步确保在线庭审对证据审查判断的准确性,便成为当前民事电子诉讼实践中亟待解决的一大难题。

其四,民事电子诉讼需处理好诉讼参与人实质平等的问题。任何技术的使用都可能出现"数字鸿沟"的困境,加剧社会的不平等。[①] 对于民事电子诉讼而言,实践中出现的"数字鸿沟"不仅是程序顺利运转的障碍,更牵涉当事人在法律面前平等获得司法救济的权利,关乎司法的根本原则。

"在双向性的纠纷解决过程中,当事者双方的力量对比关系能够在相当大的程度上左右争议及交涉的趋归和结果是一个被普遍过程观察到的事实。"[②]这表明争讼双方实际诉讼能力的平衡是程序与实体正义的重要抓手。然而,受技术条件和知识技能的制约,并非每个人都拥有同等质量与功能的手机、电脑等终端设备,并都能熟练操作。换言之,民事在线庭审中不同参与者的软硬件条件,包括互联网连接速度、其所具备的操作技能之间存在的差异,使得并非每个人都平等地享有技术使用权,技术壁垒和应用成本成为横亘在不同当事人之间的"数字鸿沟",从而加剧了当事人诉讼能力的不平等。

从民事电子诉讼的实践运行来看,在线庭审开庭前法院通常要求双方当事人在电子诉讼平台上提交证据资料、进行庭前证据交换,庭审时的举证、质证以及询问环节均通过电子诉讼平台进行。上述环节

---

① 数字鸿沟(Digital Divide)最先由美国国家远程通信和信息管理局(NTIA)于 1999 年在名为《在网络中落伍:定义数字鸿沟》的报告中提出,指的是在那些拥有信息时代的工具的人与那些未曾拥有者之间存在的鸿沟。数字鸿沟体现了当代信息技术领域中存在的差距现象。这种差距,既存在于信息技术的开发领域,也存在于信息技术的应用领域,特别是由网络技术产生的差距。"数字鸿沟"导致了借由信息技术推动的经济发展的不平衡,从而由一个技术差距问题演变为经济问题和社会问题。参见郑永年:《技术赋权:中国的互联网、国家与社会》,东方出版社 2014 年版,第 53 页。

② 王亚新:《社会变革中的民事诉讼》,中国法制出版社 2001 年版,第 217 页。

对于拥有不同电子设备、文化水平的当事人而言,其难度和最终效果显然是不同的。通过观察在线庭审视频可以发现,实践中当争端的各方均聘请代理律师时,当事人之间的"数字鸿沟"会得到一定程度的填补,但当诉讼的一方拥有代理律师而另一方却未能聘请代理律师时,一方面,双方当事人对于电子化数据的提供能力和转换能力存在较大差距,从而造成了举证能力的实质不平等;另一方面,拥有技术和经济优势的一方当事人能更好地适应在线庭审方式的转变,利用技术优势,甚至利用对方当事人在技术或设备上的弱势,进而在庭审中采取更有利于己方的策略。毋庸置疑,如何填平因技术壁垒和应用成本带来的当事人诉讼能力的不平等,是当前民事电子诉讼推行过程中面临的严峻考验。

三、技术之困:平台建设面临的多重困境

"工欲善其事,必先利其器",对于民事电子诉讼而言,信息技术无疑是确保民事电子诉讼发挥制度预期优势的"利器",更是保障制度得以顺利推行的客观前提。但不能忽视的是,司法与信息技术的互动是一个渐进的过程,相关技术设备成功投入使用往往要经过研发、使用、改进、再使用等一系列循环往复的过程。换言之,信息技术要想与司法实践顺利融合,从而达到"技术赋能"的效果,往往需要在实际运作中不断调适方能日趋完善。因此,上述实践逻辑也决定了相关信息化建设水平的发展通常会滞后于实践的需求。根据试点改革的目标,民事电子诉讼改革拟通过人民法院信息化平台助力法院和当事人实现全流程在线完成诉讼行为,但从改革试点的实践情况来看,当前信息化平台建设暴露出的如下问题却在一定程度上阻碍了民事电子诉讼的顺利推进。

(一)缺乏统一的电子诉讼服务平台

在全国层面,"中国移动微法院"①作为总入口已经实现了对全国各个法院网上诉讼平台的接入,保证了当事人能以此为入口直接跳转到案件所在的审理法院;但由于司法与信息技术的互动是一个渐进的过程,平台搭建之初并未形成一个系统性、一体化的参考蓝图,而是根据不同诉讼阶段的需求着眼于单项诉讼服务功能分别进行打造的,且具体的搭建方式主要是由各地法院通过招投标的形式联合科技公司进行的自主研发。当下试点改革实践中各地法院自发进行、着眼于零散诉讼服务功能的电子诉讼平台搭建方式有如下弊端:

一方面,由于电子诉讼平台搭建方式的自主性且缺乏统一明确的搭建标准,各地法院的平台建设并不统一。这在实践中主要体现为不同电子诉讼平台从操作界面到平台首页的功能模块,再到各个法院需要当事人在相关环节提交的文件内容与格式都存在或多或少的差异。因此当事人在不同法院进行电子诉讼的体验便各不相同,这无疑降低了制度在推行过程中的可信赖性。

此外,地方法院在政绩、竞争等因素的影响下各自为政,对电子平台进行自主开发,还导致同种功能的平台被重复开发,造成资源的浪费。以 A 市两级法院为例,除移动微法院建设之外,其近年来也立足于法院的审判工作实际开发了系列工作平台,如 A 市法院网上诉讼服务中心、A 市网上法院平台等。就功能而言,尽管不同平台服务范围各有侧重,但也存在一定程度的重合,如仅在 A 市两级法院进行网上立案就有四种可供选择的平台,分别是"A 市法院阳光司法" App、

---

① 2019 年 3 月,在最高人民法院召开的中国移动微法院试点推进会上,由 T 公司承建的"中国移动微法院"全国总入口小程序正式开通,该小程序已成为全国微法院的总跳转入口,并成为全国法院在移动端的总服务入口。参见王涵:《全国法院系统创新移动电子诉讼模式》,载《民主与法制时报》2019 年 6 月 2 日,第 7 版。

"S省微法院""S省法院网上诉讼服务中心"以及"A市法院网上诉讼服务中心网"。就技术支持而言,也存在多元化的趋势,如A市两级法院内网所使用的信息管理与信息门户系统由南京D公司开发,连接外网的移动微法院由T公司打造,在线诉讼庭审有的基层法院使用的G科技有限公司开发的互联移动应用,也有基层法院使用的江苏X科技股份有限公司开发的"云上法庭"系统,还有的基层法院采用的是H公司开发的"云间互联网庭审系统"。尽管这些数量众多的科技应用彰显了我国法院信息化建设的阶段性成果,但功能的重复性开发无疑也带来了资源的浪费。

另一方面,着眼于零散诉讼服务功能的电子诉讼平台搭建方式无法形成系统化、全流程的网上诉讼服务平台,不利于案件在各个阶段的相互流转。整体上,法院信息化建设主要依托以五大网系为纽带的信息基础设施建设和数字庭审系统的打造。具体而言,当前全国法院共分布了五大网系,分别是办公内网、外部专网、涉密内网、法院专网和互联网[①],它们分别担负不同的任务,是沟通法院系统内部以及联通法院与外界的线上"通道"。自20世纪90年代以来,法院的信息化建设已走过了近三十个年头[②],期间不同科技公司与地方法院一起针对不同诉讼服务功能开发了各式平台。但由于不同平台的开发公司各异,平台间的数据交互便存在壁垒,不仅不同外网平台之间通常并不连通,且外网的平台与内网系统也因开发公司的不同而难以实现数据的共享。换言之,由于数据归口的不统一,除了电子诉讼不同环节之间存在难以线上无缝衔接的问题,电子诉讼与传统诉讼之间也难以进行高效灵活的转换。这既难以实现现有资源的集成整合,又不利于法

---

① 参见彭鹏:《浅析"智慧法院信息化建设3.0版"》,载《智能建筑与智慧城市》2019年第11期。

② 1996年最高人民法院发布的《全国法院计算机信息网络建设规划》,第一次构想了司法系统信息化建设的全景。参见芦露:《中国的法院信息化:数据、技术与管理》,载苏力主编:《法律和社会科学》(第15卷第2辑),法律出版社2017年版。

院的审判管理的高效进行。

总体而言,当前各法院的电子诉讼平台尚处于自发建设、自主管理阶段,缺乏系统的设计与统一的标准。① 这不仅无法给当事人带来应有的便利,也不利于法院的审判管理和程序间的相互流转,最终使得整个平台难以发挥预期的效能。

(二)电子诉讼平台功能尚不健全

与上述问题密切相关的,是当前大量电子诉讼平台的功能尚不健全,无法全面满足法院和当事人的需求。

其一,在功能实用性方面,当前电子诉讼平台还存在大量尚待完善的细节。以 A 市为例,据调研了解到的情况,尽管由 A 市中级人民法院联合科技公司打造的 A 市法院电子诉讼平台,系一个具备实现电子诉讼各个环节功能的一站式平台,但由于平台尚处于试运行阶段,覆盖的法院有限。当前被各基层法院频繁使用的其他电子诉讼平台则存在仍有许多功能尚不健全的问题:如在立案环节,当事人需求较大的使用微信、支付宝在线交纳诉讼费的功能尚未实现;部分法院尚未实现在线诉讼材料的收转,这意味着当事人在网上立案后还需到相应法院的诉讼服务中心再次提交纸质材料。在庭审环节,首先,在线庭审平台的页面设计仅仅考虑到了诉讼各方当事人的初步交互功能,而未将庭审规则和庭审观感考虑在内,如前文指出的法庭内的摄像头位置设置不够合理、部分庭审页面的功能区划分不够科学等;其次,由于技术原因,当事人在庭审时无法实时快速地上传新的证据,对于一些庭审中需要审判辅助人员进行协助的环节,审判辅助人员无法通过自己的电脑进行操作,庭审中常出现窜音、杂音、设备啸叫等影响庭审顺利开展的问题,尚未找到原因与解决办法。最后,通过外网进

---

① 参见彭昕:《远程庭审:实践、困境与完善——基于新冠肺炎疫情期间远程庭审的实证考察》,载《北京警察学院学报》2021 年第 1 期。

行在线庭审的案件无法直接进行庭审直播,往往需要庭后将庭审视频导入内网后再上传到庭审公开网,在当前各个法院面临的庭审直播率考核背景下,这无疑加重了法院工作人员的工作负担。在电子送达环节,多数受访法官表示,中院开发的统一电子送达系统障碍率较高,严重影响了电子送达的成功率。

其二,电子诉讼平台尚不能满足法院专网与在线诉讼平台数据的同步高效交互。这一方面体现为法院专网与在线诉讼平台交互流程节点繁多,数据交互效率慢,同步率低。由于法院专网中涉及案件流程管理的节点较多,而在线诉讼平台系统中并没有与之一一对应的节点,数据交互的不对等性以及滞后性导致两处信息更新不同步,降低了法官在电子诉讼平台的办案效率。另一方面,在内外网立案的案件无法按需交互。例如,在疫情防控期间,大量线下传统案件需要线上处理,审判辅助人员需在外网重新录入案件信息的方式开启在线庭审,但却无法从内网将案件直接导入在线诉讼平台。相反,如果通过外网平台在线审理的案件需要转线下审理,亦没有可以直接交互转换系统的方式,需要重新将相关数据人工输入。

(三)电子诉讼平台操作繁复

对于民事电子诉讼的改革目标,"两便"原则——便于群众诉讼、便于法院审理——是民事电子诉讼在推广过程中的重要抓手,也是其相较于传统诉讼的独特优势。而要实现这一目标,作为电子诉讼关键载体的电子诉讼平台,不仅需要承载完备的诉讼功能,而且在具体操作上还需要考虑到不同群体的接受能力,即绝大多数用户的体验感。但从当前的实践来看,电子诉讼平台的具体操作却很难让人产生便利的印象,相反,电子诉讼平台繁琐的操作过程甚至成为阻碍电子诉讼进一步推广的因素之一。

首先,进行电子诉讼需要填写繁琐且复杂的信息,进入的门槛较高。对于当事人而言,在线进行诉讼的前提是注册个人账号,在这一步骤中需要当事人在线填写个人信息、上传身份材料完成人脸识别等身份认证。只有完成了身份认证与个人账号注册,才能真正进入相关的诉讼环节。其次,电子诉讼平台的界面通常设计得过于驳杂,功能繁多但不够有条理,对普通当事人不够"友好",容易让诉讼参与人产生乏力感。此外,平台具体页面的指导性不强,许多专业术语缺乏必要的解释,对于第一次参与诉讼的普通当事人而言,从在线立案到在线庭审几乎每个环节都需要审判辅助人员指导。再次,一些设计未考虑司法实践中的习惯性做法,导致相关材料在电子诉讼平台上的排布较为杂乱,影响诉讼各方的体验感。如网上立案材料未设置编目和命名栏目,不方便法官和当事人阅卷、辨认和质证,这也在一定程度上导致电子诉讼实践中出现尽管相关诉讼材料均以电子化的方式上传到电子诉讼平台,但仍有大量当事人和法官更倾向于手动翻看纸质材料的现象。最后,电子诉讼平台存在部分重复操作的情况。例如,在外网立案的案件经过外网审核后,进入内网系统还需再进行审核才能完成立案并反馈案号;又如,在缴费环节,通过外网立案的案件,法官还需要到内网财务系统完成缴费操作后才能在外网生成诉讼费金额。这些看似无关紧要的重复性操作,对于办案压力巨大的法官而言,却可能成为其最终放弃使用电子诉讼的"最后一根稻草"。

(四)信息数据安全存在隐患

人民法院在进行民事电子诉讼的过程中会收集当事人大量的个人信息,其中不仅包括姓名、年龄、性别等个人基本信息,还可能涉及当事人的面部信息、指纹信息等生物性特征。此外,在线庭审时系统还会同步保存在线庭审视频,因此如何安全储存、合理利用这些信息便是法院面临的一大难题。对此,欧盟就高度重视将个人信息保护理念引入司法系统,在处理个人信息时注重通过合理的技术或组织手段,保障个人信息的合理安全,包括防止未授权或非法处理、预防意外损失或销毁等。① 反观我国,目前尚未对司法程序中个人信息的保护问题加以重视,加之不断变化的信息环境,使得当前法院面临如下三个方面的信息安全挑战:其一,网络传输的风险。随着诉讼行为的"在线化",大量案件信息以数据为载体在网络中进行传输,若是作为信息传输的主要载体和基础设施的安全系数不够,便难免存在信息在传输过程中被泄露或恶意篡改的风险。② 其二,第三方泄露的风险。实践中,在线诉讼平台的信息数据存储以及电子印章的保管都由第三方技术公司负责,虽然第三方技术公司与法院之间通常都签有保密协议,但这仍然不能确保第三方公司不会滥用信息数据和电子印章,且目前电子诉讼平台并未对当事人的信息安全采取明确的保护措施,当事人的信息存在极大的被泄露隐患。其三,运营与维护不当的风险。要保障民事电子诉讼的顺利运行,不仅需要功能完善的电子诉讼平台,平台后期的运营与维护亦是关键,如果后期的运营维护缺乏切实有效的安全防护手段,在制度层面不能建立起风险防范机制,便可能加剧电子诉讼运行过程中信息数据面临的安全隐患。

第二节 民事电子诉讼实践困境的成因

之所以出现上述困境,或许并不能简单地根据不同问题分门别类地进行归因,根据新制度主义理论的观点,由于制度的复杂性,人为的局部改革可能会产生未曾预期的或令人迷惑的结果。同步发生的、表

---

① 参见王禄生:《司法大数据应用的法理冲突与价值平衡——从法国司法大数据禁令展开》,载《比较法研究》2020年第2期。
② 参见邓恒、杨雪:《线上审判方式中信息与数据安全问题研究》,载《中国应用法学》2021年第1期。

面上看起来充满智慧的有意变迁,可能会综合导致并非任何人蓄意为之的共同结果。① 因此,如果不是简单地从制度变迁的表层出发,而是将其置于更为宏观的制度发展逻辑中加以把握,便会发现,民事电子诉讼面临的现实困境实际是由当前固有的结构性因素决定的。民事电子诉讼改革的推行方式、改革所处的现实阶段以及技术本身与司法之间的张力共同形塑了民事电子诉讼的实践样貌,也成为制约其实践运行效果的关键因素。

一、试点改革模式的内在局限

从制度变革的方式来看,我国民事电子诉讼采取了试点先行的试点实验模式。作为一种与立法修例模式、司法判例模式并列的制度发展模式,试点改革模式从实践之初发展至今,已基本形成了较为固定的发展框架与操作模式。这种"由点到面"的制度变革路径所具备的内在价值和积极意义已被诸多理论和实践所证实,但这并不意味着司法机关主导的试点改革就是一种完美的诉讼制度变革方式,其亦存在诸多内在局限性。

周黎安曾借鉴企业理论中关于发包制与雇佣制的观点,提出"行政发包制"的概念,指出中国各级政府间的关系主要呈现出多层级权力关系下以属地管理为基础的行政逐级发包制,即在一个统一的权威之下,在上级与下级之间嵌入了发包的关系。在这一分析框架下,指出了行政发包制所呈现出的基本特点:其一,委托人(发包方)拥有正式权威(如指导权、审批权),但具体的执行权交给了承包方,更重要的是,承包方还以自由裁量权的方式拥有许多实际控

---

① 参见〔美〕马奇、〔挪〕奥尔森:《重新发现制度:政治的组织基础》,张伟译,生活·读书·新知三联书店 2011 年版,第 56 页。

制权;其二,行政发包制的内部控制是一种结果导向的责任分担,上级下达的任务指标,往往以结果论英雄。① 受此理论的启发,我们可以发现,从某种程度上来看,试点改革的运行模式同样可被视为"发包制",并呈现出两个方面的特点:第一,在决策机关的顶层设计之下,各级试点法院在相关改革的具体实施上有充分的自主权;第二,顶层设计的方案往往具有较强的概括性,试点法院可以在试点过程中就改革内容进行创新,形成某种地方性经验供决策者参考。然而,试点改革所具备的"发包制"特点也直接影响其在实践中的推行路径及其背后的动力机制,而这也在很大程度上成为制约改革效能发挥的重要因素。

(一)推行路径缺乏有效统筹与控制

具体到民事电子诉讼的改革实践,可以将其推行路径概括为:改革决策者即最高人民法院在全国人大常委会授权下,对此次改革的任务、要求与预期目标进行统一部署后,一次性"发包"给下级试点法院,再由较高级别的试点法院逐级传达改革精神、分配改革任务。各级法院在领取任务后,为保证任务的顺利完成,通常会组织研讨,确立具体的实施办法,并将任务分配到具体的庭室予以实施。这种看似井井有条的改革推行路径却因缺乏有效的统筹和控制,不利于试点改革的正常发展。

一方面,改革缺乏系统性、全流程的指导,导致试点法院在自主落实改革任务的过程中出现各行其是的局面。试点改革模式的制度逻辑决定了试点实践"摸着石头过河"的特征。此外,改革决策者更多关注的还是对改革目标与改革任务的制定,故改革决策者发布的改革方案在改革内容、范围的规定上往往具有一定的弹性,具体的实施细节

---

① 参见周黎安:《转型中的地方政府:官员激励与治理》(第二版),格致出版社、上海三联书店、上海人民出版社 2017 年版,第 29—37 页。

与操作办法更是赋予试点法院相当的探索空间。

就此次民事电子诉讼改革而言,各试点法院开展试点工作的主要依据是最高人民法院印发的《改革试点方案》和《改革试点实施办法》。其中,《改革试点方案》明确了改革目标和基本原则、试点主要内容、试点范围等,《改革试点实施办法》共30条,对试点方案作了进一步细化。但需要指出的是,《改革试点实施办法》中有关民事电子诉讼的规定仅有6个条文,而具体的实施方案和相关制度规定则交由试点地区的高级人民法院结合工作实际制定。而这无疑赋予试点法院相当的探索空间,前文在考察民事电子诉讼试点实践中发现的各试点法院对试点内容进行的自主选择与差异性适用现象便是上述推进路径的具体体现。

另一方面,改革试点的过程中未能建立起有效的监督与调控机制。如果说试点改革模式的制度逻辑决定了试点改革过程中极有可能出现试点法院各行其是的现象,那么,在试点改革过程中确立有效的监控机制,对试点改革实践中偏离改革目标的行为予以及时规范与引导,便是弥补改革路径固有缺陷的可行措施。诚如有学者指出的,在制度的地方性试点可能改变既有法律秩序、影响司法统一性以及自身合法性并不充分的背景下,由中央层面的主体对其进行某种程度的控制与监管显得非常必要。①

然而,民事电子诉讼的试点实践表明,对于一项涉及当事人诉讼权利、关乎司法权运行方式变革的制度试点,决策者在授权试点法院进行自主探索的过程中,并未同时建立起相应的监控机制,更缺乏必要的引导、规范与控制。尽管在改革运行初期,最高人民法院就建立了民事诉讼繁简分流改革试点工作月报机制,以方便最高人民法院及时掌握试点改革的实践动态并激励试点法院有序推进相关改革措

---

① 参见郭松:《试点改革与刑事诉讼制度发展》,法律出版社2018年版,第95页。

施,但从月报的内容来看,基本指向各项改革措施量化后的成效,相关数据的统计口径很难反映出实践运行中可能存在的制度难题。换言之,这一工作机制的核心要旨仍是以推进改革任务为导向的,对改革试点中出现的问题缺乏针对性的发掘与关注。值得提及的是,疫情期间,《最高人民法院关于新冠肺炎疫情防控期间加强和规范在线诉讼工作的通知》初步明确了在线诉讼规则,指导各地法院完善在线诉讼指引,但对于电子诉讼其他环节以及在线庭审在后来的实践运行中出现的问题,明显缺乏必要的关注与引导,民事电子诉讼试点改革在实践中仍存在各种乱象。

(二)"指标陷阱":模糊目标与多任务条件下的激励扭曲

对于改革决策者而言,通常催生司法机关推行试点改革的动力主要是既有制度的供给难以满足司法实践的现实需求。但不能忽视的是,从改革决策对制度的构想到改革内容的具体实施还有一段很长的路要走,如何激励各试点法院按照决策者的部署积极落实试点改革方案,便成为改革决策者面临的问题。对此,实践中常见的做法是,通过数据量化试点法院的各项改革措施,并在某种程度上对试点法院进行"排位赛"激励。在这种或隐或显的"排位赛"激励之下,试点法院"出政绩"激励也变得格外强烈,针对此类现象,王亚新教授将之称为"改革竞争"。[①] 然而,这种量化改革措施并以此为依据对试点法院进行"排位赛"的激励方式,存在难以克服的"指标陷阱",即因不当绩效指标带来的扭曲效应。

其一,根据组织决策理论的研究,在组织决策过程中,组织目标通常具有模糊性,且不同目标对不同利益的组织成员有着不同的意

---

① 参见王亚新:《程序·制度·组织——基层法院日常的程序运作与治理结构转型》,载《中国社会科学》2004年第3期。

义,导致他们解释组织目标、执行组织决策的不同行为。① 因此,对组织采取较为单一的考核标准并不能对相关行为作出全面的评价,对于未能被合理评价的行动者而言,相关评价标准反而可能成为一种逆向激励。在民事电子诉讼的试点中,提高办案效率和便利当事人诉讼是两个不同的组织目标,尽管这两个目标之间不必然存在竞争关系,但不同的角色会对这两个目标的分量作出不同的判断,从而导致他们不同的目标行为。此外,审判辅助人员和审判法官对于提高办案效率这一目标在司法实践中的体现也有不同的看法。因此,当我们仅将减轻法官办案压力、提高其办案效率视为衡量改革成败的标准,而不关注与此同时可能对审判辅助人员增加的工作负担的话,便可能导致实践中审判辅助人员"用脚投票",或对相关改革措施消极适用,这无疑不利于改革的顺利进行。

其二,与上述问题密切相关的是,在多数情况下,即使组织目标是明确的,但也很难被直接分解为若干可被完全量化的绩效指标。换言之,一方面,组织目标与绩效指标之间通常存在较大的偏差,过度量化改革目标不仅不能抓住改革的关键,还可能扭曲改革目标。另一方面,大多数组织都有多重目标,并非都能量化为绩效指标,而能进行测量和奖励的目标,往往会成为重点,但这同时也就在实践中变相牺牲了其他的基本目标。除此之外,在对绩效指标的具体测量中,也存在"陷阱"。相关研究指出,尽管指标的制定大多出自良善的初衷,但在实践运行中也常常带来功能性障碍。首先,人们往往倾向于测量最容易测量的元素,但实际上它们有时完全不重要,甚至带来欺骗性结果;其次,量化的前提往往在于它对信息进行了整理和简化,便于进行比较,但这种简化往往伴随着扭曲,因为令事物可进行比较,往往意味着要剥离其背景、历史和意义;最后,人们还可能通过省略或歪曲数据来

---

① 参见周雪光:《组织社会学十讲》,社会科学文献出版社2003年版,第305页。

改善数字,即所谓的数字造假。① 就民事电子诉讼而言,尽管对试点法院进行相关指标的统计并不必然意味着这一行为会落入上述种种"指标陷阱",但显然最高人民法院印发的相关数据统计口径难免无法涵盖改革的所有目标,且试点法院在数据统计过程中的变通行为导致统计结果对试点实践的扭曲通常也无法被监督和规避。②

其三,在多任务的条件下,这种激励方式还无法避免激励扭曲的问题。在多任务下的激励扭曲主要表现为:当代理人的工作具备多重任务时,一些任务能够被考核,而另一些任务不在考核范围内或者不易测度,此时如果委托人只对容易测度的任务绩效进行奖励,而对那些不容易测度的绩效不进行奖励或惩罚,那么代理人便会只关注那些能够被考核的指标,而对那些不在考核范围或者不易测度但并非不重要的任务不予重视。③ 应当看到,这一来自经济与政治制度领域的命题,在司法机关的试点改革中同样存在。在"出政绩"的行动逻辑下,试点法院无疑会十分注重试点改革的"最终成绩",其反映在纸面上通常便是相关可量化的数据,如在线立案的数量、在线立案率、在线庭审率、电子送达成功率等指标。但对任何试点法院而言,在保证正常工作顺利开展的前提下,能够投入改革中的时间和精力无疑都是有限的,且不同法院面对不同的改革内容,其实施的难度与取得的成效更是因法院而异。面对上级的考核,如何能在有限的条件下取得最佳的"排名",最理性的选择无疑是集中自己的优势资源投入到容易测度并容易使自己脱颖而出的改革措施上,而对于那些难度较大且不利于

---

① 参见〔美〕杰瑞·穆勒:《指标陷阱:过度量化如何威胁当今的商业、社会和生活》,闾佳译,东方出版中心2020年版,第23—24页。
② 如笔者在调研中发现,对于一些较难由审判管理部门在内网系统内统计的数据,如在线庭审的开庭时长、案件类型等,通常交由各业务庭法官自行统计后上报至审判管理部门,但对于办案压力已经巨大的审判法官而言,通常其并不会仔细复查相关数据,而是凭记忆进行填写。
③ 参见周黎安:《中国地方官员的晋升锦标赛模式研究》,载《经济研究》2007年第7期。

"出政绩"的改革措施便不用力或少用力。实践中不同试点法院对民事电子诉讼不同环节进行的选择性重点推广便是典型的例子。

二、民事电子诉讼尚处于发展阶段

如果以发展的眼光视之,一项改革所呈现的特征与暴露的问题无疑与改革自身所处的发展阶段密切相关。而衡量一项改革处于何种阶段的标准,则不仅仅是传统意义上改革所历经的时间长度或实践覆盖的空间广度,还包含一系列影响制度发展水平的主客观因素。具体到民事电子诉讼的改革,主要指的是支撑此项改革的若干条件,笔者将其归纳为:技术水平条件、制度设计、习惯偏好与行为能力三个方面的发展状况。整体而言,上述三个方面的现状均表明,当前我国民事电子诉讼的运行仍处于试点探索并逐步深入的发展阶段。

第一,支撑民事电子诉讼顺利运行的技术条件远未达到完善的程度。民事电子诉讼的兴起源自信息技术的飞速发展,是司法适应社会变迁和技术发展作出的自我调适,也是信息技术嵌入司法后的实践表现。毫无疑问,尽管不是有了技术条件民事电子诉讼就能顺利运行,但确保诉讼活动在线化运行的技术对于民事电子诉讼而言却是一项必要条件,不可或缺。

从法院的角度来看,法院信息化建设同样遵循的是以点带面、以现实需求带动功能研发的发展路径。详言之,法院的信息化建设不仅是分步的,更是根据不同诉讼功能分板块进行的,因此不同环节的信息化建设成果与实践经验也是参差不齐的。前文的考察也指出,尽管民事电子诉讼的三个环节在此前的司法实践中均有一定的探索,但无论是相关技术保障还是实践探索经验,在线立案和电子送达都远超在线庭审。这可从疫情期间各地法院纷纷紧急研发在线庭审平台以应对在线庭审的需求,而对于在线立案和电子送达环节的在线运行则显得驾轻就熟中一见端倪。总体而言,经过前期的探索和推广,有关民事电子诉讼的信息化技术尽管已在各个环节进行了不同程度的适用,基本能带动诉讼活动的在线运行,但诚如前文指出的,相关平台尚不完善,尤其是确保民事电子诉讼一体化、全流程在线运行的电子诉讼平台尚处于投入使用不久的试运行状态,故仍存在一系列问题亟待解决。实践考察亦发现,当前电子诉讼平台在技术和功能上仍处于与各方参与人磨合的试运行状态,实践中普遍存在平台运行不畅、画质不佳、功能不全等问题,而这也是降低电子诉讼体验感并直接影响其适用率的关键因素。正如学者指出的,实际上民事电子诉讼中出现的诸如效率与公正之间的紧张关系等难题,也许正是信息网络技术还不够发达、完善,不能为诉讼程序之参与者们随心所欲地运用所致。[①]

对诉讼当事人而言,参与民事电子诉讼需要拥有适宜的设备,保障其能与法院互联,并在线上完成相应诉讼活动。通常要满足上述条件,当事人需要一台能连接互联网的手机或电脑,一个稳定的网络环境。第47次《中国互联网络发展状况统计报告》显示,截至2020年12月,我国网民规模达9.89亿,互联网普及率达70.4%。其中,我国农村网民规模达3.09亿,占网民整体的31.3%,城镇网民规模达6.80亿,占网民整体的68.7%,城镇地区互联网普及率为79.8%,农村地区互联网普及率为55.9%。也即,当前我国仍有部分城镇居民以及接近一半的农村居民属于非网民,其并不具备进行在线诉讼的基本技术条件。此外,即使对于普通网民而言,其使用网络的个体差异也较为明显。实践调研发现,与电子诉讼平台存在的技术或功能缺陷相比,当事人一方因设备或网络环境不佳而导致的电子诉讼受阻的现象更为常见。换言之,电子诉讼的顺利开展不仅需要法院提供功能匹配、技术过硬的电子诉讼平台,对诉

[①] 参见段厚省:《远程审判的双重张力》,载《东方法学》2019年第4期。

当事人的设备和网络环境也提出了较高的要求。但遗憾的是,上述两者似乎都还具有较大的完善空间。

第二,规范民事电子诉讼行为的规则尚存亟待填补的空白和完善的细节。对于试点改革而言,一个完善的改革方案事关改革运行的合法性、权威性以及公众的信赖度。而当前民事电子诉讼仍处于发展阶段的另一个表现就在于,有关民事电子诉讼全面、系统、权威的诉讼规则仍付之阙如。

一方面,规范民事电子诉讼运行的规则存在亟待填补的空白。民事电子诉讼改革关涉诉讼方式、流程与制度的再造,对于改革实践而言,必然需要全面配套的规则指引。然而,在试点改革中对民事电子诉讼实践进行指引的全国性规范仅有最高人民法院印发的《改革试点实施办法》《最高人民法院关于新冠肺炎疫情防控期间加强和规范在线诉讼工作的通知》以及《问答口径(一)》和《民事诉讼程序繁简分流改革试点问答口径(二)》,且其中有关民事电子诉讼的规定寥寥无几。尽管此后最高人民法院在总结试点改革经验的基础上颁布了《人民法院在线诉讼规则》以及《人民法院在线调解规则》,但从内容上来看,当前由最高人民法院印发的有关指导民事电子诉讼实践的司法解释与规范性文件,其内容仍较为笼统,未能充分回应信息技术与司法融合过程中与传统诉讼制度、诉讼原理的冲突。如在证据方面,缺乏对新型诉讼模式下证据的出示方式、质证方法以及审查方式的指引,尤其对于在线庭审中出现的新问题,如电子化材料的真实性审查方式、证人"隔离作证"、区块链存证效力等内容的规定。此外,有关线上线下诉讼方式的转换条件、方式、行为效力等问题也亟待明确。

另一方面,规范民事电子诉讼试点改革运行的规则在技术细节方面也有待完善。从试点改革的操作技术层面来看,试点方案的设计必须重视试点制度的技术细节,试点方案在技术上的可操作性是决定试点改革成效的重要变量。根据程序规则设计基本的原理,诉讼规则的设计目的在于为诉讼行为提供具体、明确的操作步骤与行为程式,如果一项规则无法提供具体清晰的行为指引,便不具备充分实施的可能性。更进一步而言,通过试点改革来推动制度发展的路径决定了民事电子诉讼的试点实践具有强烈的试验性与探索性。如果试点方案无法在技术细节上具备可操作性,则不仅无法在实践中得到充分运行,更无法为改革决策者提供观察试点成效、发现试点规则漏洞的机会,从而导致试点改革的试错功能难以发挥,试点改革本身的意义也难以体现。具备完善技术细节的试点方案,能在为实践运行提供明确指引的同时,防范实践中因试点法院滥用试点权力导致的试点实践的任意性与混乱性。概言之,具备完善技术细节的试点方案不仅是出于程序规则设计原理的基本要求,更是充分发挥改革试点功能的必然手段。此外,试点方案在技术细节层面的完善性与可操作性亦能帮助试点改革走出其可能面对的实践困境。①

反观民事电子诉讼试点改革,《改革试点方案》在某种意义上充当了将改革设计付诸实践的程序规则,但寥寥无几的条文不仅未能全面覆盖试点实践中的关键性法律问题,更遑论对方案实施细节的周全考虑。从另一个角度来看,这一事实或许也进一步反映出,面对信息技术对传统诉讼方式、诉讼程序的再造,当前我国对民事电子诉讼的实践探索似乎还不足以支撑起具备系统性和可操作性规则的构建,仍属于对民事电子诉讼先作出原则性与框架性规定,具体的细节性操作规则还留待实践继续分步探索。

第三,诉讼参与人的习惯偏好与行为能力尚未完全适应电子诉讼方式。关于应如何理解司法实践中法定的诉讼行为,王亚新的研究为我们提供了一种新的视野,他指出:"无论存在还是不存在就程序展开样式作出明确规定的诉讼法规,只要纠纷处理的实务持续足够长的时

---

① 参见郭松:《刑事诉讼地方性试点改革成功的必要条件》,载《政法论坛》2016年第1期。

间,多半都会自然地形成某种操作上的习惯或不断同样反复的程序运作样式。诉讼法规的不少规定在许多情况下其实就是这种习惯性的操作样式在书面上的记叙或表达而已。"①换言之,许多在今天看来法定的诉讼行为其实只是长期民事诉讼实践经验与规律的总结,这也从另一个侧面反映出,诉讼程序的平稳运行有赖于长时间的实践以及在此过程中积淀的各方诉讼参与人的习惯与认可。

同样,我国民事诉讼程序历经长期的实践经验与规律总结,不仅由《民事诉讼法》加以表达固定,更是在日常司法实践中转化成诉讼参与人的习惯性行为方式。一方面,民事诉讼的核心是各方当事人之间的信息传递,在传统民事诉讼中,形成了当事人与法官在特定时空内,通过面对面进行信息沟通的方式。这种信息传递方式强调法庭的"剧场效果"以及诉讼当事人与法官"面对面"的近距离接触,通过法庭营造出的庄严氛围与事实参与人在现场的"亲历性"来确保当事人如实陈述,从而促进案件事实的查明与纠纷的解决。另一方面,是与印刷社会相契合的,由于人们对纸质材料的依赖,当事人和法官之间信息传递的介质通常是书面材料。在印刷社会时代,书面文字承载了绝大部分的信息,这可以从传统民事纠纷中大量存在的书证中得到证实。与之相应的是诉讼过程中诉讼参与人通过出示、审查证据的原物、原件的方式进而查明案件事实。

与上述习惯性行为方式截然不同的是,在民事电子诉讼中,诉讼参与人面对的是虚拟的诉讼环境,他们看得见、听得见但是摸不到,传递信息的介质也从可触碰的物件转换为电子化的材料。实践调研发现,最让诉讼参与人难以适应的是在线庭审中通过电子屏幕阅卷带来的困难。相比能随手翻阅、勾画的纸质案卷材料,尽管部分电子诉讼平台能对案件材料进行编目、排序,一定程度上缓解了阅卷时的杂乱

---

① 王亚新:《对抗与判定:日本民事诉讼的基本结构》,清华大学出版社 2002 年版,第 157 页。

感,还有部分平台甚至具有阅卷标记等辅助功能,但电子屏幕一次性能传递的信息量始终是有限的,滚动翻阅页面的阅卷方式显然无法实现手动翻阅纸质材料时快速进行前后比对、回过头重复查看某一页的功能。且对于习惯了纸质阅读的诉讼参与人而言,对电子化材料的信息转换能力和接受度也是有所减损的。

除了诉讼参与人对传统诉讼行为方式的习惯性依赖,大量诉讼参与人目前所掌握的电子诉讼行为能力,在很大程度上亦未能与电子诉讼的实践需求相匹配,从而在某种意义上导致诉讼参与人对民事电子诉讼的接近性困难。如当事人若要参与民事电子诉讼,需要下载相应软件或登录电子诉讼平台,完成用户注册、身份验证等环节才能正式进入立案程序。在立案环节,需要当事人自行选择管辖法院、案件类型、将证据材料电子化后上传;进入在线庭审环节,当事人需学会使用在线庭审平台内置的证据交换、屏幕共享等一系列功能。作为一种全新的诉讼方式,上述一系列操作不仅对普通当事人而言是陌生且复杂的,甚至对每天接触司法程序的司法工作人员而言,也需要重新学习。对此,实践中的解决办法通常是负责平台开发的技术公司派技术人员进驻法院指导法官或审判辅助人员操作相关设备和平台,再由审判辅助人员对诉讼当事人进行一对一的辅助指导。但这种一对一的指导方式不仅边际成本高、推广速度慢,更加重了法院工作人员的工作负担。

以上两个方面的内容说明,促成民事电子诉讼落地生根的,是"实践力量",而非简单的制度构建。司法作为一种"人为理性",其任何环节的顺利运行都离不开诉讼参与人对诉讼程序以及操作方式的习惯与认可。从这个意义上来看,创设一项新的诉讼方式并制定相对完善的规则或许假以时日并不难实现,但要想其从理想的构建发展为现实的实践则需要一些必要的付出,包括学习的成本、主观上的认同以及足够长时间的过渡。

三、技术伦理风险与司法固有属性的张力

尽管现代司法似乎正借助现代通信技术的优势朝着更快更好的方向大步迈进,但在科技哲学领域,技术并非如普罗大众想象的一般独立于人的精神世界,其"中性"的面纱也早已被人揭开。① 此外,相较于其他行业对信息技术的积极拥抱,科技对司法的影响虽然也堪称巨大而深远,但法院浸润于信息化浪潮中的时间远短于其他行业。在司法领域,信息技术与司法的融合显然也并非天衣无缝,法律与技术之间的关系亦是理论界持续关注的话题。② 究其原因,其实质在于司法作为一项保守的行业,其固有的特征和理念与现代技术所具备的性质并不完全契合,在某种程度上两者之间甚至存在较大的矛盾与冲突。相关研究指出,现代技术呈现出不确定性、单一性,以及技术权力的不平等性等较为显著的特征③,而这显然与司法固有的稳定性、复杂性,以及平等公正性存在相当程度的抵牾。

(一)技术的不确定性与司法对稳定性追求之间的冲突

本质上,现代技术是在"确定性终结"基础上进行的复杂性探

---

① 在哈贝马斯看来,技术和科学都是意识形态。参见〔德〕尤尔根·哈贝马斯:《作为"意识形态"的技术与科学》,李黎、郭官义译,学林出版社1999年版,第38—83页。

② 对此较早的探讨可参见苏力:《法律与科技问题的法理学重构》,载《中国社会科学》1999年第5期;易玉:《对现代社会中法律与科技的关系的法哲学阐释》,载《法学杂志》2007年第6期。近年来,面对司法实践中不断涌现的技术问题,技术在司法实践中的中立性等问题引发热议,相关探讨可参见梁志文:《云计算、技术中立与版权责任》,载《法学》2011年第3期;桑本谦:《网络色情、技术中立与国家竞争力——快播案背后的政治经济学》,载《法学》2017年第1期;王禄生:《司法大数据与人工智能技术应用的风险及伦理规制》,载《法商研究》2019年第2期;等等。

③ 有关现代技术特征的详细论述,参见庄友刚:《风险社会中的科技伦理:问题与出路》,载《自然辩证法研究》2005年第6期;李文潮:《技术伦理面临的困境》,载《自然辩证法研究》2005年第11期。

索,这决定了其结果具有不确定性。事实上,此种不确定性和可能性也正是推动技术进步的关键所在。① 换言之,现代技术的发展本身就是一个新生的过程,没有可供参考的先例,与直接"拿来"成熟的技术成果相比,当前司法领域对技术的"拥抱"本身就是一个"历险"的过程。以国际视角进行观察可以发现,我国对互联网司法的探索已经从"跟跑"走向"领跑"。② 这种转变意味着,对于民事电子诉讼的探索,我们没有成熟的技术成果和成功的实践经验可资借鉴,相关创新可能带来的技术风险与法律风险可能加剧探索结果的不确定性。然而,这种不确定性却与司法对稳定性的追求格格不入。

一方面,民事电子诉讼本身还面临一定的技术瓶颈,这些技术能否被攻克具有不确定性。当前民事电子诉讼的实践通过远程通信技术在不改变既有法律思维的基本属性上,大大延伸了民事司法的应用场域。但实践中仍存在若干技术性问题阻碍其顺利运行,如网络的流畅度以及画质的不佳直接影响了在线庭审的效果,有关证人的"隔离式作证"技术尚不完善以及电子诉讼平台尚未能实现对证据全方位的展示,以便当事人在线对证据进行实质性的质证等。解决上述技术问题将对民事电子诉讼实践效果的发挥有很大程度的提升,但技术问题的解决却具有较大的不确定性。

另一方面,民事电子诉讼作为一种刚刚崭露头角的诉讼方式,其运行结果具有不确定性,相关负面效应或许需要经过较长时间的运行才能被人们发现。与传统诉讼相比,民事电子诉讼在提高诉讼效率、便利诉讼当事人接近司法等方面的成效无疑是显而易见且容易被测度的,但一些容易被我们忽略的潜在后果却并非不重要。具体而

---

① 参见王禄生:《司法大数据与人工智能技术应用的风险及伦理规制》,载《法商研究》2019年第2期。
② 参见何帆:《中国互联网司法是否世界领先,又有哪些中国特色?》,载"法影斑斓"微信公众号,2021年3月10日。

言,民事电子诉讼的运行可能带来信息数据安全问题、基于接近技术机会的差异而形成的数字鸿沟问题。此外,在民事电子诉讼突破了时空限制、便利了当事人的同时,公众对司法公正的感知是得到了加固,还是因形式理性的虚拟化而进一步发生了动摇?抑或当事人能在与法官更加频繁的沟通中填补这种动摇?当然,民事电子诉讼不确定的运行结果还不止于此。

(二)技术的单一性与司法实践的复杂性相抵牾

技术的单一性特征通常是指现代技术往往针对特定场景进行研发,系一种对特定问题的技术性解决方案。具体到信息技术与司法融合的场域,对于技术开发者而言,这一新的领域并没有先例可循,且摆在开发者面前的往往是某一具体的司法场景,因此技术要做的便是面对单一现象或问题给出针对性的单一决策。这也从技术固有的特征角度解释了为何我国司法信息化建设从一开始走的便是一条是以点带面、以现实需求逐步带动功能研发的发展路径,即根据不同诉讼阶段的需求,着眼于单项诉讼服务功能开展的分步式建设。

但问题的根源在于,司法实践远非对法律的简单适用,而是具有相当的复杂性。对此,波斯纳曾指出司法制度正面临外部复杂性与内部复杂性的双重挑战。一方面,面对时代的进步和社会的发展,人们之间的社会关系更加复杂,案件"事实问题"认定变得更加困难;另一方面,随着法律规则的日益复杂以及法律规制的触角向更广、更深的范围扩张,法律规定内部的复杂性也与日俱增。[①] 从民事电子诉讼的实践着眼可以发现,尽管技术的单一性特征决定了当前我国的司法信息化建设以点带面的研发路径,但诉讼活动的连续性决定了诉讼程序的前后环节并非孤立地存在,而是环环紧扣相辅相成的。一方

---

① 参见〔美〕理查德·波斯纳:《波斯纳法官司法反思录》,苏力译,北京大学出版社2014年版,第65—120页。

面,如果仅从单一环节的功能实现出发对民事电子诉讼进行构建,而不从程序整体运行的效果出发思考各个环节之间的功能衔接,难免会出现民事电子诉讼实践中常见的各个环节碎片化适用的情形。另一方面,技术的单一性也决定了其即使针对某一特定的诉讼环节加以改造,也可能无法全面满足司法实践的真实需求。

(三)技术权力的不平等性与司法公平性之间的张力

在科技哲学领域,科技并非如人们想象的一般"价值中立",而是具有双重性。具体而言,技术权力本质上具有利他性、整合性、竞争性、操纵性等综合特征。① 从另一个角度来看,技术所呈现的上述负面属性其实也是技术所固有的风险。1986 年,德国学者乌尔里希·贝克提出了"风险社会理论",认为科技发展带来的负面后果也属于社会风险。具体而言,技术的发展不仅只是简单地提供了更好的生存环境或者更高的生活质量,也埋下了被科技奴役、工业事故等风险,从而使其成为现代社会风险的主要来源之一。② 在司法领域,技术权力具有显著的利他性和操纵性特征,而这势必与司法追求的公正与平等原则产生冲突。

具体而言,随着信息技术嵌入司法审判,司法攀附着信息技术的发展已从对司法效率的提升引发了司法品格的质变。一方面,信息技术对司法的嵌入具有统一、齐平的特征,通常只能着眼于单一的技术方案,而无法充分考虑到不同诉讼参与人的不同诉讼能力与需求,由此带来的"数字鸿沟"与"财富效应"反而加剧了不同当事人之间的不平等。

---

① 参见王禄生:《大数据与人工智能司法应用的话语冲突及其理论解读》,载《法学论坛》2018 年第 5 期。
② 参见〔德〕乌尔里希·贝克:《风险社会:新的现代性之路》,张文杰、何博闻译,译林出版社 2018 年版,第 192—196 页。

另一方面，司法在信息技术的助力下，进一步实现了对法院的精细化管理，甚至开始向法院系统外延伸。诚如有学者指出的，现有技术对司法的嵌入具有鲜明的管理本位①，尽管在民事电子诉讼改革中，信息技术的核心任务仍聚焦于确保诉讼各个环节在线上的功能实现。但与此同时，相关技术的研发也使得法院通过一种更隐蔽却也更彻底的方式实现了审判管理的细密化。如电子诉讼平台表面上是民事诉讼活动在线运行的载体，但其实也是审判管理从线下到线上、从各个环节结点式监管到全流程静默式监管、从疏松到细密的流变。此外，通过司法数据的社会化接入，信息技术对民事诉讼程序的嵌入，还将部分审判管理的任务从法院工作人员的手中间接转移给诉讼当事人，利用当事人之手完成了案件信息的数据化。如在线立案环节，当事人需要在法院开发的立案系统中按照法院的规定分门别类地填写立案信息，庭审前，当事人也需要在系统的监督下完成一系列庭前准备活动。

整体而言，由于技术的嵌入，法院与当事人之间实时数据的交互和指令的下达与反馈已基本实现，诉讼参与者的每一个动作，管理者都清晰可见。但当传统的诉讼活动变为虚拟化的正义生产流水线，整齐划一的诉讼行为背后潜伏的是技术对人的操控，尤其不能忽视的是其对司法领域平等原则的松动。

第三节　民事电子诉讼发展前瞻

在时代变革的浪潮中，中国社会在某种意义上正不可避免地进入一个"在线时代"。在此背景下，一直以来被视为最为保守的行业——

---

① 参见刘艳红：《大数据时代审判体系和审判能力现代化的理论基础与实践展开》，载《安徽大学学报（哲学社会科学版）》2019年第3期。

司法,也在致力于探寻如何在信息时代更好地实现正义。就此而言,无论是本书对民事电子诉讼的研究与思考,还是关于诉讼方式应如何回应时代变迁,这些问题本身都还远未结束,甚至可能是刚刚开始。但问题在于,民事电子诉讼这一新兴诉讼方式未来将会走向何方,这不仅取决于时代巨轮的前进方向,很大程度上也有赖于我们对其的目标与定位。对此,时任最高人民法院院长周强提出了"构建中国特色、世界领先的互联网司法模式,以数字正义推动实现更高水平的公平正义"的发展目标。① 通过前文的考察分析,笔者认为,就民事电子诉讼而言,要实现更高水平的公平正义,至少还需从以下三个方面推进。

一、转换视角:民事电子诉讼的再定位

前文的多处研究已表明,民事电子诉讼在现有民事司法程序中的定位并不明确,其与传统民事诉讼方式的关系尚未明确,且我们对其具备的功能与价值也缺乏更深层次的理解。但上述问题并非不重要,因为我们只有真正理解并把握了民事电子诉讼的功能与价值,才能对其进行合理的定位,也只有真正明确了民事电子诉讼当前所处的地位,才谈得上对其未来发展方向的展望。

通过对民事电子诉讼的实践考察,前文概括的民事电子诉讼的固有特征包括:一方面,民事电子诉讼与传统诉讼方式之间是相互嵌入的融合关系,另一方面,民事电子诉讼在提升诉讼效率与便捷性、优化庭审结构方面具备独特的优势。但需要指出的是,上述结论的得出缘于我们观察民事电子诉讼实践时所采取的内部视角,即主要是立足于

---

① 参见周强:《最高人民法院工作报告——2021年3月8日在第十三届全国人民代表大会第四次会议上》,载《人民法院》2021年3月16日,第1版。

诉讼程序的内在逻辑展开的观察。① 但如果将视角拉长放远,从诉讼方式所面向的不同主体出发,即立足于内外结合的互动视角,还可以发现,民事电子诉讼的实践具有三重向度,对这三重向度的认识,有助于我们对民事电子诉讼有一个更加立体的理解。

具体而言,这三重向度分别是:其一,民事电子诉讼具有以满足当事人诉讼需求为核心的外部服务属性。诚如前文考察所呈现的那样,民事电子诉讼在实践运行中最为突出的特征之一,就在于其是以满足当事人诉讼需求、便利当事人进行诉讼为核心的。无论是电子诉讼平台上各种实用性功能的研发,还是民事电子诉讼各个环节相较于传统诉讼方式所彰显的效率价值,无疑都契合了便民、利民的服务性导向。其二,民事电子诉讼具有以促进法官办案高效化、审判管理自动化为己任的内部管理向度。对于法官和审判辅助人员而言,依托电子诉讼平台进行的民事电子诉讼,一方面在诉讼材料的收集与流转、再造案件办理流程等方面提升了案件办理的效率;另一方面,也在审判流程监督、诉讼档案管理等环节实现了审判管理的自动化。其三,民事电子诉讼具有创新当事人与法院的交往方式,以达到联通法院内外的集成属性。民事诉讼的顺利运行离不开法院和当事人的良性互动,因此,构建法院与当事人顺利沟通的渠道就尤为重要。就此而言,民事电子诉讼将传统诉讼中当事人与法院面对面的接触转移到了线上,通过电子诉讼平台实现了法院与当事人远距离、零接触甚至非实时的交往,缩短了当事人与法院之间的距离,拓宽了当事人与法院之间的沟通渠道。

---

① 关于此种观察视角,田中成明教授将之称为"内在视点",即立足于现有法体系对有关规范性活动进行分析,与之不同的是,其提出的"相互主体立场",即把法律实践理解为使合意、讨论以及程序构成的一组事物,并尝试以上述动态的视角分析司法制度与法律实践。受此启发,笔者在此将用于观察民事电子诉讼的不同角度归纳为内部视角与内外结合的互动视角。参见〔日〕田中成明:《现代社会与审判——民事诉讼的地位和作用》,郝振江译,北京大学出版社 2016 年版,第 46—47 页。

民事电子诉讼所具备的上述三重向度都提示我们,要进一步理解民事电子诉讼并赋予其恰当的定位,就不能仅仅从内部视角着眼关注其在诉讼程序内的功能,而应秉持内外结合的互动视角,对民事电子诉讼进行更为全面的把握。从内外结合的互动视角出发,民事电子诉讼中一些尚未被充分挖掘但非常重要的特质得以显现。一方面,民事电子诉讼不仅在功能上是多元的,其面向的诉讼参与者亦具有多重属性,这提示我们对民事电子诉讼的构建,不仅要对诉讼各个环节的功能进行"在线化"改造,还应从内外结合的互动视角出发,关注不同诉讼参与者的诉讼需求与"用户体验",避免"只见制度不见人"的构建路径。另一方面,民事电子诉讼的出现不是为了取代传统的诉讼方式,而是通过创新当事人与法院之间的交往方式,为民事案件的办理提供另一种可能的选择。因此,就诉讼当事人而言,这种选择的可能性意味着一种可以选择也可以不选择的权利;对法院而言,不区分适用效果、只关注适用数量的改革实践也绝非制度设计的预期目标。

二、健全规则:民事电子诉讼规则制定的基本方案

上文的分析表明,当前民事电子诉讼所面临的困境很大程度上是由于有关民事电子诉讼系统、权威的诉讼规则仍付之阙如,结合试点实践中的经验与困境,笔者认为,以下几个方面的内容是未来制定系统化的民事电子诉讼规则时需要重点把握的。

第一,应确立民事电子诉讼"依法、自愿、等同"的适用原则。"依法"是指民事电子诉讼的实践运行必须严格遵守法律规定,不能损害法律的公正性和权威性。具体而言,民事电子诉讼的各个环节都应严格遵循既定操作流程和规范,避免随意性。"自愿"是指民事电子诉讼应确立自愿选择的原则,其适用应尊重当事人的程序选择权。前文多

处考察均表明,民事电子诉讼仅是民事诉讼程序运行的一个选项,而非对传统诉讼方式的取代,二者在适用上并不存在序位上的先后。因此,程序的自由选择权作为当事人程序权利的重要保障,便应成为民事电子诉讼的适用前提,更是该项制度的正当性基础。具体到诉讼实践,应充分尊重当事人的诉讼习惯和偏好,在确保当事人充分知晓现有规则的前提下,根据其自身利益需求,判断并选择最契合自身利益的诉讼方式。"等同"是指当事人在民事电子诉讼中所享有的诉讼权利,应与在传统诉讼方式中相同,而不能因民事电子诉讼所具有的效率价值而受到减损。

第二,转型司法模式,明确民事电子诉讼方式与传统诉讼方式的协调转换机制。如果民事电子诉讼不是对传统诉讼方式的取代,两者之间也并非非此即彼,而是相互嵌入的关系,那么确保案件能在不同诉讼环节根据现实需求灵活适用恰当的诉讼方式,便是未来制度设计需考虑的。换言之,未来的诉讼模式将以一种混合形式的面貌示人,其既可能是"全流程在线"或"全流程线下"的审理模式,也可以是"线上与线下相结合"的模式,故两种模式之间转化程序的设计就显得尤为必要。有关电子诉讼与传统诉讼程序转化的规则设计,有必要从程序转化的理论基础、具体要件和权利救济机制三个角度加以考虑,其中包含的理论和技术操作性问题还留待进一步研究。但需要指出的是,无论采用哪种诉讼方式,怎样设计程序转化的路径,都应确保对当事人诉讼权利的周延保障以及促进法院案件办理的顺利进行。

第三,区分不同诉讼主体,划定恰当的案件适用范围。前文对民事电子诉讼实践的考察表明,一方面,因技术壁垒和应用成本带来的数字鸿沟在一定程度上有损当事人诉讼权利的平等保障,且不同类型的当事人对民事电子诉讼的用户体验也相去甚远。另一方面,技术在司法中的运用始终是有限度的,并不存在普适性。相反,受案件类型、难易程度、证据特点、当事人之间争议大小等因素的影响,有时电子诉讼可能无法发挥其应有的优势,反而徒增诉讼成本。因此,为应对因制度探索尚未成熟以及技术本身的局限性可能带来的改革弊端,区分不同诉讼主体,并划定适当的案件适用范围,便是一条可能的路径。

结合实践考察所获取的信息,从诉讼当事人的角度来看,对于存在诉讼代理人的案件当事人,可以鼓励或引导其尝试适用民事电子诉讼;而对于普通诉讼当事人,即便其自愿适用民事电子诉讼,也应为其提供必要的帮助。此外,从案件范围的角度来看,主要应从案件的类型、性质以及难易程度等方面对在线庭审案件的适用范围作出限制,如对于一些当事人争议较大、证据类型与数量较多的案件,即便当事人主动申请进行在线庭审,审判法官也可以予以否决。

需要指出的是,适用范围的划定并没有绝对的标准,且与相关技术在实践中的应用成熟度密切相关,因此,随着相关技术的不断演进,民事电子诉讼的适用范围也将是动态变化的。但无论划定怎样的适用范围,民事电子诉讼的适用始终应以诉讼各方的"用户体验"作为基本的衡量标尺。

第四,填补各诉讼环节的规则真空。当前民事电子诉讼基本在《民事诉讼法》规定的制度框架下运行,但由于民事电子诉讼与传统民事诉讼在价值定位与运行机理方面均存在较大的差异,且民事电子诉讼中出现的新事物无法被纳入既有制度加以合理解释与规制,故发掘实践中民事电子诉讼各个环节出现的规制真空并及时加以填补,是制定民事电子诉讼规则的核心。下文中,笔者拟根据实践考察发现的问题区分民事电子诉讼的不同环节,分别指出当前尚待填补的规则真空。

首先,在立案环节,针对实践中存在的不同在线立案模式及其截然不同的法律效力,应制定明确的规则,一方面对在线立案的模式进行统一,从而对诉讼时效的中断问题予以明确;另一方面赋予在线立案与传统线下立案方式一致的程序法效力。

其次,对于在线庭审环节的诉讼规则,应从身份认证、庭前准备程序、庭审纪律以及证据规则等方面进行建构。详言之,作为在线庭审甚至整个民事电子诉讼程序的前提,应当明确法院对当事人身份进行审核的义务,并对具体的审核方式加以规定。对于在线庭审的庭前准备程序,从试点实践的经验来看,相较于传统线下庭审,实质化的庭前准备程序对在线庭审而言更为关键。通过实质化的庭前准备程序如证据交换与争点整理,能提升在线庭审活动的针对性,而这不仅具有提升庭审效率的价值,对庭审整体效果的提升也具有不容忽视的作用。对此,在线庭审规则的制定可充分借鉴试点实践的经验,将实践中庭前准备程序的操作方式上升为具体的制度规定。至于庭审纪律,根据实践中发现的问题,应以确保庭审的庄重性与严肃性为原则,从当事人的着装、行为举止、参与庭审的场所等进行规范。在线庭审应如何审查认定证据,可谓是试点实践中最需要予以指引与规范的内容。一方面,在线庭审中,当事人举证、质证的方式与传统线下庭审存在极大的差异,对此应从证据的示证方法、质证程序上予以明确;另一方面,传统证据需要借助电子设备才能完成转化,但证据在转化、生成、存储和传递的任何一个环节都有可能导致证据发生改变,从而使证据本身的真实性存疑。此外,更为关键的是,通过在线庭审平台出示的证据的真实性问题,不仅给当事人之间的质证带来困难,也给法官认定证据带来了挑战。对此,应针对实践中的问题确立具有可操作性的在线庭审证据认定规则。

最后,在电子送达环节,应通过一系列制度设计来解决实践中常见的重复送达问题,如确立电子送达地址推定规则,以打消审判辅助人员的疑虑。在传统送达方式中,我国确立了推定送达地址规则,即人民法院可以当事人一年内进行民事活动时经常使用的地址为送达地址,当事人在提起上诉、申请再审、申请执行时未书面变更送达地址的,其在第一审程序中确认的送达地址可以作为第二审程序、审判监督程序、执行程序的送达地址。① 以此为参照,在电子送达中,对于受送达人同意电子送达但未主动提供或确认电子地址的,亦可在保障当事人诉讼权益的情况下,明确法院对电子送达地址进行推定的效力。

三、技术跟进:完善平台建设规范技术使用

要实现"更高水平在线正义",不仅需要对民事电子诉讼进行合理定位、在诉讼规则上进行系统构建,还要在技术领域加以跟进,真正实现技术赋能、技术赋权。具体路径包括加强电子诉讼平台建设、加快平台整合以及规范技术的使用。

一是加强电子诉讼平台的功能建设与技术保障。诚如有学者指出的,实际上民事电子诉讼中出现的诸如效率与公正之间的紧张关系等难题,也许正是信息网络技术还不够发达、不够完善,不能为诉讼程序参与者随心所欲地运用所致。② 不仅如此,实践中出现的诸如在线庭审是否有违直接言词原则、证人出庭作证的隔离问题等,都能通过提升技术、完善电子诉讼平台功能得以解决。如随着 5G 技术的普及,在线庭审或许能实现与线下庭审同样流畅的开庭效果,法官亦能通过当事人之间及时的对质、微表情等加强心证,从而缓和在线庭审对直接言词原则的弱化;5G 参审室的大规模搭建,有利于解决庭审庄严性的问题,当事人到就近的 5G 参审室参与在线庭审,不仅有利于保障庭审的效果,也有利于维护庭审的庄严;针对现有规则无法保证在线庭审过程中证人未实际旁听庭审,以及作证过程中不受他人引导指挥的问题,可通过技术手段禁止证人与当事人同时进入在线庭审平

---

① 参见《最高人民法院关于进一步加强民事送达工作的若干意见》第 8 条,《最高人民法院关于适用〈中华人民共和国民事诉讼法〉的解释》(2022 年修正)第 137 条。
② 参见段厚省:《远程审判的双重张力》,载《东方法学》2019 年第 4 期。

台,实现"隔离作证"的目的。① 此外,未来电子诉讼平台的建设还应以"用户需求"与"用户体验"为导向,加强功能建设的同时简化操作流程,同时提升网络化技术对诉讼实践的保障,推动同步语音识别、人脸识别、区块链存证等技术在电子诉讼中的运用与完善。

二是强化平台间的集成与整合,实现不同庭审方式的灵活转变。就现有诉讼服务平台的建设来看,主要问题在于各地法院的建设重点不同,无法形成系统化、全流程的网上诉讼服务平台,不利于案件在各个阶段的流转。应当说,当前法院缺少的不是对接科技的接口,而是如何理顺相应的通道,实现现有资源的集成整合。② 因此,下一步的关键或许就在于打破平台间的数据壁垒,统一技术标准,实现数据间无阻碍交互。具体而言,可以先在现有各类应用的基础上,打通数据接口、集成应用界面,形成"一站式"综合服务体系,再逐步整合平台入口,建立官方统一的电子诉讼服务平台,确保电子诉讼平台的统一性,实现线上线下业务办理的灵活转换、无缝对接。

三是要确立相应技术的使用规范,并在伦理准则上建章立制、防微杜渐。③ 前文的分析指出,现代技术呈现出的不确定性、单一性,以及技术权力的不平等性,都与司法的特性存在相当程度的抵牾,因此在将技术与司法进行融合时,应保持审慎,通过建立一系列技术开发与使用的规范,防止技术对司法固有属性的破坏。此外,在对诉讼方式进行技术化创新的过程中,还应充分意识到当前信息数据存在的安全隐患。对此,可借鉴欧盟的做法,将个人信息保护理念引入司法系统,在处理个人信息时注重通过合理的技术或组织手段,保障个人信

---

① 据了解,目前广州互联网法院的 E 法庭设备已实现证人"隔离作证"的技术。参见段厚省:《远程审判的双重张力》,载《东方法学》2019 年第 4 期。

② 参见彭昕:《远程庭审:实践、困境与完善——基于新冠肺炎疫情期间远程庭审的实证考察》,载《北京警察学院学报》2021 年第 1 期。

③ 参见何帆:《中国互联网司法是否世界领先,又有哪些中国特色?》,载"法影斑斓"微信公众号,2021 年 3 月 10 日。

息的合理安全,包括防止电子诉讼系统被外界攻击进而导致当事人信息泄露,防止未授权或非法处理等。①

以上是对民事电子诉讼未来的发展路径所作的一些初步构想,其中尚有诸多理论和操作性问题有待进一步研究,也有待实践的检验与修正。但无论如何,有关民事电子诉讼这个刚刚崭露头角的诉讼方式,我们已经在探索的路上了。

第四节 小结:民事电子诉讼的未来

世界上本无完美的制度,任何制度都只有在不断变革中才能渐趋合理。② 从这一点来看,任何制度在实践中面临的困境与挑战似乎只是制度发展必经的过程,尤其对于刚刚崭露头角的民事电子诉讼而言,指出其在实践中面临的困境,无疑是推动制度日臻完善的前提。整体而言,我国民事电子诉讼的实践演进主要从信息化平台的建设与电子诉讼规则的构建两个层面展开。前文的分析表明,当前我国民事电子诉讼的运行机制尚未理顺,相应规则的制定和技术的发展还面临一定的瓶颈,电子化的诉讼方式与传统司法价值理念仍存在亟须调和的冲突。质言之,无论是信息化平台的建设还是制度规则的构建,民事电子诉讼在实践中似乎均陷入了某种程度的困境。

但要真正理解上述困境,我们就不能仅仅将视野局限于制度运行的表面,而应将其置于更为宏观的制度发展逻辑中加以把握。之所以如此,很大程度上是因为民事电子诉讼的改革不是一蹴而就的,其成功与否取决于一系列异常复杂的因素。这种复杂性主要体现在:一方

---

① 参见王禄生:《司法大数据应用的法理冲突与价值平衡——从法国司法大数据禁令展开》,载《比较法研究》2020年第2期。

② 参见郭松:《试点改革与刑事诉讼制度发展》,法律出版社2018年版,第151页。

面,民事电子诉讼改革是决策者顺应时代发展趋势,对诉讼方式的转变进行的一次试点性实验,而试点实验的改革路径存在某些固有的局限,不可避免地限制了试点改革方案的实施效果;另一方面,作为一种与现代信息技术紧密结合的诉讼方式,民事电子诉讼的实践效果必然与相应技术的发展水平以及技术对司法需求回应的程度成正相关,但两者固有的特性之间存在一定的抵牾,这既加剧了改革的复杂性,也致使改革面临一系列不确定性风险。此外,一个客观的现实亦是制约民事电子诉讼改革成效的关键因素还在于,改革本身仍处于进行中,尚待实践的不断探索与完善。在如此复杂的改革环境下,与其说前文展现出的客观困境是改革决策者需避免的失误,毋宁说是此项改革不可避免的风险,其中既包括传统诉讼方式在面临结构性调整时出现的不适,也凸显了技术嵌入司法时无法轻易调和的冲突。

但无需感到悲观的是,人类的交往方式正经历着巨大的变革,我们也正在经历一个从印刷社会向数字社会过渡的阶段,与之相应的是,人类行为习惯以及纠纷的形态、证据形式无疑也会随之发生颠覆性的改变,这将为电子诉讼提供适宜生长的制度土壤。无疑,我们不能根据当前实践的缺陷来构想未来的框架,从而拒绝制度在实践运行中日臻完善的可能,尽管这需要持久的努力和恒久的耐心。但无论如何,借用萨斯坎德教授的话来说,"我们不应该倒退着走向未来"①。

---

① Richard, Susskind, *Online Courts and the Future of Justice*, Oxford University Press, 2019, pp. 48-49.

结　语　迈向在线正义的中国故事

我们正处在一个飞速发展变化的社会之中，科技的日新月异不仅给人类的生产生活带来了极大的便利，也从生产结构与交往方式等层面极大地改变并塑造了当今世界。深深嵌入社会、政治以及经济环境中的司法，无疑也不可避免地浸润在时代的浪潮之中。在科技发展带来经济快速增长的同时，社会纠纷也呈现出持续激增的状态，由此导致的民商事案件在数量、类型、复杂程度等诸方面剧增。为应对上述挑战，一方面，案件分流和程序多元成为自21世纪以来民事司法改革的总体趋势；另一方面，中国司法也恰逢其时地浸润于技术带来的时代变革之中，并致力于探寻适应信息时代司法正义的实现形式。

事实也正如我们看到的那样，实践中民事司法制度并非固守成规，其本身也在为适应时代发展、消化技术进步所带来的挑战进行不断的变革与调整。2019年12月28日通过的《改革试点工作决定》，便可视为发起了一项立足于时代背景，回应司法现实需求的民事诉讼试点改革。民事电子诉讼作为其中的一项试点措施，标志着利用现代科技所进行的审判方式革新已成为国家层面的战略计划在我国加速推进。但也正是由于其前所未有的新颖性，制度的发展与运行面临着改革的不确定性风险，需要我们对制度的建构以及实践运行进行全面把握。本书也正是在上述语境之下,采用实证研究的方法加入这场关于时代变革与正义实现形式创新的讨论之中,当讨论接近尾声,有必要再次回到民事电子诉讼实践本身,并在此基础上对其未来的发展方向予以展望。

经由前文细致的考察与分析,可以发现,当下中国民事电子诉讼的试点改革实践与传统的民事诉讼程序相比,一方面在外观上相去甚远,另一方面,其在诉讼效率与潜在功能上亦有新的突破,总体上体现出民事司法程序与信息技术耦合后的发展性。此外,就民事电子诉讼而言,其在实践中的运行状态也处于不断发展的过程中。但从本质上来看,信息技术与民事诉讼的结合走的仍是助推理性之路,换言之,信息技术在诉讼领域的开拓依旧是在保持既有法律思维不变的前提下,对民事诉讼应用场域的延伸。在此情境中,信息技术仅是一种工具,而非目的本身。故从诉讼功能的发挥来看,民事电子诉讼与传统诉讼之间并非完全对立,而是相互嵌入并体现出一定程度的融合性。质言之,当下民事电子诉讼的实践既在传统诉讼方式的基础上有所发展与突破,但由于其背后的原理并未发生根本性改变,故又体现出一种与传统诉讼相互嵌入与融合的状态。

就民事电子诉讼的发展性而言,主要体现在以下几个方面:其一,民事电子诉讼突破了传统诉讼对时间与空间的特定要求,极大延伸了民事司法活动的场域。相较于传统民事诉讼中诉讼当事人需要到法院进行排队立案、参与庭审等一系列诉讼活动,在民事电子诉讼中,诉讼当事人仅需登录相应的法院信息化平台,便能完成全流程的诉讼活动。相应的,当事人之间以及当事人与法院之间的信息交互方式亦由传统的"面对面"交互演变为虚拟空间内的"屏对屏"交互。其二,与上述特征密切相关的,是诉讼场域与交往方式的转变不同程度地提升了诉讼程序的便捷性,并推动了程序的高效运行。前文对民事电子诉讼在庭审平均时长、案件平均审理期限以及各方诉讼参与人的"用户体验"等方面的考察结果均能反映出，民事电子诉讼在提升当事人参与诉讼的便捷性以及推动诉讼程序高效运转上起到了较为显著的作用。其三，信息技术在民事诉讼领域除发挥上述"工具理性"之外，还通过创造当事人与法官理性对话的平台，不仅从解纷机制的主动性上重塑了民事司法的性格特征，也使民事诉讼因非正式程序的普遍适用对审判结构产生了深远影响。其四，从民事电子诉讼的实践运行效果来看，其仍具有相当的发展性。一方面，有关民事电子诉讼实践运行的语境和社会背景具有一定的复杂性且处于发展变化的状态，这在一定程度上决定了民事电子诉讼运行状态具有某种不确定性。前文在考察中所发现的疫情前后在线庭审适用率的波动，以及不同地区法院对民事电子诉讼截然不同的适用情况都说明，当前我国民事电子诉讼仍处于变动不居的发展阶段，尚未形成稳定的行为习惯与程序模式。另一方面，民事电子诉讼的发展性亦体现为当前民事电子诉讼的实践仍存在诸多需要完善的地方，即其仍具有较大的提升和发展空间。

与发展性特征并存的是民事电子诉讼在实践运行中表现出的与传统民事诉讼相互嵌入的特性。这在实践中主要体现为：一方面，从适用的模式来看，民事电子诉讼与传统诉讼之间并非两个相互并列、完全独立的系统。一如我们已经看到的那样，实践中，民事电子诉讼呈现出碎片化的适用特征，即我们称之为民事电子诉讼的行为并不一定意味着整个民事诉讼程序都在电子诉讼平台上进行。相反，实践中绝大多数被视为适用电子诉讼的案件也仅是在某一或某些环节采用了电子诉讼的方式，而其余环节仍保留了传统的诉讼方式。不难认为，民事电子诉讼与传统诉讼之间并不存在一条明确的分界线，划定了要么全用要么全不用的范围，在正义的生产线上，在哪一环节采取何种诉讼方式，通常取决于当事人的选择。另一方面，尽管民事电子诉讼相较于传统诉讼方式在外观上相去甚远且存在其独有的优势和特征,但从诉讼功能的发挥来看,二者在各个环节是功能等价的。如果借用井上治典关于纠纷解决体系"相互驶人"的多重结构理论思维来看待实践中的两种诉讼方式①,不难发现民事电子诉讼与传统诉讼之间同样是一种"相互驶人"的关系。在民事诉讼程序进行的过程中,两种诉讼方式在各个诉讼环节功能等价,因此,不仅可以根据实践需要实现由传统诉讼方式向电子诉讼方式的转换,也可以由电子诉讼方式转换为传统诉讼方式。

实践中,民事电子诉讼相较于传统诉讼之所以呈现出兼具发展性与融合性的一面,与其在当下中国民事审判结构中的具体位置、自身的发展阶段以及改革所处的时代背景、社会环境密切相关,前文对民事电子诉讼的实践考察也清楚地说明了这一点。也正是民事电子诉讼与上述因素的紧密关系,使得民事电子诉讼蕴藏着进一步变革与发展的契机与可能。不言而喻,当前民事电子诉讼的实践现实与改革的理想构建之间仍存在不小的差距,但正如经历着巨变的中国社会一样,民事电子诉讼的前景也在不断调适中孕育着新的可能。

本书运用实证研究的方法围绕民事电子诉讼这一研究主题对其试点实践进行了系统的梳理与解析,行文至此,一场关于民事司法领域如何在线实现正义的观察与省思之旅也即将告一段落。但仍有一个问题却始终萦绕在笔者脑中,即在一个全球化、信息化的时代,利用现代科技创新民事审判方式早已在全球范围内如火如荼地进行②,作为法制后发国家,一直以来学习借鉴西方先进司法经验的我

---

① 井上治典认为,纠纷解决体系整体上不仅承认由诉讼外方式向诉讼的转移,也承认由诉讼向诉讼外方式转移的"相互驶人"才是理想的多重结构,诉讼未必是纠纷解决的最终局面,它不过是纠纷解决方式中的选项之一。参见〔日〕田中成明:《现代社会与审判——民事诉讼的地位和作用》,郝振江译,北京大学出版社2016年版,第104页。

② 如早在20世纪,一些国家就开始探索现代科技与民事审判的结合方式,近年来,随着通信科技的飞速发展,在线法院成为业内的热议话题,英国、美国、加拿大、澳大利亚、德国、新加坡等域外国家均进行了大量有关在线诉讼的探索与实践。See Richard Susskind, *Online Courts and the Future of Justice*, Oxford University Press, 2019, pp. 166-176.

国,为何在此次互联网司法领域的探索中展现出了"中国特色、世界领先"的发展现状①? 为回答这一问题,在本书的讨论即将结束之时,笔者拟基于中国民事电子诉讼改革试点的实践情况,从改革推广路径的角度着眼,透视中国民事电子诉讼发展过程中的特色与规律,以期为有关迈向在线正义的"中国故事"作一个阶段性总结。

从发展的历程来看,我国民事电子诉讼呈现出的现有图景显然不是"野蛮生长"的结果,与其他地方性试点改革的制度形成机制类似,民事电子诉讼也基本遵循了一条顶层规划、基层创新、规则制定和全国推广的变迁道路,且上述环节并非机械地前后相继,而是融合于制度变迁的整体过程中,共同推动着我国民事电子诉讼的发展。

就顶层规划来看,决策层通过一系列顶层设计为民事电子诉讼的发展提供了方向性指引。自党的十八大以来,最高人民法院便将推动审判信息化纳入深化司法体制改革的整体规划,通过"四五改革纲要""五五改革纲要",明确了审判信息化建设工作的总体方向、主要领域和关键举措。具体而言,我国的审判信息化建设从推进司法公开三大平台建设、打造科技法庭、"天平工程"等基础措施起步,到明确"有序扩大电子诉讼覆盖范围""打造世界领先的移动诉讼服务体系"的目标,再到全国人大常委会授权最高人民法院在部分地区开展民事电子诉讼的改革试点,可谓经历了一个渐次展开的过程。正因在总体规划的指引下,我国法院前期进行的法院信息化基础设施建设以及相关技术应用的分步推广,在很大程度上保障了此次民事电子诉讼改革试点的顺利推行。

即便有了顶层规划的指引,基层法院的创新作用也不容忽视。一方面,基层法院根据自身情况及其现实需求所进行的实践创新,往往是决策层制定规划的重要基础与实践来源。如在此次试点改革前,各地法院便针对民事诉讼的不同环节在实践中进行了不同程度的

---

① 参见周强:《最高人民法院工作报告——2021年3月8日在第十三届全国人民代表大会第四次会议上》,载《人民法院报》2021年3月16日,第1版。

在线化探索,而此次民事电子诉讼改革的试点方案在很大程度上即是在汲取地方法院前期创新性经验的基础上制订的。另一方面,顶层规划离不开基层法院的具体实施,而基层法院的实施效果具有信息反馈功能,能协助决策层根据基层实践的情况及时调整改革方案,进而推动改革的不断完善。如在改革试点过程中,最高人民法院通过建立试点工作月报制度收集研判改革中出现的问题,并通过印发指导性文件的方式对试点工作中出现的问题进行统一指导。①

此外,要想将试点经验上升为一般性制度,将改革方案与实施办法上升为具体的诉讼规则,也是重要的一环,通常需要将试点经验总结提炼为一般性规则,才能据此在全国进行推广。值得注意的是,无论是顶层规划还是基层创新,民事电子诉讼得以顺利推行的背后都与国家的积极推动密切相关。正如我们在前文所看到的那样,中央司法机关强大的组织动员能力将地方司法机关卷入具体的制度试点实施中,从而形成自上而下推广,又自下而上完善的变迁场景,在此循环往复的路径中,民事电子诉讼改革得以迅速展开。

电子诉讼作为一项崭露头角不久的诉讼方式,其背后蕴藏着丰富的实践与理论问题,本书便是对此进行的一次尝试性探究。从客观的角度来看,现有研究的深度与广度还难以完成对电子诉讼实践问题的整体性解答,很多问题仍留待今后进一步研究。此外,对现代司法而言,互联网技术是源于信息时代的一件"紧身衣",随着社会的发展,它提供的意义体系也在发生转变。也正是从这个意义上讲,技术与司法的融合最终将以何种方式与面貌呈现在我们面前仍未可知,有关迈向在线正义的中国故事也还未完待续。

也正因此,本书是一部关于中国民事电子诉讼的序曲。

---

① 如针对试点工作中出现的共性问题,在改革试点过程中最高人民法院印发了《民事诉讼程序繁简分流改革试点问答口径(一)》《民事诉讼程序繁简分流改革试点问答口径(二)》等指导性文件。

参考文献

一、中文著作

1. 张青:《基层法官流失的图景及逻辑》,中国社会科学出版社2019年版。

2. 中华人民共和国最高人民法院编:《中国法院的互联网司法》,人民法院出版社2019年版。

3. 陈瑞华:《司法体制改革导论》,法律出版社2018年版。

4. 周尚君、尚海明主编:《法学研究中的定量与定性》,北京大学出版社2017年版。

5. 李连江:《戏说统计:文科生的量化方法》,中国政法大学出版社2017年版。

6. 周黎安:《转型中的地方政府:官员激励与治理》(第二版),格致出版社、上海三联书店、上海人民出版社2017年版。

7. 郑世保:《电子民事诉讼行为研究》,法律出版社2016年版。

8. 于明:《司法治国:英国法庭的政治史(1154—1701)》,法律出版社2015年版。

9. 郑永年:《技术赋权:中国的互联网、国家与社会》,东方出版社2014年版。

10. 王亚新:《社会变革中的民事诉讼》(增订版),北京大学出版社 2014 年版。

11. 韩春晖:《现代公法救济机制的整合——以统一公法学为研究进路》,北京大学出版社 2009 年版。

12. 姜启波、张力:《民事审前准备》,人民法院出版社 2008 年版。

13. 陈刚主编:《比较民事诉讼法》(2006 年卷),中国法制出版社 2007 年版。

14. 范愉:《纠纷解决的理论与实践》,清华大学出版社 2007 年版。

15. 王亚新等:《法律程序运作的实证分析》,法律出版社 2005 年版。

16. 周雪光:《组织社会学十讲》,社会科学文献出版社 2003 年版。

17. 王亚新:《对抗与判定:日本民事诉讼的基本结构》,清华大学出版社 2002 年版。

18. 范愉主编:《ADR 原理与实务》,厦门大学出版社 2002 年版。

19. 苏力:《送法下乡——中国基层司法制度研究》,中国政法大学出版社 2000 年版。

20. 左卫民、周长军:《变迁与改革——法院制度现代化研究》,法律出版社 2000 年版。

21. 项飚:《跨越边界的社区:北京"浙江村"的生活史》,生活·读书·新知三联书店 2000 年版。

22. 季卫东:《法制秩序的建构》,中国政法大学出版社 1999 年版。

23. 肖建华主编:《诉讼证明过程分析:民事诉讼真实与事实发现》,北京大学出版社 2018 年版。

24. 郭松:《试点改革与刑事诉讼制度发展》,法律出版社 2018 年版。

二、译著

1. 〔美〕杰瑞·穆勒:《指标陷阱:过度量化如何威胁当今的商业、社会和生活》,闾佳译,东方出版中心 2020 年版。

2. 〔美〕伊森·凯什、〔以色列〕奥娜·拉比诺维奇·艾尼:《数字正义:当纠纷解决遇见互联网科技》,赵蕾、赵精武、曹建峰译,法律出版社 2019 年版。

3. 〔英〕理查德·萨斯坎德:《法律人的明天会怎样?——法律职业的未来》(第二版),何广越译,北京大学出版社 2019 年版。

4. 〔德〕乌尔里希·贝克:《风险社会:新的现代性之路》,张文杰、何博闻译,译林出版社 2018 年版。

5. 〔美〕格雷格·伯曼、〔美〕奥布里·福克斯:《失败启示录——刑事司法改革的美国故事》,何挺译,北京大学出版社 2017 年版。

6. 〔美〕柯文:《在中国发现历史——中国中心观在美国的兴起》,林同奇译,社会科学文献出版社 2017 年版。

7. 〔美〕C. 赖特·米尔斯:《社会学的想象力》,陈强、张永强译,生活·读书·新知三联书店 2016 年版。

8. 〔日〕田中成明:《现代社会与审判——民事诉讼的地位和作用》,郝振江译,北京大学出版社 2016 年版。

9. 〔美〕理查德·波斯纳:《波斯纳法官司法反思录》,苏力译,北京大学出版社 2014 年版。

10. 〔美〕马奇、〔挪〕奥尔森:《重新发现制度:政治的组织基础》,张伟译,生活·读书·新知三联书店 2011 年版。

11. 〔法〕洛伊克·卡迪耶:《法国民事司法法》,杨艺宁译,中国政法大学出版社 2010 年版。

12. 〔德〕卢曼:《社会的法律》,郑伊倩译,人民出版社 2009 年版。

13. 〔美〕艾尔·巴比:《社会研究方法》(第十一版),邱泽奇译,华夏出版社 2009 年版。

14. 〔德〕罗森贝克、〔德〕施瓦布、〔德〕戈特瓦尔德:《德国民事诉讼法》,李大雪译,中国法制出版社 2007 年版。

15. 〔美〕杰罗姆·弗兰克:《初审法院:美国司法中的神话与现实》,赵承寿译,中国政法大学出版社 2007 年版。

16. 〔美〕唐·布莱克:《社会学视野中的司法》,郭星华等译,法律出版社 2002 年版。

17. 〔美〕罗斯科·庞德:《普通法的精神》,唐前宏、廖湘文、高雪原译,法律出版社 2001 年版。

18. 〔意〕莫诺·卡佩莱蒂等:《当事人基本程序保障权与未来的民事诉讼》,徐昕译,法律出版社 2000 年版。

19. 〔德〕尤尔根·哈贝马斯:《作为"意识形态"的技术与科学》,李黎、郭官义译,学林出版社 1999 年版。

20. 〔美〕R. 科斯、〔美〕A. 阿尔钦、〔美〕D. 诺斯等:《财产权利与制度变迁——产权学派与新制度学派译文集》,刘守英等译,上海三联书店、上海人民出版社 1994 年版。

三、期刊论文

1. 邓恒、杨雪:《线上审判方式中信息与数据安全问题研究》,载《中国应用法学》2021 年第 1 期。

2. 彭昕:《远程庭审:实践、困境与完善——基于新冠肺炎疫情期间远程庭审的实证考察》,载《北京警察学院学报》2021 年第 1 期。

3. 邓矜婷、周祥军:《电子存证证据真实性的审查认定》,载《法律适用》2021 年第 2 期。

4. 安晨曦:《法院立案程序的电子化构造》,载《海南大学学报(人文社会科学版)》2020 年第 1 期。

5. 陈锦波:《电子送达的实践图景与规范体系》,载《浙江学刊》2020 年第 1 期。

6. 顾培东:《人民法院改革取向的审视与思考》,载《法学研究》2020 年第 1 期。

7. 王禄生:《司法大数据应用的法理冲突与价值平衡——从法国司法大数据禁令展开》,载《比较法研究》2020 年第 2 期。

8. 高翔:《民事电子诉讼规则构建论》,载《比较法研究》2020 年第 3 期。

9. 左卫民:《中国在线诉讼:实证研究与发展展望》,载《比较法研究》2020 年第 4 期。

10. 张济坤:《民事审判庭审实质化问题研究》,载《法学杂志》2020 年第 7 期。

11. 张彦、李汉林:《治理视角下的组织工作环境:一个分析性框架》,载《中国社会科学》2020 年第 8 期。

12. 张卫平:《民事纠纷的社会性与民事诉讼程序和制度的构建》,载《学习与探索》2020 年第 8 期。

13. 王禄生:《司法大数据与人工智能技术应用的风险及伦理规制》,载《法商研究》2019 年第 2 期。

14. 刘艳红:《大数据时代审判体系和审判能力现代化的理论基础与实践展开》,载《安徽大学学报(哲学社会科学版)》2019 年第 3 期。

15. 孙笑侠:《用什么来评估司法——司法评估"法理要素"简论暨问卷调查数据展示》,载《中国法律评论》2019 年第 4 期。

16. 段厚省:《远程审判的双重张力》,载《东方法学》2019 年第

4 期。

17. 张兴美:《电子诉讼制度建设的观念基础与适用路径》,载《政法论坛》2019 年第 5 期。

18. 杨秀清:《互联网法院定位之回归》,载《政法论丛》2019 年第 5 期。

19. 于龙刚:《人民法院立案环节的压力化解策略及其改革》,载《现代法学》2019 年第 5 期。

20. 程金华:《人工、智能与法院大转型》,载《上海交通大学学报(哲学社会科学版)》2019 年第 6 期。

21. 彭鹏:《浅析"智慧法院信息化建设 3.0 版"》,载《智能建筑与智慧城市》2019 年第 11 期。

22. 季卫东:《人工智能时代的司法权之变》,载《东方法学》2018 年第 1 期。

23. 左卫民:《关于法律人工智能在中国运用前景的若干思考》,载《清华法学》2018 年第 2 期。

24. 石毅鹏:《电子诉讼的风险与程序构建》,载《湘潭大学学报(哲学社会科学版)》2018 年第 2 期。

25. 马登科、唐豪:《我国网上立案制度研究》,载《广西社会科学》2018 年第 2 期。

26. 陈锦波:《论信息技术对传统诉讼的结构性重塑——从电子诉讼的理念、价值和原则切入》,载《法制与社会发展》2018 年第 3 期。

27. 于志刚、李怀胜:《杭州互联网法院的历史意义、司法责任与时代使命》,载《比较法研究》2018 年第 3 期。

28. 胡昌明:《司法体制改革评估的衡量标准及方法》,载《中国法律评论》2018 年第 3 期。

29. 郑旭江:《互联网法院建设对民事诉讼制度的挑战及应对》,载《法律适用》2018 年第 3 期。

30. 周翠:《互联网法院建设及前景展望》,载《法律适用》2018 年第 3 期。

31. 肖建国、庄诗岳:《论互联网法院涉网案件地域管辖规则的构建》,载《法律适用》2018 年第 3 期。

32. 左卫民:《"诉讼爆炸"的中国应对:基于 W 区法院近三十年审判实践的实证分析》,载《中国法学》2018 年第 4 期。

33. 王禄生:《大数据与人工智能司法应用的话语冲突及其理论解读》,载《法学论坛》2018 年第 5 期。

34. 张兴美:《中国民事电子诉讼年度观察报告(2017)》,载《当代法学》2018 年第 6 期。

35. 冯姣、胡铭:《智慧司法:实现司法公正的新路径及其局限》,载《浙江社会科学》2018 年第 6 期。

36. 洪冬英:《司法如何面向"互联网+"与人工智能等技术革新》,载《法学》2018 年第 11 期。

37. 〔韩〕郑永焕:《韩国电子诉讼现状及完善方向》,方丽妍译,载齐树洁、张勤主编:《东南司法评论》(2018 年卷),厦门大学出版社 2018 年版。

38. 朱景文:《人们如何评价司法?——法治评估中司法指标的分析》,载《中国应用法学》2017 年第 1 期。

39. 桑本谦:《网络色情、技术中立与国家竞争力——快播案背后的政治经济学》,载《法学》2017 年第 1 期。

40. 蔡立东:《智慧法院建设:实施原则与制度支撑》,载《中国应用法学》2017 年第 2 期。

41. 〔英〕布里格斯勋爵、赵蕾:《生产正义方式以及实现正义途径之变革——英国在线法院的设计理念、受理范围以及基本程序》,载《中国应用法学》2017 年第 2 期。

42. 周翠:《中国民事电子诉讼年度观察报告(2016)》,载《当代法学》2017 年第 4 期。

43. 陈树芳:《电子诉讼中远程庭审的实证研究》,载《江苏科技大学学报(社会科学版)》2017 年第 4 期。

44. 段文波:《庭审中心视域下的民事审前准备程序研究》,载《中国法学》2017 年第 6 期。

45. 安晨曦:《电子诉讼形塑的中国策略》,载《湖北社会科学》2017 年第 8 期。

46. 陈国猛:《互联网时代资讯科技的应用与司法流程再造——以浙江省法院的实践为例》,载《法律适用》2017 年第 21 期。

47. 芦露:《中国的法院信息化:数据、技术与管理》,载苏力主编:《法律和社会科学》(第 15 卷第 2 辑),法律出版社 2017 年版。

48. 郭松:《刑事诉讼地方性试点改革成功的必要条件》,载《政法论坛》2016 年第 1 期。

49. 毕玉谦:《电子数据庭审证据调查模式识辨》,载《国家检察官学院学报》2016 年第 1 期。

50. 王福华:《电子法院:由内部到外部的构建》,载《当代法学》2016 年第 5 期。

51. 侯学宾:《我国电子诉讼的实践发展与立法应对》,载《当代法学》2016 年第 5 期。

52. 王福华:《电子诉讼制度构建的法律基础》,载《法学研究》2016 年第 6 期。

53. 郝廷婷:《民事诉讼庭前准备程序的归位与完善——以民事庭审中心主义的实现为目标》,载《法律适用》2016 年第 6 期。

54. 王琦、安晨曦:《时代变革与制度重构:民事司法信息化的中国式图景》,载《海南大学学报(人文社会科学版)》2014 年第 5 期。

55. 段文波:《我国民事庭审阶段化构造再认识》,载《中国法学》2015 年第 2 期。

56. 马长山:《新一轮司法改革的可能与限度》,载《政法论坛》2015 年第 5 期。

57. 阿计:《人大授权改革:既要授权,也要监督》,载《群言》2015 年第 11 期。

58. 郭松:《刑事诉讼制度的地方性试点改革》,载《法学研究》2014 年第 2 期。

59. 郭松:《刑事诉讼制度发展的三种模式:一个概要性的分析》,载张仁善主编:《南京大学法律评论》(2014 年秋季卷),法律出版社 2014 年版。

60. 傅郁林:《迈向现代化的中国民事诉讼法》,载《当代法学》2011 年第 1 期。

61. 王亚新:《民事诉讼法二十年》,载《当代法学》2011 年第 1 期。

62. 彭世忠:《能动司法视野下民事调解改革的径向选择——对某些地方法院追求"零判决"现象的反思》,载《暨南学报(哲学社会科学版)》2011 年第 1 期。

63. 梁志文:《云计算、技术中立与版权责任》,载《法学》2011 年第 3 期。

64. 左卫民:《信息化与我国司法——基于四川省各级人民法院审判管理创新的解读》,载《清华法学》2011 年第 4 期。

65. 彭玉生:《"洋八股"与社会科学规范》,载《社会学研究》2010 年第 2 期。

66. 刘晓东:《简论诉讼效率与程序公正之契合》,载《黑龙江社会科学》2009 年第 3 期。

67. 刘忠:《论中国法院的分庭管理制度》,载《法制与社会发展》2009 年第 5 期。

68. 宋朝武:《民事电子送达问题研究》,载《法学家》2008 年第

6期。

69. 王宁:《个案研究的代表性问题与抽样逻辑》,载《甘肃社会科学》2007年第5期。

70. 易玉:《对现代社会中法律与科技的关系的法哲学阐释》,载《法学杂志》2007年第6期。

71. 李浩:《民事程序选择权:法理分析与制度完善》,载《中国法学》2007年第6期。

72. 周黎安:《中国地方官员的晋升锦标赛模式研究》,载《经济研究》2007年第7期。

73. 刘敏:《论我国民事诉讼法修订的基本原理》,载《法律科学(西北政法学院学报)》2006年第4期。

74. 黄宗智:《认识中国——走向从实践出发的社会科学》,载《中国社会科学》2005年第1期。

75. 庄友刚:《风险社会中的科技伦理:问题与出路》,载《自然辩证法研究》2005年第6期。

76. 李文潮:《技术伦理面临的困境》,载《自然辩证法研究》2005年第11期。

77. 王亚新:《程序·制度·组织——基层法院日常的程序运作与治理结构转型》,载《中国社会科学》2004年第3期。

78. 左卫民:《法院制度现代化与法院制度改革》,载《学习与探索》2002年第1期。

79. 张卫平:《法庭调查与辩论:分与合之探究》,载《法学》2001年第4期。

80. 陈瑞华:《司法权的性质——以刑事司法为范例的分析》,载《法学研究》2000年第5期。

81. 苏力:《法律与科技问题的法理学重构》,载《中国社会科学》1999年第5期。

82. 舒国滢:《从司法的广场化到司法的剧场化——一个符号学的视角》,载《政法论坛》1999年第3期。

四、外文资料

1. Richard Susskind, *Online Courts and the Future of Justice,* Oxford University Press, 2019.

2. Menashe, Doron, "A Critical Analysis of the Online Court," *University of Pennsylvania Journal of International Law,* 2018, 39 (4).

3. Benoit A. Aubert, Gilbert Babin and Hamza Aqallal, "Providing an Architecture Framework for Cyberjustice," *Laws,* 2014, Vol. 3 (4).

4. Talcott Parsons, *The Social System*, Routledge & Kegan Paul Ltd., 1951.

5. Karl Polanyi, "The Economy as Instituted Process," in Mark Granovetter and Richard Swedberg, eds., *The Sociology of Economic Life* Westview Press, 1992.

6. Mark Granovetter, "Economic Action and Social Structure: the Problem of Embeddedness," *American Journal of Sociology 91.*

五、报刊

1. 李承运:《正确把握推进电子诉讼的四个维度》,载《人民法院报》2020年4月2日,第8版。

2. 李贤华、郭金生:《域外电子法院的诞生与发展》,载《人民法院报》2017年3月17日,第8版。

六、网络资料

1. 中国互联网络信息中心(CNNIC)第47次《中国互联网络发展状况统计报告》,载中国互联网络信息中心(http://www.cnnic.cn/hlwfzyj/hlwxzbg/hlwtjbg/202004/t20200428_70974.htm),访问日期:2021年3月15日。

2. 王茜:《最高人民法院:2017年底建成人民法院信息化3.0版》,载中国政府网(http://www.gov.cn/xinwen/2015-07/03/content_2889237.htm),访问日期:2020年2月16日。

3. 何帆:《中国互联网司法是否世界领先,又有哪些中国特色?》,载"法影斑斓"微信公众号,2021年3月10日。

4.《全国法院统一新型电子送达平台上线试运行》,载中国法院网(https://www.chinacourt.org/article/detail/2017/03/id/2565084.shtml),访问日期:2020年12月27日。

5.《无书记员全程录音录像!普陀区法院敲响庭审记录改革试点"第一槌"》,载新民晚报百家号(https://baijiahao.baidu.com/s?id=1663402263718449489&wfr=spider&for=pc),访问日期:2020年12月19日。

附 录

在线庭审信息摘录表

法院	案号	日期	案由
适用程序	开庭次数	开庭时长	原告出庭人数
被告出庭人数	是否有代理人	当事人是否都在线上	是否召开庭前会议
庭前会议主要内容	身份核验的阶段与方式	当庭出示证据的数量	当庭出示的证据类型
是否当庭提交新证据	提交新证据的方式	提交新证据的类型	争议焦点的数量
双方质证的次数	法庭调查与辩论是否合并	是否提醒法庭纪律	法庭纪律的提醒次数
法庭纪律的提醒内容	是否同意调解	结案方式	是否电子送达裁判文书

(续表)

法院	案号	日期	案由
当事人所在地点	庭审有无噪音影响	庭审有无掉线情况发生	庭审有无卡顿
备注			

关于民事电子诉讼的调查问卷(法院版)

本问卷的调查目的在于了解民事电子诉讼在司法实践中的基本情况。本调查以不记名方式进行,所获取信息仅供学术研究使用,请您放心如实填写。如有需要,任何问题都可以多选,非常感谢您的配合与协作。

1. 您的职务是?
A. 法官
B. 法官助理
C. 司法行政人员
D. 其他:＿＿＿＿＿＿

2. 您所在的法院对电子诉讼的运用体现在哪些环节?
A. 网上立案
B. 网上缴费
C. 网上开庭
D. 电子送达
E. 其他:＿＿＿＿＿＿

3. 您所在的法院是什么时候开始适用在线庭审模式的?
A. 2020年2月之前
B. 2020年2月
C. 2020年3月
D. 2020年3月以后

4. 您所在的法院适用在线庭审的原因?
A. 受疫情影响

B. 民事诉讼改革试点

C. 上述两者都有

D. 其他：_____

5. 您是否主审过或参与审理过民事在线诉讼的案件？

   A. 是

   B. 否

6. 您主审或参与审理过多少件民事在线诉讼案件？_____

7. 您主审或参与审理的民事在线诉讼案件所适用的程序及其数量？

   A. 普通程序（　　）件

   B. 简易程序（　　）件

   C. 小额速裁程序（　　）件

8. 您主审或参与审理的民事在线诉讼案件的案件类型及其数量？

   A. 婚姻家庭类（　　）件

   B. 权属侵权类（　　）件

   C. 合同纠纷类（　　）件

   D. 金融证券类（　　）件

   E. 民间借贷（　　）件

   F. 其他：_____

9. 您认为下列哪些类型的案件适合在线诉讼？

   A. 婚姻家庭类

   B. 权属侵权类

   C. 合同纠纷类

   D. 金融借款

   E. 民间借贷

F. 其他：_____

10. 您认为在选择适用在线诉讼时下列哪些因素应着重考量？

A. 案件类型

B. 难易程度

C. 当事人的主观意愿

D. 当事人的客观条件

E. 其他：_____

11. 您认为具备下列哪些特征的案件适合在线诉讼？

A. 证据数量较少

B. 证据类型单一

C. 当事人争议不大

D. 其他：_____

12. 您认为具备下列哪些情况的案件适合在线诉讼？

A. 案情简单、有当事人在外地

B. 案情简单、当事人都在本地

C. 案情简单、当事人技术条件无法保障

D. 案情较复杂、有当事人在外地

E. 案情较复杂、当事人技术条件能够保障

F. 其他：_____

13. 您认为具备下列哪些特征的案件不适合在线诉讼？

A. 证据数量较多

B. 需要现场核对原件

C. 需要证人出庭作证

D. 当事人不具备相应的技术条件和能力

F. 其他：_____

14. 您认为当事人同意线上诉讼的原因是什么？

A. 诉讼更便利

B. 节约资源的投入

C. 尝试新事物

D. 法官的劝说

E. 其他：_____

15. 您认为电子诉讼的优势有哪些？

A. 节约各方的诉讼时间

B. 节约各方的资源投入

C. 审判质量不比线下审判差

D. 审判效果不错

E. 其他：_____

16. 您认为电子诉讼在哪些阶段的适用效果较好？

A. 立案阶段

B. 庭前准备阶段

C. 庭审阶段

D. 送达阶段

17. 您认为在开庭时长方面，在线庭审与线下庭审相比？

A. 在线庭审更长

B. 在线庭审更短

在线庭审的大致开庭时间：_____

18. 您如何评价在线庭审的效果？原因是？

A. 线下庭审效果更好

B. 在线庭审效果更好

原因：_____

19. 您认为在线庭审的劣势有哪些？

A. 庭审更难控制

B. 削弱法庭审理的庄重感和威严感

C. 受网速和配套设备影响较大

D. 存在证人旁听案件的可能

E. 审判结果更难获得当事人或律师的认同

F. 其他：_____

20. 您认为影响在线庭审适用率的因素有哪些？

A. 平台尚不完善

B. 网络环境不佳

C. 法官的工作习惯

D. 当事人的不信任

E. 其他：_____

关于民事电子诉讼的调查问卷(当事人版)

本问卷的调查目的在于了解民事电子诉讼在司法实践中的基本情况。本调查以不记名方式进行,所获取信息仅供学术研究使用,请您放心如实填写。如有需要,任何问题都可以多选,非常感谢您的配合与协作。

1. 您的职业是?
  A. 执业律师
  B. 律师助理
  C. 其他:_____

2. 您所办理的案件对电子诉讼的运用体现在哪些环节?
  A. 网上立案
  B. 网上缴费
  C. 网上开庭
  D. 电子送达
  E. 其他:_____

3. 电子诉讼的哪些环节让您觉得运行效果良好?
  A. 网上立案
  B. 网上缴费
  C. 网上开庭
  D. 电子送达
  E. 其他:_____

4. 据您了解法院是什么时候开始适用在线庭审模式的?

A. 2020 年 2 月之前

B. 2020 年 2 月

C. 2020 年 3 月

D. 2020 年 3 月以后

5. 您代理的案件中是否有适用在线庭审的情况？

A. 是

B. 否

6. 您代理过多少件适用在线庭审的案件？_____

7. 您代理的民事在线诉讼案件所适用程序及其数量？

A. 普通程序（　　）件

B. 简易程序（　　）件

C. 小额速裁程序（　　）件

8. 您认为下列哪些类型的案件适合在线诉讼？

A. 婚姻家庭类

B. 权属侵权类

C. 合同纠纷类

D. 金融借款

E. 民间借贷

F. 其他：_____

9. 您认为在选择适用在线诉讼时下列哪些因素应着重考量？

A. 案件类型

B. 难易程度

C. 当事人的主观意愿

D. 当事人的客观条件

E. 其他：_____

10. 您认为具备下列哪些特征的案件适合在线庭审？

A. 证据数量较少

B. 证据类型单一

C. 当事人争议不大

D. 其他：_____

11. 您认为具备下列哪些情况的案件适合在线庭审？

A. 案情简单、有当事人在外地

B. 案情简单、当事人都在本地

C. 案情简单、当事人技术条件无法保障

D. 案情较复杂、有当事人在外地

E. 案情较复杂、当事人技术条件能够保障

F. 其他：_____

12. 您认为具备下列哪些特征的案件不适合在线诉讼？

A. 证据数量较多

B. 需要现场核对原件

C. 需要证人出庭作证

D. 当事人不具备相应的技术条件和能力

D. 其他：_____

13. 您是否愿意进行线上庭审？

A. 愿意

B. 不愿意

14. 您同意进行线上庭审的原因是什么？

A. 诉讼更便利

B. 节约资源的投入

C. 尝试新事物

D. 法官的劝说

E. 其他：_____

15. 您对线上诉讼存在哪些顾虑?

A. 耗费更多的时间、精力

B. 不能充分表达诉求

C. 担忧庭审的效力

D. 担心当事人对自己的工作产生误解

E. 其他:_____

16. 您认为电子诉讼的优势有哪些?

A. 节约各方的诉讼时间

B. 节约各方的资源投入

C. 审判质量不比线下审判差

D. 审判效果不错

E. 其他:_____

17. 您认为电子诉讼的哪些阶段适用效果较好?

A. 立案阶段

B. 庭前准备阶段

C. 庭审阶段

D. 送达阶段

18. 您如何评价在线庭审的效果?原因是?

A. 线下庭审效果更好

B. 在线庭审效果更好

原因:_____

19. 您认为在线庭审的劣势有哪些?

A. 庭审更难控制

B. 削弱法庭审理的庄重感和威严感

C. 受网速和配套设备影响较大

D. 存在证人旁听案件的可能

E. 对证据的审查不够充分

F. 其他：_____

20. 您认为影响在线庭审适用率的因素有哪些？

A. 平台尚不完善

B. 网络环境不佳

C. 法官的工作习惯

D. 当事人的不信任

E. 其他：_____

后　记

　　本书是在我博士学位论文的基础之上写就的。我依然清晰地记得，那是 2020 年 3 月的一个下午，左老师和我说，"其实你可以将民事电子诉讼作为你博士论文的研究主题"。那天春光明媚，如同全国许多城市一样，成都也刚刚从新冠肺炎疫情的阴霾中复苏，和煦的阳光洒满城市的每个角落，温暖又充满希望，我陪同左老师前往高新区人民法院调研疫情期间法院审判工作的开展方式与具体情况，当时我正在考虑博士论文的选题，对疫情期间各地法院探索的远程庭审实践有所关注，应该说对民事电子诉讼这一新兴主题并不陌生，且已有了一定的前期积累，于是我便欣然接受了老师的建议。

　　心生一念，谁知前路漫长。跟随恩师学习了六年，自认为无论是参与团队的课题研究还是平时定期的读书写作会，对实证研究方法已经烂熟于心，运用实证研究方法对一项试点改革制度进行分析应该不成问题。然而，具体的研究过程却印证了非虚构写作者们曾提示的"将现实移植到纸面，需要某种坚定的努力和特别的技巧"这句话并非虚言。从联系调研法院，到实地调研、搜集分析数据，再到每一章甚至每一节的写作，都犹如在人迹罕至的沙漠中前行，没有路标，更没有指南针，向前迈进的每一步都艰难而吃力，若是没有恩师左卫民教授的鼓励和悉心指导、相关法院领导及法官的鼎力配合，我无论如何都无法按时完成本书的写作。

  本书的定稿意味着我对民事电子诉讼的研究正式画上了阶段性句号，而本书也见证了我从一个学术门外汉逐渐迈向独立研究者的成长历程、从一个知识消费者到知识生产者的转变，尽管这个过程中的挣扎与彷徨仍历历在目。"一心力，惜时光""坚定力，戒浮躁"是严耕望先生在《治史三书》中谈到的治学经验，博一入学以来就一直贴在我书桌前方的墙上。回望过去的学习历程，尽管象牙塔内的理想主义生活未能从根本上缓解学术生产压力带来的内在压抑，但这十二字要诀却意外地让我在内心凝聚出一股静气，支撑着我逐步、缓慢而又坚定地向前迈进。

  当然，个人的每一步成长都离不开修剪和滋养，本书的顺利出版有太多的人需要感谢。首先要感谢我的恩师左卫民教授，本书从选题、调研到最后的写作，都离不开恩师的大力支持与悉心指导。此外，恩师敏锐的学术眼光和精益求精的学术态度也是我终身要学习的。感谢西南民族大学周洪波教授、电子科技大学肖仕卫教授、云南大学程龙副教授、四川大学詹小平副教授等诸多师长在写作过程中对本书提出的宝贵意见，这些意见使得本书的研究更加完善。感谢四川大学法学院马静华教授、郭松教授、冯露教授、张潋瀚副教授，以及电子科技大学吴卫军教授、云南大学张青教授一直以来对我的鼓励与帮助。本书能够最终完成还得益于成都市两级法院的领导与法官们，若没有他们的鼎力支持与慷慨相助我也无法完成本书的研究任务，在此深致谢忱。感谢北京大学出版社的周子琳编辑，是她细致高效的工作使本书得以顺利出版。

  人生的第一本书，献给我的父母。一百多年前，马克斯·韦伯在《科学作为天职》的演讲里说道："学术生活就是一场疯狂的赌博。"在这场风险极大的赌博中，是父母无私的爱和支持让我拥有了冒险的勇气和决心，是他们成就了我。

彭 昕
2024 年 6 月于成都

图书在版编目(CIP)数据

迈向在线正义：中国民事电子诉讼实证研究 / 彭昕著. -- 北京：北京大学出版社，2024.6. --（中国司法改革实证研究丛书）. -- ISBN 978-7-301-35128-4

Ⅰ. D925.104-39

中国国家版本馆CIP数据核字第2024X8A376号

书　　名	迈向在线正义：中国民事电子诉讼实证研究 MAIXIANG ZAIXIAN ZHENGYI: ZHONGGUO MINSHI DIANZI SUSONG SHIZHENG YANJIU
著作责任者	彭　昕　著
责任编辑	周子琳　王建君
标准书号	ISBN 978-7-301-35128-4
出版发行	北京大学出版社
地　　址	北京市海淀区成府路205号　100871
网　　址	http://www.pup.cn　http://www.yandayuanzhao.com
电子邮箱	编辑部 yandayuanzhao@pup.cn　总编室 zpup@pup.cn
新浪微博	@北京大学出版社　@北大出版社燕大元照法律图书
电　　话	邮购部 010-62752015　发行部 010-62750672 编辑部 010-62117788
印　刷　者	大厂回族自治县彩虹印刷有限公司
经　销　者	新华书店 650毫米×980毫米　16开本　19.25印张　250千字 2024年6月第1版　2024年6月第1次印刷
定　　价	69.00元

未经许可，不得以任何方式复制或抄袭本书之部分或全部内容。
版权所有，侵权必究
举报电话：010-62752024　电子邮箱：fd@pup.cn
图书如有印装质量问题，请与出版部联系，电话：010-62756370